U0944568
蜂网
BEEHIVE CLOUDS
获取物流企业转
型升级解决方案

华瀚（上海）数据科技股份有限公司

Huahan(shanghai)Big Data Technology Co.,Ltd.

·企业简介

为了响应互联网+国家战略，应运互联网技术的快速发展，推动现代物流行为变革，推动大数据挖掘与运用，2015年2月，华瀚（上海）数据科技股份有限公司在上海创立,开发运营【第e物流】大数据平台。

截止2017年12月，华瀚数据旗下子公司包括毓融（厦门）征信服务有限公司、瀚澜信用管理有限责任公司、厦门毓英电子商务有限公司，分公司包括厦门分公司、宁波分公司。

·信用系统

我们用数据服务物流行业

信用数据库	信用查询系统	信用评级系统	信用异议系统	信用修复
数据建模	数据采集系统		信用舆情系统	失信举报
信誉认证	信用交互系统	风控管理系统	新闻资讯发布	期待更多

·发展历程

2015年6月 国家发展与改革委员会确立为国家物流业转型升级重点扶持项目

2016年7月 中国物流与采购联合会授予2016年中国物流信息化十佳服务商

2016年8月 上海市商务委员会授予上海市商务诚信公众服务平台

2016年8月 中国服务贸易协会授予中国跨境电商重点企业（数据支撑）中国电子商务协会授予中国互联网诚信示范企业

2016年8月 国家工信部和商务部批准增值电信业务（ICP）经营资质

2016年12月 福建省交通运输厅授予2016年度创新科技项目

2017年4月 第e物流大数据平台获公安部信息系统安全等级（三级）保护备案

2017年9月 中国商务信用信息交换共享应用系统（CBCI）正式运营

2017年12月 中国科学院云计算中心授予2017年度大数据行业最具竞争力企业奖

·荣誉证书

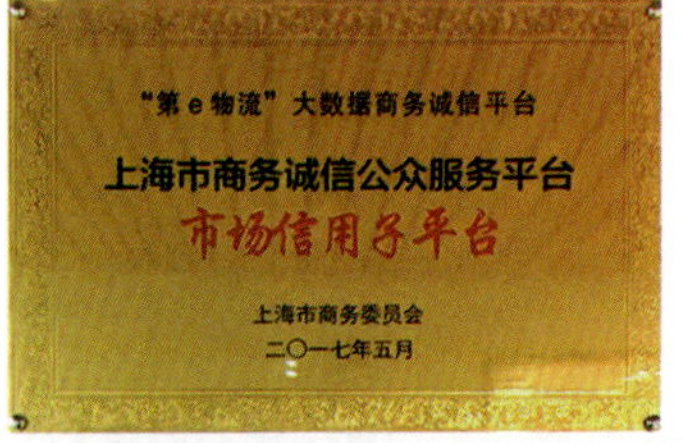

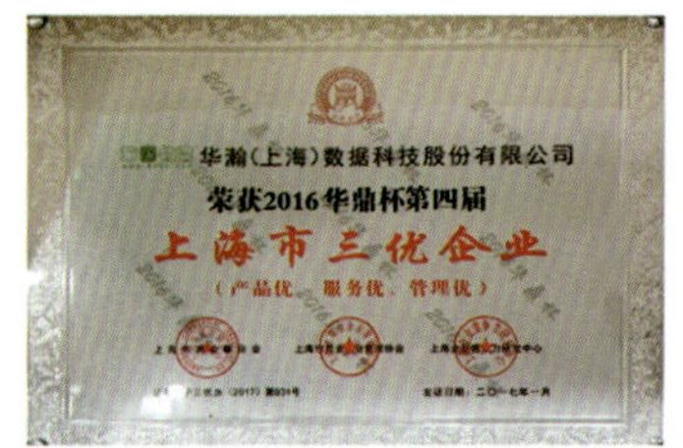

全国担保存货管理公共信息平台的介绍

全国担保存货管理公共信息平台（以下简称“平台”）由中国仓储与配送协会监制，按照国家标准《担保存货第三方管理规范》的要求，运用互联网及大数据等技术手段，对担保存货相关信息进行动态的、持续的、统一的记录与展示，为供应链管理提供全过程的风控辅助方案。服务对象主要为贷款人、担保存货第三方管理企业、借款人等。

平台的定位是“基于存货全生命周期管理的统一仓单管理和仓单融资体系”，通过提取产业中存货、仓单、运单等信息对接到人行征信中心动产融资统一登记系统。

平台网址：www.全国担保存货管理公共信息平台.com。

平台共有5个操作模块（借款人远程协同、仓储管理、担保存货管理、现货仓单管理、担保存货与现货仓单大数据管理）、1个查询模块（担保存货与现货仓单大数据查询）、1个信息浏览模块（担保存货第三方管理企业资质评价）、2个对接模块（动产融资、物联网监控）。其中最大的创新就是“担保存货管理”模块。根据国家标准《担保存货第三方管理规范》中对“监管”、“监控”业务的定义，改版后的“担保存货管理”将操作平台划分为“仓单监管业务平台”、“存货监管业务平台”、“监控业务平台”，担保存货第三方管理企业可根据业务模式选择相应的平台进行操作。同时所有模块的操作界面均采用“选项卡—查询条件—列表”Web风格展现，摒弃原有ERP展现形式，操作更便捷。

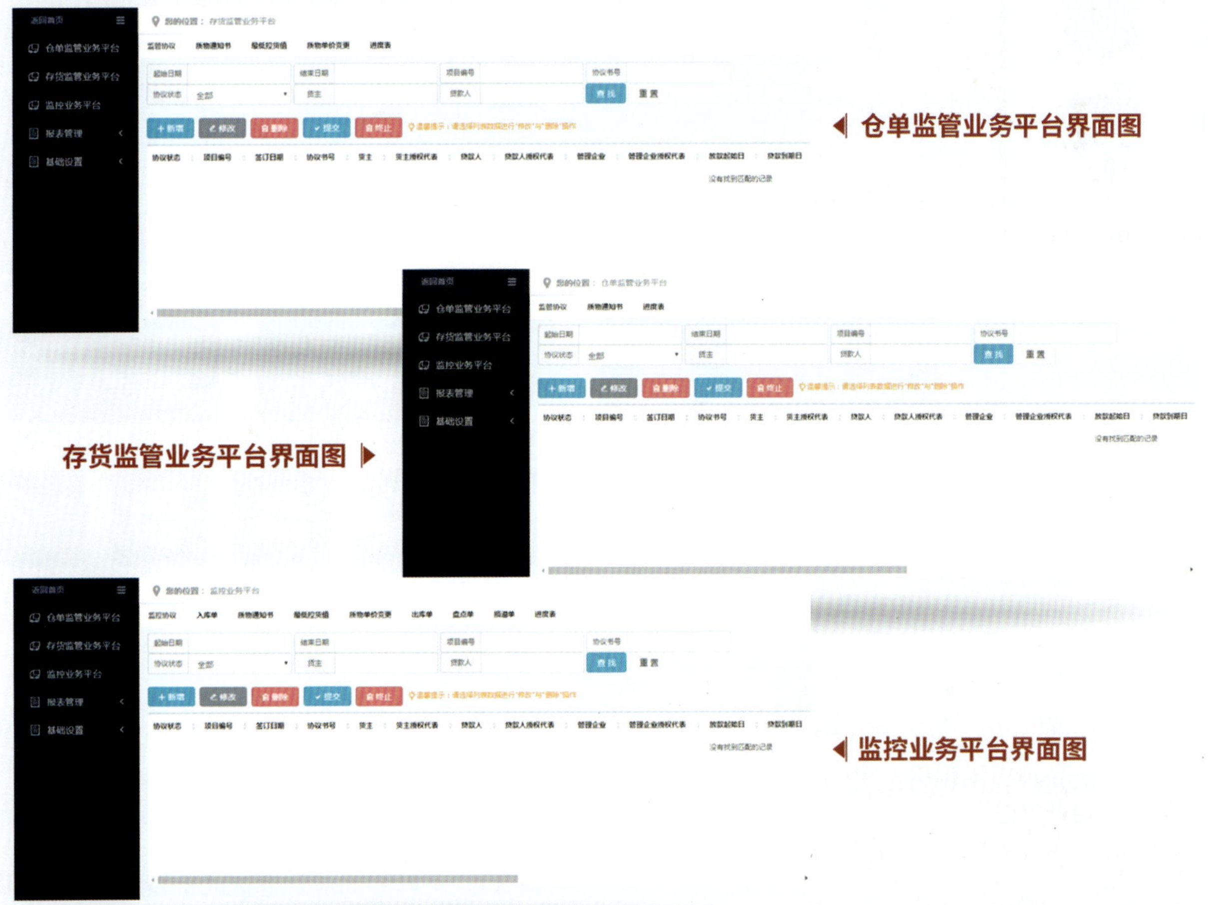

仓单监管业务平台界面图

存货监管业务平台界面图

监控业务平台界面图

全国担保存货管理公共信息平台的创新增值服务

增值服务分为两大部分：

第一部分是为市场客户提供基于涵盖订单-仓储-交易-物流-结算-支付-融资的现货仓单管理及产业基金服务，实现存货全生命周期管理的动产监管、动态监测。

第二部分是物联网+区块链仓储物流应用解决方案。方案采用平台联接、设备连接的开放模式，适配各种网络环境和协议类型，支持各类传感器和智能硬件的快速接入和大数据服务，提供丰富的API 和应用模板以支持各类行业应用，与订单-仓储-交易-物流-结算-支付-融资各SaaS应用系统的协同联动。

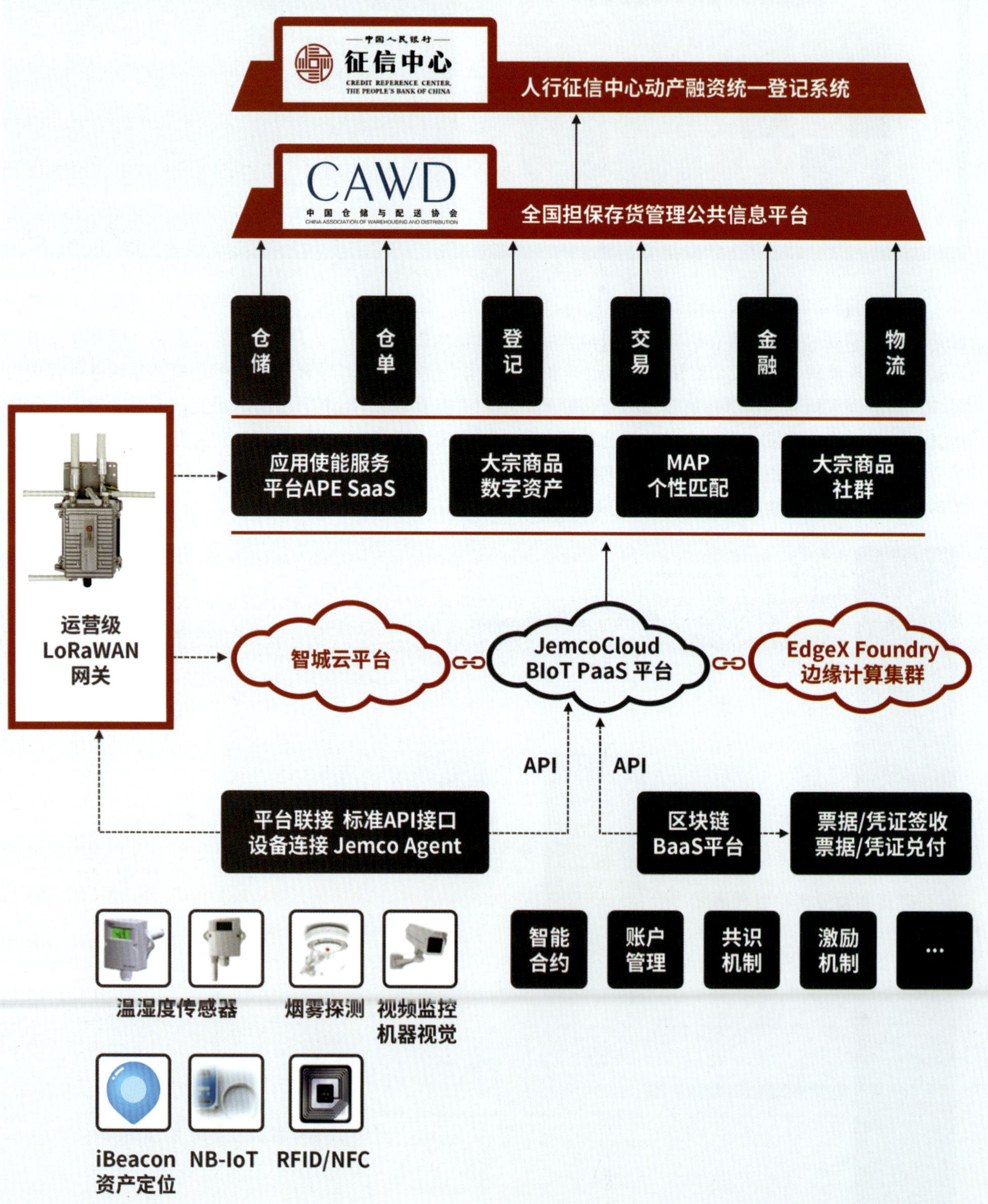

*产品模式：PaaS+SaaS+物联网+区块链+边缘计算

中国仓储业蓝皮书

（2018）

中国仓储与配送协会◎编著

本书由中国仓储与配送协会组织编撰，相关协会、研究机构、专业院校、咨询机构及企业的专家撰稿，旨在全面总结我国仓储配送行业年度发展现状，聚焦行业发展问题，推广优秀模式和案例，分析预测下一年度行业发展趋势，以推动现代仓储与配送业健康发展。

本书作为反映全国仓储与配送业发展的权威读物，已成为业内人士必备的工具书。

图书在版编目（CIP）数据

中国仓储业蓝皮书. 2018 / 中国仓储与配送协会编著. —北京：机械工业出版社，2018.6

ISBN 978-7-111-60077-0

Ⅰ.①中… Ⅱ.①中… Ⅲ.①物流管理-研究报告-中国-2018 Ⅳ.①F259.22

中国版本图书馆CIP数据核字（2018）第102003号

机械工业出版社（北京市百万庄大街22号 邮政编码100037）

策划编辑：马 佳　　责任编辑：马 佳

版式设计：张文贵　　责任校对：赵 蕊

北京圣夫亚美印刷有限公司印刷

2018年6月第1版·第1次印刷

209mm×286mm·14.5印张·8插页·264千字

标准书号：ISBN 978-7-111-60077-0

定价：200.00元

凡购本书，如有缺页、倒页、脱页，由本社发行部调换

电话服务

服务咨询热线：（010）88361066

读者购书热线：（010）68326294

（010）88379203

网络服务

机工官网：www.cmpbook.com

机工官博：weibo.com/cmp1952

教育服务网：www.cmpedu.com

金书网：www.golden-book.com

中国仓储业蓝皮书编委会（2018）

编委会成员介绍

中国仓储与配送协会会长

孙杰，毕业于北方交通大学运输专业。曾先后在商业部商业储运局、华运物流实业公司、华运通物流有限公司任职；历任中国仓储与配送协会秘书长、副会长，现任会长。熟悉国家仓储与配送的相关政策、法律法规、技术标准，曾组织《通用仓库及库区规划设计参数》等多项国家标准的制定工作。

中国仓储与配送协会副会长

郁士祥，1969年8月生，安徽六安人。毕业于北京工商大学（原北京商学院）技术经济系物流管理专业，北京大学管理学硕士。先后任职于国内贸易部、国家国内贸易局、国家粮食局，从事商贸流通领域物流行业管理、粮食流通政策措施、涉及国家粮食安全的理论与实践研究工作。现任中国仓储与配送协会副会长、中仓协库存管理研究中心主任、专家委员会主任委员。

主要学术成果：发表《国有商业储运企业改革要抓好四个“突出”》等文章，著有《仓库储存》《超市配送》等基础培训教材。

中国仓储与配送协会首席顾问

徐文彩，原国家内贸部司长、中国仓储协会会长，曾任国际仓联2004～2005年度轮值主席，现担任中国仓储与配送协会首席顾问。

中国仓储与配送协会常务副会长

沈绍基，1962年8月生，湖南人。高级经济师，研究生学历，毕业于北京工商大学（原北京商学院）商业经济专业。1983年参加工作，历任商业部储运局主任科员、副处长；国家国内贸易部产业发展司办公室主任兼部商品物流办公室副主任；国家国内贸易局领导秘书；华运物流实业公司副总经理、总经理兼中国仓储协会秘书长；现任中国仓储与配送协会常务副会长。

主要学术成果：1997年在《商场现代化》刊物上发表《发展物流配送中心的几点看法》；在《内贸参阅》上刊发《美国物流管理与技术考察报告》；1999年至2001年连续三年发布《中国物流市场供需状况调查报告》等。

中国仓储与配送协会副会长兼秘书长

李燕，1974 年出生，云南云溪人。高级物流师，研究生学历，毕业于北京工商大学（原北京商学院）。先后就职于北京两家上市公司，2011 年加入中国仓储与配送协会，现任副会长兼秘书长，负责秘书处日常工作，同时兼任协会包装与单元化物流分会会长。

曾负责、参与商贸物流相关重点标准、托盘及周转箱循环共用标准体系与应用、绿色仓储配送与电商包装等相关领域课题研究；在托盘共用系统的理论和实践方面做了大量开创性工作。现正大力推进仓储与配送领域标准托盘的应用和单元化物流体系建设。

中国仓储与配送协会副会长

王继祥，1963 年 5 月生，河北丰南人。教授/研究员，商务部特聘物流专家。现任中国仓储与配送协会副会长兼技术应用与工程服务分会会长、北京易流网络科技有限公司总经理、华夏物联网研究中心主任、《物流技术与应用》杂志常务副主编。

主要学术成果：共发表各类研究论文 90 多篇，完成各项研究报告与咨询报告 60 多篇，曾获得国家科技进步二等奖、冶金部科技进步三等奖等各项奖励 30 多次，有四项成果通过部级鉴定。

北京物资学院副院长

何明珂，享受政府特殊津贴专家。1985 年毕业于北京商学院（现北京工商大学），获经济学学士，1987 年考入北京商学院商经系研究生班，同年留校任教，1989 年获经济学硕士学位，1993 年破格晋升副教授，1998 年晋升教授。1998 年考入中国人民大学工商管理学院攻读博士学位。1993 年起任北京工商大学（原北京商学院）技术经济系主任，曾先后担任北京工商大学商学院党总支书记、院长，现任北京物资学院副院长。曾为许多企业和政府部门提供过物流方面的咨询顾问服务；曾担任 97 亚太国际物流会议学术委员会委员及主席、CSCMP 中国圆桌副主席。

中国仓储与配送协会冷链分会会长

刘龙昌，美国供热制冷空调工程师协会（ASHRAE）会员、上海市注册咨询专家，从事制冷和食品冷冻冷藏行业技术与管理工作40余年。20世纪80年代初，曾被派往香港从事冷藏库的技术服务工作，负责过大型冷藏库的建设和管理工作。2001年至今，任上海冷藏库协会秘书长；2007年4月起兼任国际冷藏库协会、世界食品物流组织、国际冷藏运输协会（全球冷链联盟GCCA）上海联络处主任；2007年12月起任中国仓储与配送协会冷链分会会长；曾任同济大学出版物《上海冷藏史》副主编，发表过冷链物流的相关文章十几篇。

北京物资学院物流管理系副教授

刘俐，毕业于首都经济贸易大学（原北京经济学院）物资管理系，现任北京物资学院物流管理系副教授、硕士研究生导师、北京物资学院教学督导员；中国仓储与配送协会技术应用与工程服务分会副会长；曾兼职于中国纺织机械总公司进出口计划处；长期担任教育部资格考试相关科目负责人、中国物流与采购联合会行业能力认证培训教师；教育部师资培训中心《物流学概论》网络培训主讲教师。

主要研究方向为物流企业服务运营管理。具有较丰富的煤炭、电力、石油、钢铁、粮食、电商、国际货代与货运、医药、餐饮、农产品批发、汽车、服装等行业物流企业内训经验。主持、参与多项企业及政府课题。2015年、2016年所作关于《北京市朝阳区和通州区应急物流的研究》入选《军事物流与应急物流优秀案例集》。独立编著普通高等教育“十一五”国家级规划教材《现代仓储管理与配送中心运营》。

蜂行天下供应链管理（北京）有限公司创始人兼CEO

梁凯，清华大学五道口金融学院博士，曾就读于长江商学院（EMBA）、哈尔滨工业大学航天学院（本科）。原五洲在线创始人兼CEO；曾任职于UT斯达康、康柏电脑、甲骨文软件等国际知名的IT企业。2004～2006年先后创立两家无线互联网企业，并分别出售给两家纳斯达克上市公司。2007年创立五洲在线，之后被阿里巴巴旗下菜鸟网络以系统和业务等方式分阶段收购，成为菜鸟网络大网业务平台的基础与核心。在国内率先实践了S2B2B2C的业务模式，后被市场认可并广泛应用。2014年，梁凯先生预见到了线下零售场景变革、B2B转型升级等市场机会，遂创立蜂行天下供应链管理（北京）有限公司，现任CEO。

前言

preface

2017年是实施“十三五”规划、供给侧结构性改革的重要一年。党的十九大胜利召开，明确了物流作为基础设施的战略定位，是对物流及物流基础设施发展的重大政策利好，对于加强我国物流基础设施规划建设、完善物流节点布局、推动物流网络化发展，具有划时代的意义。

一年来，我国仓储与配送行业按照党中央、国务院的决策部署，以贯彻“创新、协调、绿色、开放、共享”新的发展理念为主线，总体运行上，缓中趋稳、稳中有新。

相关规划、政策密集出台。国务院及相关部门贯彻落实《物流业发展中长期规划（2014－2020）》，针对加强冷链物流发展、推进物流降本增效、推进供应链创新与应用、促进共享经济发展、推动城乡配送高效发展、推进绿色物流发展等出台了一系列政策措施及计划；各地深入贯彻落实国家政策，相继出台了相关发展规划及配套政策措施，推动行业加快发展。

优质仓储设施供给持续增加。通用仓储设施建设总体放缓，但立体库保持较高增长；冷库建设仍保持较高增速；地产、电商、快递等企业及金融机构纷纷参与仓储设施建设，行业投资主体更加多元化。

部分行业难题得以初步解决。冷链全流程标准《冷链运营管理规范》发布，推动冷链“断链”问题有效解决；无人机等高科技应用，尝试解决农村配送高成本、低效率难题；农村物流网络加快建设与完善，着力破解农产品上行难题；多样化绿色包装方案持续实践，致力于缓解污染难题。

行业发展方式不断创新。智能仓储、仓配一体化升级逐步受到资本青睐，获多轮融资；冷链巨头延伸上下游产业链，打造供应链“生态圈”初见成效；企业抱团跨境出海，输出优质物流服务；仓储资源、物流技术装备、服务系统等共享模式不断创新，降本增效成果显著；智慧化应用，推进仓储配送体系变革。

同时也要看到，我国仓储业存在的一些突出问题仍未得到有效解决：仓储设施供给还需要进一步优化，城乡末端配送网点明显不足；仓储运营服务仍需进一步转型，在差异化发展、延伸增值服务、实现服务转型方面还有许多工作要做；仓储新设备与新技术应用还需要进一步推进，仓配智慧化、绿色化发展依然任重道远。

展望2018年及未来一个时期，我国仓储业将进入提质增效阶段，围绕“共享、智慧、融合”等理念深入发展，仓配资源将实现深度共享化；仓配运营将实现深度智慧化；仓储与产业供应链将深度融合化。

本书由中国仓储与配送协会组织编撰，相关协会、研究机构、专业院校、咨询机构及企业的专家撰稿，旨在全面总结我国仓储配送行业年度发展现状，聚焦行业发展问题，推广优秀模式和案例，分析预测下一年度行业发展趋势，以推动现代仓储与配送业健康发展。作为反映全国仓储与配送业发展的权威读物，已成为业内人士必备的工具书。

研究行业发展情况、撰写行业报告是一件很辛苦的事，相关机构和专家学者对本书的编印给予了大力支持与帮助，机械工业出版社的领导与编辑为本书的出版发行付出了辛勤劳动，在此一并表示衷心感谢！

编委会

目录

contents

行业报告

专项报告

精选案例

行业政策

资料汇编

优秀企业

行 业 报 告

2018年中国仓储业发展综合报告

一、2017年仓储业总体发展状况

（一）固定资产投资负增长

2017年物流相关行业（包括交通运输、仓储、邮政业）固定资产投资额61185.8亿元，同比增长14.1%。其中，仓储业固定资产投资额为6855.8亿元，同比下降1.8%，为近20年首次负增长。初步分析，仓储业固定资产投资下降的原因：一是由于仓储业投资连续10年大幅增长，仓储设施日趋饱和，导致投资增幅趋缓；二是物流体系优化，流通环节减少，库存周转加快，在物流过程中越库作业比重增加，导致对仓储设施的总体需求下降；三是国家政策引导，投资更加关注民生、生态等重点领域，加之受部分地区突出“投资回报率”等因素影响，对仓储设施的投资趋弱；另外，统计口径方面，电商、零售、快递等企业对仓储设施的投资，未纳入仓储业投资统计范围。

（二）通用仓库增速放缓

根据中国仓储与配送协会统计推算，截止2017年底，我国营业性通用（常温）仓库面积达10.38亿平方米，较2016年（9.98亿平米）同比增长4%。其中，立体库约占26.4%，平房库约占58%，楼房库约占15.6%。2017年，立体库是投资建设的主要类型，其增速高于平方库和楼房库。

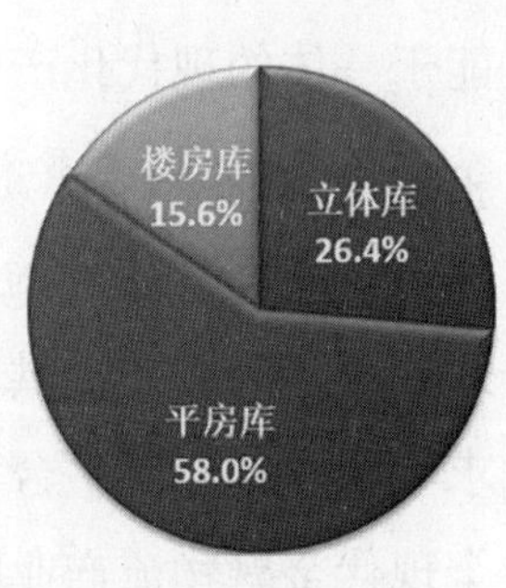

（三）冷库设施仍保持较高增速

根据中国仓储与配送协会冷链分会统计推算，截止2017年底，我国冷库统计总容量（公称容积，下同）为13531.87万立方米，同比增长12.7%。其中，冻结物冷库（含冰库、超低温冷库）容量为9671.62万立方米；冷却物冷库（含气调库）容量为3860.25万立方米。与2016年相比，净增冷库统计容量1524.10万立方米。

二、2017 年仓储业发展特点

（一）仓储设施供给主体多元化，行业竞争格局发生变化

我国仓储设施供给主体主要分为 4 类，一是第三方物流企业仓储设施，主要为满足自身业务发展；二是普洛斯、安博、宇培等仓储地产企业，通过多年发展，已形成了覆盖全国物流主要城市的仓储设施网络；三是平安不动产、万科等看重物流行业红利，由商业地产进入仓储地行业；四是京东、苏宁等电商企业自建物流，近两年将物流板块独立，且面向社会开放。2017 年，顺丰、“三通一达”等快递企业，民生银行等金融机构（通过旗下相关企业）也开始加速布局仓储设施，延伸物流服务。

快递企业自建物流园，跨界仓配一体化服务。2016 年是快递上市元年，2017 年五大快递企业完成上市。上市融资后，快递企业更加注重全国范围内自有仓配网络体系的搭建。顺丰在郑州建设电商产业园，总投资额 70500 万元，建筑总面积 20 万平方米，其中分拨区间建筑面积 3 万平方米，电商仓库建筑面积 16 万平方米，主要建设电商仓储区、快件中转区和综合配套服务区，用于服务中小电商客户。圆通在赣东建立转运中心，项目总投资 5000 万元，占地 40 亩，主要承担赣东地区的快递转运业务，辐射上饶、鹰潭、抚州、景德镇等周边多个市、县。申通在通辽建设集快件进出港分拨、仓储物流配送、电子商务为一体的综合性物流园区。中通投资 5 亿元在西安建设辐射整个西北地区，集电商孵化中心、结算中心、智能化分拨中心、仓储配送中心、信息化服务等多功能于一体的现代化产业园区。

金融机构差异化定位，推动“物流 + 数据 + 金融”模式。民生电商（民生银行电商品牌）旗下的民熙物流成立伊始，即将“物流 + 数据 + 金融”作为运作的核心模式，不仅为客户提供基本的现代化仓储物流服务，还通过互联网手段，将企业的融资需求与互联网金融平台对接，便捷的满足中小企业的资金需求。2017 年 4 月，民熙物流首个现代金融物流产业园建设完成，“现代金融物流园”理念正式落地。除常熟园区，民熙物流同时在武汉、无锡、西安、成都、南宁、济南、合肥等多个城市推动现代金融物流园的建设，计划打造一个覆盖国内重要物流节点的园区网络，同时，以科技系统串联所有物流园区的数据，通过大数据的开发，构建一个能够满足中小企业供应链融资服务的互联网平台。

（二）智能仓储和城市配送领域获多轮融资，受资本青睐

根据亿欧的统计，2017 年物流全行业受资本关注程度相比 2016 年并未减退，共有 80 家企业完成了 87 起融资。从获得融资的仓储配送细分领域看，主要集中在智能仓储

和仓配一体化两个领域。

智能仓储领域。2017 年获得融资的仓储企业，融资金额从数百万人民币到数亿美元不等；从业务模式上来看，企业的发展方向主要集中在电商物流的智能化仓储。融资企业看到电商快速增长下，现有仓储配送企业无法满足电商订单对快速反映、精准反馈的仓储与配送需求，于是以智慧化为切入点，为企业提供智能化的仓储解决方案。以深圳市鲸仓科技有限公司（鲸仓）为例，2017 年获得亿元 B 轮融资（2016 年 A 轮融资 6800 万元），定位于仓库自动化技术，致力于帮助广大电商和零售企业免费将仓库升级为自动化仓库，提供仓库业务代运营服务。鲸仓提出的“高密度低成本智能仓”，已获得了全球发明专利授权，可利用高空及通道空间，提高仓库的库容率。通过这个方案，可以通过增加仓库的利用率，将占比 50% 的房租成本压缩到 10%，产生 40% 的降本效益，同样是1000 平方米的仓库，存储密度可以达到过去的 8 倍，支持边进边出，适合多 SKU、海量订单并发的电商仓场景。

仓配一体化领域。从客户划分，城市配送主要包含实体门店城市仓配（2B）和电商仓配（2C）。电商仓配在京东、菜鸟等巨头推动下，已成为引领行业发展的标杆，而面向大型卖场、商超、便利店等实体门店配送企业，大部分仍处在无法满足对低成本、高服务水平需求的发展阶段。现有城配企业普遍存在规模小、能力弱、管理水平低等发展痛点。2017 年投资方关注到城配市场的升级空间，助力城配企业扩大规模、服务升级。唯捷城配于 2014 年在福建厦门成立，2015 年进军上海，并以此为核心展开全网同城物流 B2B 平台的构建，为连锁餐饮、连锁零售等消费类企业提供仓配一体化一站式服务，通过输出 SOP 解决方案，为客户创造价值，2017 年完成 A 轮融资，用于信息系统研发投入、基础资源建设以及仓配网络完善。

（三）城乡配送、共享仓储资源、物流技术装备、服务系统等成果显著

近年来，互联网、大数据、云计算、物联网等现代信息技术高速发展，推动了共享经济模式的变革，呈现出社会资源深度开发、行业资源跨界共享、企业资源开放输出、私人资源开发再利用的发展趋势，引发了共享经济热潮。2017 年是我国共享物流发展元年，共享物流资源从传统的车货匹配、共同配送向物流信息资源共享、物流技术与设备资源共享、仓储设施资源共享、终端配送资源共享等方面深入发展，通过对社会物流资源全面的深度开发，创新出无数共享物流新模式。

城乡配送发展。发展城乡高效配送，旨在通过物流作业的规模化降低作业成本，提高物流资源的利用效率。商务部近几年大力推进城乡共同配送发展，取得了巨大成效，激活了国内共同配送的市场需求，促进了各地区自主开展共同配送试点示范积极

性，带动了社会资本积极投资共同配送的平台和企业。2017年，商务部等5部门联合发布《城乡高效配送专项行动计划（2017－2020年）》，提出“到2020年，初步建立起高效集约、协同共享、融合开放、绿色环保的城乡高效配送体系。”的发展目标，鼓励跨部门、跨行业协作，共享各方配送资源，为进一步推动城乡配送发展提供了良好支撑。同时，随着互联网技术发展，围绕渠道共配和产品共配，城乡配送创新向着智慧化方向发展，通过大数据、互联网和GPS相结合，可以即时集成区域内订单需求，智慧生成最优配送路径，做到实时共配、随机共配，全面共享城乡物流配送资源。

仓储资源共享。2017年，我国云仓共享获得巨大发展。云仓系统是基于实体的仓库设施网络系统打造的线上互联网平台，通过互联网联通全国各地仓库的管理系统，实现仓库数据与云仓平台互联互通，基于云计算和大数据分析，整合、运筹和管理实体仓库系统，实现优化仓库资源配置和实时进行全国仓库系统的网络化运营与共享管理。京东自建的云仓物流系统开始对社会开放，依托自身庞大的物流网络设施系统和京东电商平台，从供应链中部向前后端延伸，为京东平台商家开放云仓共享服务，提升京东平台商家的物流体验。菜鸟搭建的数据平台，以大数据为能源，以云计算为引擎，以仓储为节点，已经初步形成智慧物流仓储设施网，开放共享给天猫和淘宝平台上各商家。顺丰利用覆盖全国主要城市的仓储网络，加上具有差异化的产品体系，围绕高质量的直营仓配网，优化供应链服务能力，重点面向手机、运动鞋服行业、食品冷链和家电客户建设开放的共享仓储系统。

物流技术与装备、服务系统共享。随着共享物流理念的发展，物流技术与装备的共享开始得到用户认可，创新模式层出不穷。在商务部大力推进托盘标准化的政策支持下，2017年以托盘、托盘笼、周转箱、快递盒为主体的共享获得快速发展，其中托盘循环共用市场规模发展速度预计在30%以上，周转箱循环共用市场规模成长速度在25%以上。自动化立体库、输送分拣系统等自动化物流系统，过去都是按客户需求开发，建设完成后即交由企业自己运营与管理。现已有领先的物流系统集成商开始实践制造业服务化理念，根据市场需求，借助资本运作模式，建设共享的自动化物流系统，并利用自身技术优势开展共享服务，按存储的物流量和出入库物流频次收取物流费用。

开放式托盘循环共用。托盘循环共用正从封闭式向开放式的方向发展，开放式托盘循环共用系统指的是由众多托盘供给企业（生产企业、运营企业和维修企业）、托盘运营网点和托盘运营管理平台，使用符合开放式循环托盘标准规定且经过认证的托盘，为众多用户共同服务的开放式组织系统，在运作中托盘随货物在带托运输过程中通过交换、转售（也包括租赁托盘）来实现托盘的循环共用。在商务部推动下，中国仓储与配送协会在2017年全面推进开放式托盘循环共用系统建设，取得了巨大进展。开放式托盘循环共用系列标准《开放式循环木质平托盘 ：日字形周底托盘》《开放式托盘共用系统运营指南》《全国标准托盘开放式循环共用评价与认证办法》等正式发布，为开放式托盘循环共用发展奠定了基础；在此基础上，中国商贸物流标准化行动联盟全面推进标准实施，在天津、广东等地区推进开放式托盘循环共用系统建设，按照开放式托盘循环系统标准生产的托盘开始大量投入使用，取得的进展得到了相关部门领导的肯定与赞扬。

（四）智慧推动仓储配送体系变革

2017 年，智慧物流创新发展，传统的自动化立体库接入网络，实现了自动化 + 网络化；先进的仓储机器人，通过自主控制技术，进行智能抓取、码放、搬运及自主导航等，使整个物流作业系统具有高度的柔性和扩展性；高速联网的移动智能终端设备，让物流人员操作将更加高效便捷，人机交互协同作业将更加人性化；送货机器人和无人机研发已经开始在校园、边远地区等局部场景进入了实用测试阶段，取得了巨大进展。

智慧驱动仓储与配送体系变革。一是前置布仓推动物流先行。电子商务大数据与物流实现了无缝对接，使网购大数据通过在互联网中集合、运算、分析、优化、运筹，再通过互联网智慧分布到整个实体物流系统，实现对现实物流系统进行管理、计划与控制，按照大数据预测提前在全国仓储网点前置布仓和集约调配，缓解随机和零散需求的配送压力，减少了货物搬运次数，实现客户下单后就近仓储出货，大大减少了包裹的配送距离，这种物流先行的策略直接变革了原来的仓储布货和补货生态体系。**二是技术创新重新定义店仓系统。**随着新零售与新物流的发展，让传统零售门店成为线上线下融合的节点、客户体验的中心、产品销售的场景，同时又成为离消费者最近的末端配送网点，改变了传统的中心化的仓储与配送体系，分布式的去中心化仓配网络逐步形成。**三是店仓节点的货物实现了智能调配。**去中心化的店仓末端网络互联互通，改变了传统逆配送体系。以服装物流为例，传统仓配体系中，各个品牌服装在不同零售门店销售，断货时需要通过中心化的配送体系层层上报需求，智慧物流技术发展，打通末端店仓系统，可以实现不同门店之间货物根据销售实际情况，利用即时物流配送服务实现门店间的智能调配，有货的门店可以直接把货就近调拨到缺货门店。

仓储智能技术与设备创新。传统的自动化立体库接入了网络，实现了“自动化 + 网络化”；先进的仓储机器人，通过自主控制技术，进行智能抓取、码放、搬运及自主导航，使整个物流作业系统具有高度的柔性和扩展性；高速联网的移动智能终端设备，让物流人员操作将更加高效便捷，人机交互协同作业将更加人性化；送货机器人和无人机研发已经开始在偏远地区等局部场景进入了实用测试阶段，取得巨大进展。仓库内拣选货物的智能手持终端产品、引导拣选货物的“电子标签拣选系统”、仓库监管的视频监控联网技术、自动识别与分拣技术，智能输送分拣系统、嵌入了RFID的托盘与周转箱、智能穿梭车等继续处于快速发展阶段，促进了仓储配送系统的透明化管理，实现了货物的智慧追踪追溯技术发展。

（五）多样化绿色包装方案持续实践，电商巨头建立绿色物流基金

11月初，国家邮政局、国家发改委和科技部等10个部委联合发布了《关于协同推进快递业绿色包装工作的指导意见》，要求进一步推进快递包装的绿色环保化。2017年，我国快递包装在绿色化、减量化、可循环方面已取得了长足进步。

在减量轻量方面。京东推行生物降解和循环包装，联合供应链上游推行供应链包装，主要措施包括：推行400g的三层纸箱，通过完善物流体系，规范操作，减少包装使用；在自营物流上100%推广电子面单；降低胶带宽度、启动纸箱回收，对包装缓冲物进行减量化；推行电子签收，并在部分业务上使用免胶带纸箱。苏宁推出胶带和面单瘦身计划，极大降低包装材料的使用量，减少对环境的污染；推出纸箱回收系统，快递员对客户现场讲解回收办法，在现场处理面单信息，带回包装箱进行筛选，返回仓库贴上专有环保标签，进行再次利用。韵达采购大量可降解的胶袋，将原来网点与网点之间交接的编织袋换成了可以多次使用的布袋，实现了包装袋的循环使用，促进快递绿色环保。菜鸟推行电子面单替代传统三联面单，每年节约纸张费用达12亿元。

在重复利用方面。苏宁推出可循环“共享快递盒”，收货人在签收之后，快递员会把箱子直接回收，“共享快递盒”用可循环PP箱取代纸箱，不用胶带，只需两个小指长的软封签就可密封快递箱，且能循环使用1000次以上，既降低包装成本，又推动绿色包装。菜鸟绿色行动推出加强版，在北京、上海、广州、深圳、杭州等10个城市全面开展快递“回箱计划”，纸箱经过消毒、加工后，将被制成包装箱再次用于快递行业，节省大量社会资源。

在智能化方面。菜鸟网络通过智能打包算法，根据消费者订单包含的产品，推荐包装解决方案，进而实现减量包装，提升整个纸箱空间利用率，减少塑料填充物的使用，目前该算法平均可以减少5%的包装。苏宁推出包装推荐系统，可以对商品各类信息以及尺寸、重量进行精准的评估，通过大数据计算，可以与纸箱尺寸进行匹配，并且计算出商品在纸箱里面如何摆放最为节省耗材，减少耗材使用量。苏宁将天天快递原来网点之间交接的编织袋更换成现在的RFID环保袋，环保袋有内置芯片，拥有定位、追踪功能，可以识别目的地，达到自动分解的目的，可实时扫描在线查询各种信息的功能。不仅可以循环利用，还可以节省员工作业时间。

设立绿色物流基金，推进绿色供应链发展。2017年3月，由菜鸟网络、阿里巴巴公益基金会、中华环境保护基金会发起，圆通、中通、申通、韵达、百世、天天等6家快递公司共同出资设立国内首个物流环保公益基金——菜鸟绿色联盟公益基金。该基金将专注于解决日趋严重的物流业污染现状，推动快递包装创新改良，促进快递车辆使用清洁能源，引导运用大数据技术减少资源浪费，更好的保护生态环境。京东成立“京东物流绿色基金”，先期投入10亿元，致力于推进供应链全链条的低碳环保、节能降耗的探索和应用，协同行业合作伙伴和社会力量，加速物流行业的绿色升级，基金将全面应用于京东物流各项基础设施的改造、包装耗材的规模化研发和改良、绿色金融供应链服务创新、供应链大数据的研究应用以及绿色环保。

（六）冷链物流发展环境不断优化，冷链巨头供应链布局初步完成

随着我国经济社会发展和人民群众生活水平不断提高，城乡居民对高品质生鲜农产品和食品的消费需求日趋旺盛，对食品质量安全越来越关注，既为冷链物流发展提出了更高要求，也为冷链物流发展提供了机遇。

国家部委、地方政府持续发力，为冷链物流发展营造良好环境。2017年4月，国务院办公厅印发《关于加快发展冷链物流保障食品安全促进消费升级的意见》（国办发〔2017〕29号），提出要以体制机制创新为动力，以先进技术和管理手段应用为支撑，以规范有效监管为保障，构建“全链条、网络化、严标准、可追溯、新模式、高效率”的现代冷链物流体系。厦门市政府出台《厦门促进冷链物流加快发展若干措施》，旨在进一步优化冷链产业发展环境，加快冷链产业硬件软件建设改造，提升冷链产业标准化水平，推动冷链产业“供、储、运、销、配”全链条无缝衔接，创建“厦门冷链”品牌，在低温物流园区（配送中心）建设、冷库设施建设改造、冷藏设备购置、批发市场冷链配套专区、冷链物流企业信息化建设、第三方冷链信息平台建设等方面提出不同程度政策性或资金性支持。安徽、甘肃、广东、海南、河南、辽宁等地区于2017年分别发布冷链物流发展相关实施意见，助力冷链物流发展。

冷链全流程标准发布，初步解决冷链断链问题。2017年，中国仓储与配送协会、中国畜牧业协会、全国工商联水产业商会、中国果品流通协会、中国蔬菜流通协会联合制定发布团体标准《冷链运营管理规范》（以下简称《规范》），是我国冷链物流标准化的重大突破性进展，对贯彻落实国务院办公厅印发的《关于加快发展冷链物流保障食品安全促进消费升级的意见》提出的“全链条、网络化、严标准、可追溯、新模式、高效率”全国冷链物流体系落地运行、对衔接商务部和财政部正在组织10个省市冷链物流发展试点的标准化与信息化工作，具有重要的现实意义与深远的历史意义。

《规范》将冷链运营全程管理与食品质量检测、食品质量追溯有机融合，规定了冷链运营的7项基本要求、7项基本条件、5大责任主体及其在预冷、质检、赋码追溯与温度控制4个方面的责任，以及预冷、质检、包装、赋码、储存、运输、配送、温控、追溯等冷链各环节的操作要求与标准化评价要求，适用于企业的各类温控食品冷链运营管理，可有效解决我国冷链物流标准多、内容交叉重复矛盾、缺乏长效机制，冷链资源多但组织化程度低、冷链“不冷”、“断链”现象严重、食品安全与品质得不到根本保障等问题。

多行业跨界进军冷链物流领域。2017年，新希望集团发力冷链物流板块，把冷库资源、低温车辆和整个体系全部集中起来，成立新希望冷链物流公司，定位发展中央厨房。中国邮政速递在山东、辽宁、甘肃、陕西、河北、山西等6地联动，实现生鲜冷链配送全国次日达。申通与县域农业电商服务达成战略合作，开展冷链物流服务，在合作县域共同组建冷链物流公司。万科物流地产成立综合冷链事业部，对万纬沈阳浑南冷链物流园实施整体收购，对园区重新进行规划，并于10月开园营业，标志着万科物流地产正式进入冷链细分领域。

冷链巨头打造供应链初见成效。鲜易供应链通过产业集聚、资源集约、功能集成，将“互联网+冷链物流、互联网+生鲜食品产业链、互联网+农牧产业链、互联网+生鲜电子商务”四大网络集群跨界融合，形成一个智慧供应链生态圈。海航冷链提出“商物流”模式，以现代供应链概念，整合冷链物流行业的各个环节，从原产地采购、跨境运输、通关检疫、仓储加工、配送分销、金融增值等服务，实现商流、物流、信息流和资金流的有效整合，形成“买全球、卖全球、运全球”的“商物流”新模式，打造全新冷链生态体系；同时，海航冷链打造冷链仓储、冷链装备、冷链金融及冷链科技，冷链物流产业基金、冷链物流数据平台等项目，形成全方位的供应链服务体系。生鲜电商美菜网，打造“两端一链一平台”，“两端”就是供给端和消费端，“平台”就是美菜网这个互联网平台，“链”就是供应链体系。

（七）农村物流网络布局明显加速，农产品上行难题逐步缓解，无人机应用为农村物流降本增效

简单来说，发展农村物流旨在解决两个方面的难题：一是让工业品走进农村市场，即工业品下行（农村电商）；二是把农产品卖到城里去，即农产品上行。与城市物流相比，农村物流发展起步较晚，仍面临着物流基础设施网络体系落后、成本高、效率低等困境。随着国家政策、地方政府推动、电商快递企业加快布局、物流高科技应用等，2017年我国农村物流在发展环境、设施建设、服务效率等方面均有所改善。

“中央一号文件”为农村电商发展指明方向。2017年中央一号文件首次将农村电商作为一个条目单独列出来，提出“推进农村电商发展。促进新型农业经营主体、加工流通企业与电商企业全面对接融合，推动线上线下互动发展。加快建立健全适应农产品电商发展的标准体系。支持农产品电商平台和乡村电商服务站点建设。推动商贸、供销、邮政、电商互联互通，加强从村到乡镇的物流体系建设，实施快递下乡工程。深入实施电子商务进农村综合示范。鼓励地方规范发展电商产业园，聚集品牌推广、物流集散、人才培养、技术支持、质量安全等功能服务。完善全国农产品流通骨干网络，加快构建公益性农产品市场体系，加强农产品产地预冷等冷链物流基础设施网络建设，完善鲜活农产品直供直销体系。”文件中指出“线上线下互动发展”“快递下乡工程”“发展电商产业园”“冷链物流基础设施网络”等重点工作内容，为推动农村物流发展、布局农村物流市场的主体指明方向。

政府发力推动农村电商发展。发展农村物流，不仅关系到农业的生产资料供给、农民日常的日用工业品需求，更关系到农产品的对外流通和农民的收入增长、农村创业等“三农”核心问题，需要以政府为主体来引导和带动，充分发挥市场决定和企业参与的作用。2017年四川省商务部门提出，将力争新增20个国家级电商进农村综合示范项目，推进县、乡、村三级电商服务体系建设；打造3－5个在全国领先的全产业链电商垂直平台，建设10个以上有重要影响力的电商集聚区；重点整合利用商贸、邮政、供销、快递等资源，改造升级乡村网点，力争示范县行政村电商服务站点覆盖率达到50%以上。河北省商务厅出台《关于深化农村电子商务全覆盖工作的指导意见》，进一步深化农村电子商务全覆盖，提出全省农村电子商务在实现全覆盖的基础上，应用水平得到全面提升、服务体系得到进一步完善、持续发展能力得到进一步增强，发展网上销售店1000个以上，培训农村电子商务从业人员20万人次以上，带动就业5万人以上。

以工业品下行为牵引，电商快递企业加速农村市场布局。尽管农村电商是从2014年才开始被提出的概念，但截止到2017年，各大电商快递企业基本完成对全国4万余个乡镇的市场布局。苏宁物流全国区县覆盖率已达90%以上，乡镇覆盖近90%，在全国1000多个乡镇布局1000余家易购直营店。早在2014年，顺丰采用代理模式拓展乡镇市场，鼓励内部员工创业农村网点；2016年顺丰与供销系统合作，将物流网络与供销社县、乡、村三级物流体系结合，依托全国2774个县级供销社、2.7万个基层社、14.7万个各专业合作社、34万个基层经营网点，为农村居民提供当日达和次日达服务。

定制化物流方案，助力农产品上行。2017年，顺丰与海口市电子商务协会合作，正式启动“2017顺丰助力海南农产品上行项目”，同时，顺丰速运发布《海南生鲜寄递行业解决方案》，聚焦海南省生鲜水果行业现状和痛点，为海南省农产品上行和南果北运提供全方位支持，助力海南农产品“走出去”。圆通快递实践“快递+农产品电商”模式，与邹城市政府签订合作协议，将圆通全国全网“快递+电商”孵化基地落户邹城，并配套建设13处镇级快递电商服务中心和几十个村级服务站，利用快递企业网点覆盖面广的线下优势和电商平台的线上优势，实现“快递村村通”和“电商村村通”，打通了农产品上行渠道。

高科技缓解农村配送难题。随着电商及市场消费的升级，偏远县城及农村地区的“最后一公里”配送时效及成本问题一直备受关注。为解决这一难题，电商和物流企业开始积极布局无人机物流。京东从2016年开始了无人机配送项目，2017年6月，京东智慧物流全国运营调度中心在宿迁正式投入使用。2017年7月，苏宁在浙江安吉成功完成首次无人机实景派送。顺丰与赣州市南康区联合申报的物流无人机示范运行区的空域申请，得到了正式批复。中国邮政也已在全国运营了多条常态化的无人机配送线路。从部分企业运行情况看，使用无人机配送在成本、时间、人力、油耗等方面的状况均有所改善。

（八）跨境电商、“一带一路”推进优质跨境物流服务输出

一方面，国内电商发展达到顶点、传统外贸下行压力巨大，为跨境物流提供良好机遇；另一方面，我国国际地位不断提升，物流服务已达到全球领先水平，2017年，基于经济环境、政策支持、资本助力等积极因素，跨境物流蓬勃发展。

电商快递企业加快海外布局。菜鸟网络搭建的全球物流生态布局，与俄罗斯邮政达成数据对接，时效从原本的50天缩短至15天，最快仅需4天；在西班牙开设“海外仓”，把“提前备货、当地配送”的模式搬到海外，平均时效从1个月以上缩短至平均10天；在拉美国家，通过“无忧物流专线”，把中国到智利的包裹时效从45天缩短至20天，墨西哥、哥伦比亚等国的时效从50天缩短至25天。京东跨境进口物流网络覆盖了50多个国家和地区，拥有500多条国际专线。中通快递则在2015年开通国际业务，并在美国成功上市后，积极布局海外业务，迈向国际化的步伐进一步加快。百世快递于2015年成立百世国际，发布“大航海计划”，助力中国品牌开拓美国市场，自今年9月登陆纽交所后，国际化步伐进一步加快。

抱团出海，输出优质物流服务。2017年4月，菜鸟网络携10多家中国主要物流合作伙伴亮相马来西亚，宣布将共同在吉隆坡打造中国境外首个服务于电子世界贸易平台（e-WTP）的国际超级物流枢纽，把国内已经高度智能化、数据化的快递基础设施输出到海外。跟着菜鸟一起筑巢马来西亚的物流企业包括圆通、中通、申通、百世、韵达等快递企业，以及心怡、北领、万象、晟邦等仓储和落地配企业。此前，中国物流企

业一直在探索出海，在海外建仓等，但由于单兵突进较多，缺乏行业合力。此次物流企业抱团出海，为全球中小企业带来优质服务，也让更多海外消费者享受到中国物流速度。

三、2017 年仓储业存在的主要问题

（一）仓储设施供给仍需优化

一是城市扩张原有城区内仓储设施外迁，部分城市开展排查、清理、整治等行动，拆除违规违建仓库，城区内仓储设施在不断减少，城区内仓储设施短缺明显，尤其是超大型城市的核心功能区已无仓储设施。二是多数城市仓库网点布局不合理，城市周边中转仓库多、城内配送仓库少，特别是住宅社区、商务楼宇、商业中心等城市末端网点与配送需求不配套，缺少满足末端配送需求的网点或门店存储设施，造成市区内“最后一公里”配送难度加大。三是新建仓库还存在结构与功能配置不符合相关建设标准、不适应现代物流需求的情况，如仓库净高不够，无法安装立体式货架，影响仓库利用率，未配套装卸平台，影响卸货效率等。仓储设施总量、结构及功能设置，都需要从供给源头进行优化。

（二）仓储运营服务仍需转型

一方面，发展定位同质化，许多仓储企业服务的领域、存储的货物明显趋同，通用的（主要是生活日用品）多，专业的（冷库、危险品以及服装、医药、生鲜食品等）少；为生产企业提供产成品仓储服务的多，为生产企业提供零部件仓储、为零售企业提供仓储配送的少；为传统流通体系（生产与批发）服务的多，为电子商务企业服务的少。另一方面，许多仓储企业仍然只能提供仓库出租、出入库管理、装卸搬运等基本服务，延伸的增值服务较少；收费方式单一，多数仍是按面积计算仓租，按货位、按货物吞吐量、按货物价值等计费的很少；商品配送的方式单一、规模较小、不能产生经济效益，为生产企业单一品种送货的多，为零售企业与末端客户提供多店的整体配送的少。需要改变行业同质化服务供给，着力发展差异化增值服务，实现服务转型。

（三）仓设备与技术应用仍需升级

一方面，面对快速分拣、配送的需求，全自动分拣设备、无人机、无人车、仓储机器人等智能设备及大数据分析、“互联网 +”等技术已运用到行业中，智慧化已逐渐渗透到物流的各个环节。但行业内大部分企业设备及技术应用仍处于较低水平，虽然立体库占比的有所提升，货架与叉车的使用率也在逐年提高，但平地堆码、人工搬运在中小企业内仍然较普遍，许多企业仍然没有信息系统，即使有系统也只是代替了纸质台账的

作用，没有库存管理与控制的功能。另一方面，随着城市空气污染日益加重，我国开始重视新能源物流车的投放使用，2015 年交通部发布《关于加快新能源汽车推广应用的实施意见》，各地方政府也陆续推出相关政策，但我国新能源汽车普及率仍很低。在智慧化、绿色化方面，还需要进一步加大投入，实现设备与技术升级。

四、2018 年仓储业发展展望

（一）仓储业进入提质增效新阶段

党的十九大告提出，我国经济已由高速增长阶段转向高质量发展阶段。可以预见，2018 及未来一段时间内，仓储业必将顺势而为，实现转型升级，向提质增效方向发展。一方面，传统意义上提供单一存储服务企业的生存空间将进一步压缩，仓储业与商业模式、流通渠道、库存管理、存货融资、供应链等深入融合，加快发展将成为大趋势。另一方面，仓储设施建设经过 10 多年的高速发展，2003～2015 年固定资产投资从年均增长 30% 以上，到 2016 年 5% 的增长，再到 2017 年负增长，可以理解为我国仓储设施供应已基本饱和。未来一个时间段内，仓储设施建设投资仍将继续保持低速增长，有限的投资将更加趋于对“质”的追求，高端、标准化仓储设施比例将继续呈增长态势，并且老旧仓储设施升级改造、设备优化将是发展重点。

（二）仓配资源共享模式持续创新

2017 年 7 月，国家发展改革委等多部门联合发布《关于促进分享经济发展的指导性意见》，明确提出共享经济作为全球新一轮科技革命和产业变革下涌现的新业态新模式，对有效提高社会资源利用效率，便利人民群众生活，推进供给侧结构性改革，培育经济发展新动能，具有重要意义。在宏观政策推动下，2018 年，仓储配送行业将深入强化共享发展的理念，进一步推动企业自用仓配资源对社会开放，通过信息技术将分散的仓配资源进行整合，实现仓配资源网络化异地共享，盘活闲置资源，全面提升我国仓配设施与服务的社会化程度。据悉，有关部门已着手布局共享物流发展工作，拟将其作为 2018 年相关工作的创新亮点，全面推进技术与模式创新。

（三）仓配智慧化深度发展

近年来，智慧物流已经成为业界关注的焦点话题，国家“互联网＋”“大数据”等发展战略，为推动智慧物流发展提供了良好的发展环境；新零售等创新市场需求也是推动智慧物流的发展关键，对物流系统的智慧决策运筹提出了更高要求，进一步推动智慧物流的更深层次的发展。2018 年，将是基于物联网技术、大数据与云计算、物流自动化的智慧物流发展的关键之年。无论是以阿里、京东等为代表的电商企业，还是以顺丰、圆通、韵达等为代表的快递企业，以及各种车货匹配、第三方物流、物流信息化平台等企业，都将致力于深入推进仓配业务的智慧化发展。

（四）城市农村仓配体系融合发展

中央经济工作会议提出“实施乡村振兴战略”，明确了健全城乡融合发展体制机制的发展方向。仓配领域的城乡一体化战略将成为创新发展的重要内容，对于城乡经济社会的协同发展必将起到重要的保障与促进作用。2018 年，商务部等有关部门将全面落实 5 部门联合印发的《城乡高效配送专项行动计划（2017 – 2020 年）》，更加注重农村与城市仓储配送体系的协调、融合发展，重点拓展农产品上行物流通道，打造“一点多能、一网多用、深度融合”的城乡配送服务网络体系。中国仓储与配送协会作为仓储配送领域的专业协会，积极推动《行动计划》及重点工程的落实，于 4 月印发《关于落实 < 城乡高效配送专项行动计划 > 及其重点工程实施相关工作的通知》，将有针对性地开展实地调研，宣传解读《行动计划》，提供“一对一”或集中咨询，组织专项培训，编制典型案例，指导企业创新发展。

（五）仓储与产业供应链深入融合

近年来，企业之间竞争已上升到供应链之间的竞争，如何做好上下游的采购、生产、销售等各个物流环节的协同发展，节约供应链物流成本、提升效率已成为主要标志。2017 年，国务院办公厅发布《关于积极推进供应链创新与应用的指导意见》（国办发〔2017〕84 号），推进流通创新转型、流通与生产深度融合。第三方物流企业要抓住机会，积极参与到制造与流通企业供应链管理体系中，充分发挥专业优势和连接上下游企业的角色优势，统筹整合与配置资源，助力企业优化库存管理，进而实现社会资源的高效配置及供应链价值的最大化。

2017年冷链物流发展现状与2018年展望

一、2017年冷库发展现状分析

（一）冷库发展情况

1. 冷库总容量保持持续稳定增长。根据中国仓储与配送协会冷链分会统计，至2017年底，我国冷库统计总容量（公称容积，下同）为13531.87万立方米，同比增长12.7%。其中，冻结物冷库（含冰库、超低温冷库）容量为9671.62万立方米，同比增长13.5%；冷却物冷库（含气调库）容量为3860.25万立方米，同比增长10.6%。与2016年相比，净增冷库1524.10万立方米。

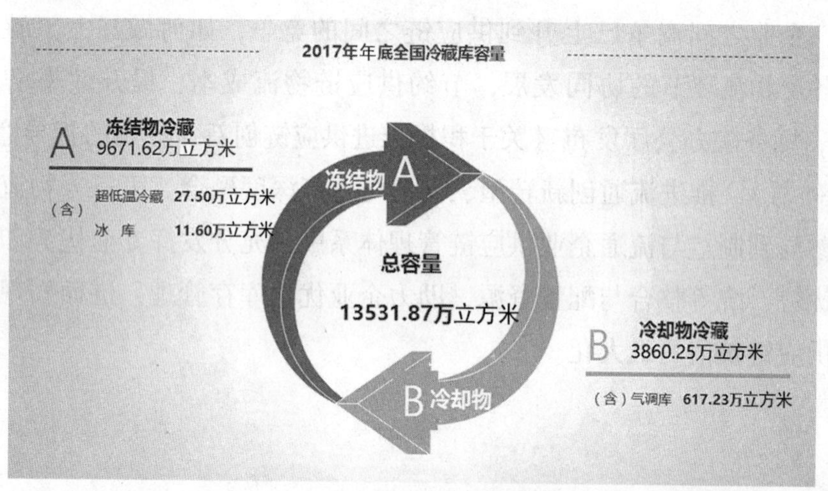

2. 冷库容量年增幅同比略有上升。2016年全国冷库容量与上年相比，增幅为12.2%。2017年全国冷库容量与2016年相比，增幅为12.7%，同比略有上升，主要原因是前几年投建的冷库较多于2017年竣工。

3. 各地区冷库总容量与全国冷库总容量占比保持稳定。华东地区冷库容量占全国冷库总容量的42.7%（上年度为42.3%），华南地区冷库容量占全国冷库总容量的8.9%（同上年度），华中地区冷库容量占全国冷库总容量的9.3%（上年度为9.2%），华北地区冷库容量占全国冷库总容量的13.4%（上年度为13.5%），西北地区冷库容量占全国冷库总容量的10.6%（上年度为11.1%），西南地区冷库容量占全国冷库总容量的7.0%（上年度为

6.8%），东北地区冷库容量占全国冷库总容量的8.1%（上年度为8.2%）。总的来说，各地区冷库总容量与全国冷库总容量占比变化不大，与上年度基本持平。

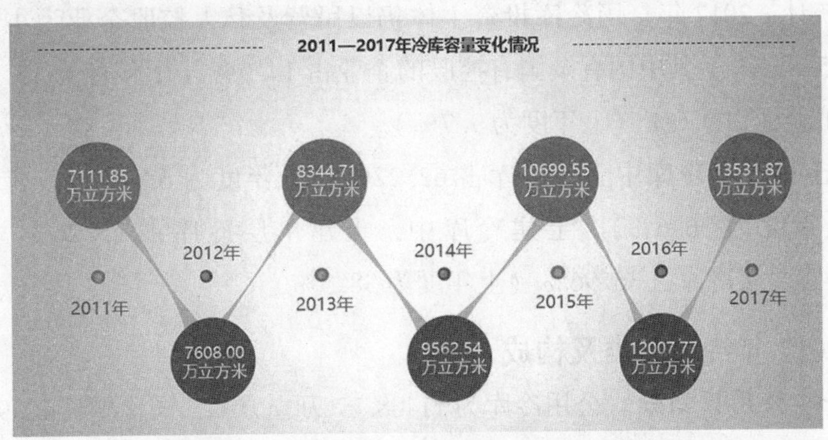

4. 西北新建冷库增速快于其他地区。各地区新建冷库容量占比情况：华东地区新建冷库容量占全国新建冷库总容量的47.2%（上年度为46%），华南地区新建冷库容量占全国新建冷库总容量的6.1%（上年度为6.5%），华中地区新建冷库容量占全国新建冷库总容量的11.5%（上年度为5.9%），华北地区新建冷库容量占全国新建冷库总容量的12.6%（上年度为14.2%），西北地区新建冷库容量占全国新建冷库总容量的2.9%（上年度为9.8%），西南地区新建冷库容量占全国新建冷库总容量的10.2%（上年度为10.7%），东北地区新建冷库容量占全国新建冷库总容量的9.5%（上年度为6.9%）。其中，西北地区新增冷库占全国冷库总容量比例加大，由上年度的2.9%增长到9.8%，增速最快。

5. 人均占有冷库容积不断增加。根据中国仓储与配送协会冷链分会统计，近几年来，随着我国冷链行业的发展，各地新建冷库相继投入使用，至2017年底，我国人均占有冷库容积已经达到98升/人，同比增长11.6%。上海作为全国人均占有冷库容积最高的城市，为321升/人，已经达到发达国家的水平。

6. 冷库投资仍以民营为主，建造形式仍以土建为主。根据中国仓储与配送协会冷链分会统计，2017 年全国冷库投资主体仍以民营及私人控股企业为主，占 76.1%（上年度为 75.83%），其中国有及国有控股的企业占 14.9%（上年度为 15.1%），外资及外方控股的企业占 9.0%（上年度为 9.7%）。

2017 年全国现有冷库中土建冷库占 62.22%（上年度为 63.4%），装配式冷库占 37.78%（上年度为 36.6%）。土建冷库中，土建单层冷库占 25.26%（上年度为 25.1%），土建多层冷库占 36.96%（上年度为 38.3%）。

（二）2017 年冷库分类及构成

1. 按冷库公用性划分。公用冷库为 11408.87 万立方米，同比增长 12.9%，占全部冷库容量的 84.3%；自用冷库为 2123.00 万立方米，同比增长 11.4%，占全部冷库容量的 15.7%。公用冷库中公共储存型冷库容量占 68.65%，市场配套型冷库容量占 17.09%，物流配送型冷库容量占 13.51%，其他配套型冷库容量占 0.75%。自用冷库中生产储存型冷库容量占 80.63%，物流配送型冷库容量占 17.86%，其他配套型冷库容量占 1.51%。

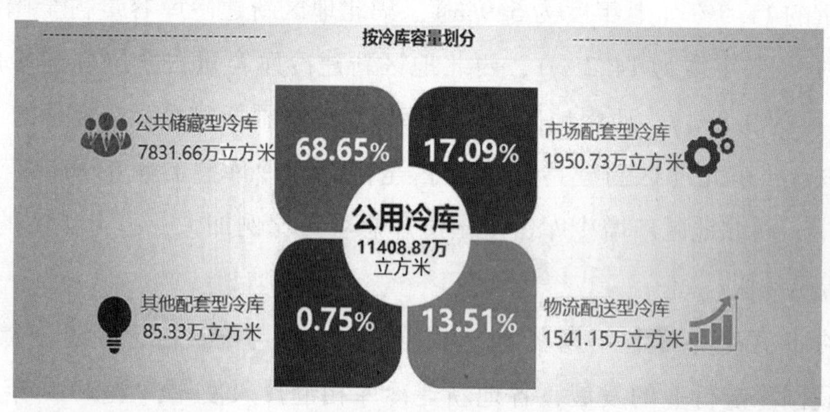

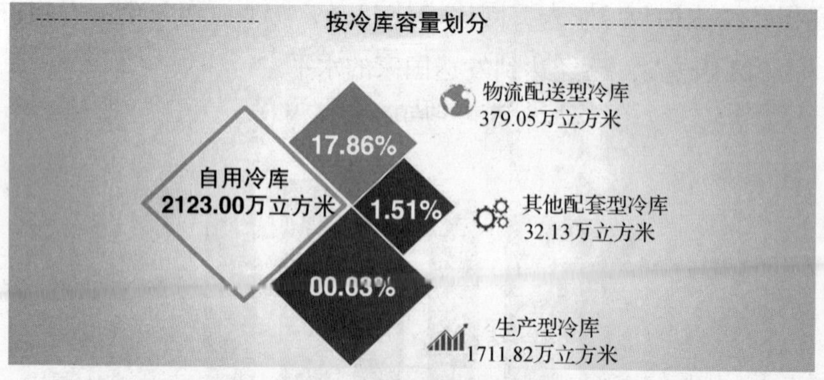

2. 按冷库主要储存商品划分。以肉禽类为主要储存商品的冷库容量占全部冷库容量的 7.7%；以水产类为主要储存商品的冷库容量占全部冷库容量的 10.1%；以果蔬

类为主要储存商品的冷库容量占全部冷库容量的20.5%；以乳制品为主要储存商品的冷库容量占全部冷库容量的0.5%；综合类冷库容量占全部冷库容量的60.3%。其他类的冷库容量占全部冷库容量的0.9%。

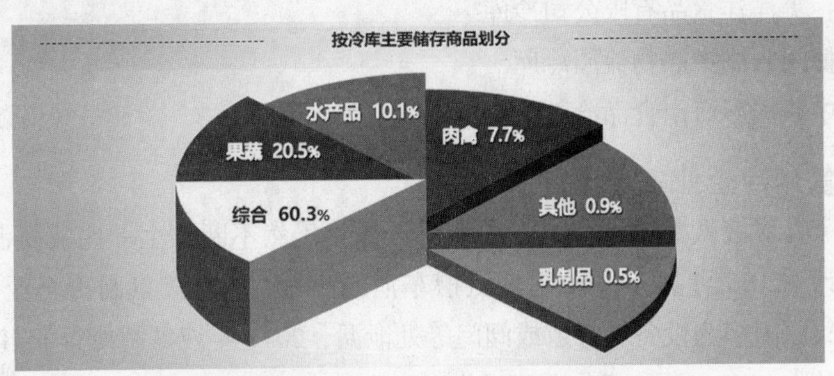

（三）2017年新建成部分省市冷库

北京：北极洋冷冻冷藏服务有限公司冷库

天津：鲜易供应链天津全自动立体库冷库

上海：上港集团冷链物流有限公司冷库

重庆：双福农产品市场有限公司冷库

浙江：舟山港综合保税区震洋冷链物流有限公司冷库

江苏：汇鸿冷链物流有限公司冷库

山东：海都海洋食品有限公司冷库

山西：运城市万荣县鑫绿果品公司冷库

江西：南昌深圳农产品中心批发市场冷库

安徽：合一冷链股份有限公司（2号冷库）

河南：鲜美来冷链物流郑州基地冷库

广东：郑明物流－广州番禺冷库

广西：南宁壮宁食品冷藏有限责任公司冷库

福建：太古海投冷链物流（厦门）有限公司冷库

湖南：常德哈康源食品有限公司冷库

湖北：嘉安控股集团嘉鱼冷链物流有限公司冷库

云南：农垦昭通农业投资发展有限责任公司冷库

贵州：遵义市新雪域西南农产品交易中心冷库

四川：达州源美冷链物流有限公司（魏兴镇）冷库

陕西：百胜中国西安物流中心（西安领鲜物流）冷库

青海：（互助）农畜产品交易市场（青海丰禾农业经济技术合作有限公司冷库）

辽宁：大连天宝绿色食品股份有限公司冷库

黑龙江：哈尔滨双盛源冷藏服务有限公司冷库

吉林：正大食品有限公司冷库

内蒙古：美洋洋食品有限公司冷库

新疆：博州农副产品物流园冷库

海南：中铁国际海南食品冷链中心冷库

（四）氨制冷企业安全情况

虽然国家针对液氨企业进行了专项整治，每年仍然不断发生一些液氨泄漏的事故。据不完全统计，2017 年发生了 4 起液氨槽车泄漏事故，9 起液氨制冷企业液氨泄露事故。液氨事故原因多为设备、管道或阀门等处泄漏，2017 年液氨制冷企业事故原因以设备老旧为主约占60%，而违章作业或操作不当占40%。全国各地继续开展液氨泄漏事故应急演练，努力提高涉氨企业的安全水平。全国各地安监部门开展大范围的涉氨制冷企业安全整治行动，整改、关停、转移了一大批存在安全隐患的涉氨制冷企业。

我国现有冷库中很大一部分是上世纪 60 年代前后建造的，这些冷库设备老化、材质落后、设计单一，有些冷库甚至地处人员密集的地区，不符合当前的生产要求。这些情况确实造成了事故隐患。然而，在全国许多重大事故中，违规操作是造成事故的非常重要的因素之一。近年来，安监部门加强了对氨制冷企业的监管。为了减少应对相关部门监管的时间，降低监管成本，“氨改氟（或其他载冷剂）”企业正在逐步增加。

（五）冷库制冷剂使用情况

氨作为一种制冷剂在世界上被广泛使用，无论在美国、日本等发达国家或是香港等人口密集地区，冷库使用氨制冷剂的比例都高达90%。我国法规也并未规定不准使用氨制冷剂，只要严格操作规程，加强设备安全检查、落实各项安全制度，氨作为制冷剂仍然是很安全的。从长远来看，氨制冷剂的使用前景是大大优于氟制冷剂。

全国冷库制冷剂使用情况见下图：

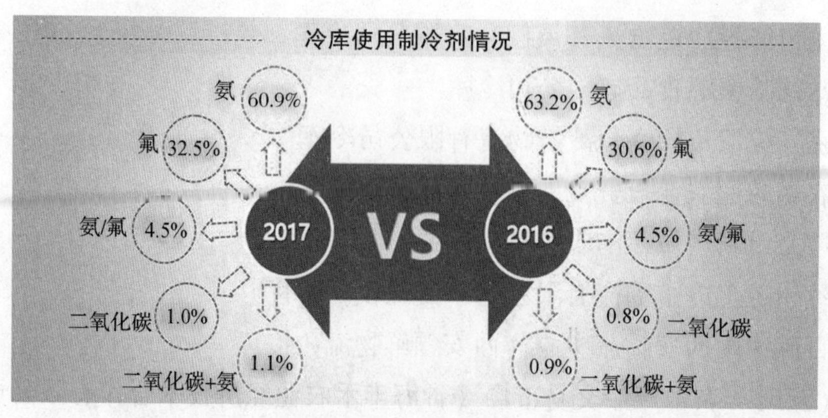

全国新建冷库制冷剂使用情况见下图：

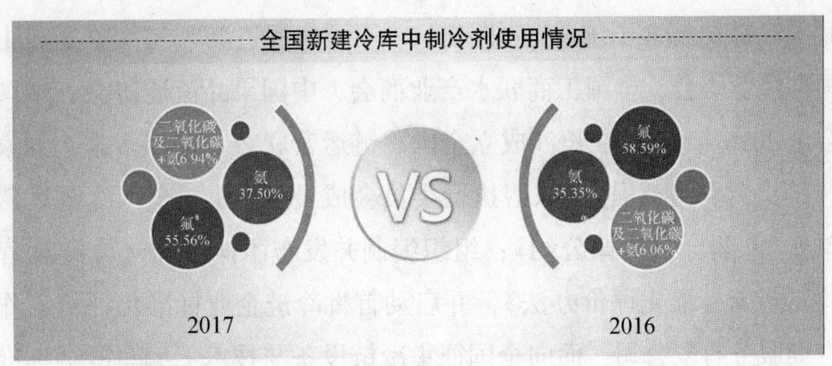

(六) 冷库技术进步与发展

1. 系统技术模块化、集成化。小型一体机、移动式冷站及撬块机组快速发展。这类设备的最大特点就是将制冷部件集中在一起形成一种可移动设备或装置，具有安装方便、使用简单、应用灵活等优点，是冷冻冷藏装置未来发展的重要方向之一。一些厂商的小型一体化制冷机组实现了即插即用功能，为冷链（尤其是产地预冷）的落地技术奠定了基础。

2. 设备管理平台化、智能化。互联网技术和大数据技术的发展为制冷装置及冷库的智能化管理提供了技术基础。相关厂商发布了制冷装置及运行的云管理平台，将设备的运行管理与监控转移到云端，便于对系统的实时监控管理。设备制造商可通过平台积累大量关于冷库使用习惯的基础数据，为用户提供冷库运行的策略优化，同时为设备供应商提供准确的售后数据支撑。

3. 系统能源利用绿色化、综合化。以烟台冰轮为代表的冷冻机生产企业研发了包含氨/二氧化碳复叠式制冷系统、氨高温热泵和 R245fa（五氟丙烷）蒸汽热泵三大部分的集成系统，同时产生冷源、热水和蒸汽，通过管道连接提高了能源的一次利用效率，实现了废热的回收利用。

二、2017 我国冷链发展现状特点

(一) 中央、各地政府高度重视，推动冷链物流产业发展

从中央一号文件到密集发布的相关政策来看，中央对冷链行业发展、食品安全战略实施等内容的重视程度不断增强，冷链政策环境逐渐向好。各级冷链行业组织纷纷成立。据统计，为推动冷链行业的发展，各地纷纷成立冷链行业组织，目前全国已有几十个全国性的和地方性的冷链行业组织。这些行业组织的建立，将进一步推进我国冷链行业健康、有序地发展。

（二）全国冷链运营体系建设已经破题

为破解我国冷链“标准不统一”“断链”“不可全程追溯”三大难题，中国仓储与配送协会、中国畜牧业协会、全国工商联水产业商会、中国果品流通协会、中国蔬菜流通协会五家商协会于2016年10月在长沙成立全国冷链运营联盟。一年多来，五家商协会联合印发《全国冷链运营联盟章程》《联盟执行委员会成员名单》《全国冷链运营专家委员会首批专家名单》《联盟会员自律公约》；组织编制并发布团体标准《冷链运营管理规范》；编制《全国冷链运营标准化评价办法》，并启动首批冷链企业标准化评价工作；组建北京绿冷盟技术咨询服务有限公司，面向全国征集冷链设备与技术，编写冷链标准化运营培训大纲，并以青海省为试点，连续举办3期冷链标准化运营培训，为10多家企业提供冷链改造咨询；五家商协会与业内优势资源组建北京酷领科信息技术有限公司，开发并于2017年4月上线运行“全国冷链运营公共管理平台”（1号冷链），开发完成青海省冷链监控平台，并与国家冷链监管平台实现对接，已有一批食品加工经营与冷链企业在线管理冷链运营业务。商务部于2018年1月在青海召开冷链物流现场交流会，充分肯定了青海省商务厅与全国冷盟、北京酷领科公司的工作成果。

（三）冷链行业竞争加剧

1. **万科物流地产进入冷链细分领域**。2017年7月，万科宣布，与厚朴投资、高瓴资本、中银集团等联手，以大约790亿人民币收购全球知名的“物流地产”企业普洛斯。万科物流地产成立综合冷链事业部，是万科物流地产发展的核心业务之一。7月，万科物流地产对万纬沈阳浑南冷链物流园的资产实施整体收购，对园区重新进行了规划，10月，万纬沈阳浑南冷链物流园开业，则标志着万科物流地产正式进入冷链细分领域。

2. **铁路冷链开始进入冷链市场**。为适应铁路货运向现代物流转型发展的要求，加快推进铁路冷链物流网络布局，进一步改善鲜活农产品流通环境，拓展铁路冷链物流市场，形成布局合理、技术先进、节能环保的铁路冷链物流服务体系，国家发展改革委等部门联合发布《铁路“十三五”发展规划》。《规划》提出，到2020年，冷链运量规模达到2000万吨以上，冷库容量规模达到300万~500万吨，冷链物流营业总收入达到500亿~700亿元；冷链主通道基本形成稳定的运输班列，新增新型冷藏车（箱）1000辆。

3. **新希望成立新希望冷链物流公司**。作为连续14年位列中国企业500强前茅的新希望集团有限公司，已逐步成为以现代农业与食品产业为主导，具有创新能力的综合性企业集团，目前正在发力冷链物流板块，整合冷库和冷链车辆，成立新希望冷链物流公司，并争取年内能达到10亿元规模的冷链物流配送体系。

4. 卡力互联战略重心定位冷链物流领域。据权威机构预测，2020年我国冷链物流市场规模有望达到4000亿~5000亿元。由9家著名物流公司携手共创的卡力互联瞄准了这一巨大的细分市场的商机，将下一步的战略重心定位冷链物流领域，已预定300台沃尔沃箱式冷藏车用于业务开展。2017年9月，卡力互联战略发布会暨冷链产品启动会在山东省寿光市半岛物流城盛大开幕。

三、我国冷链物流发展展望

（一）2018年冷库发展展望

2018年，全国冷库总容量将继续保持平稳增长；结构性调整将成为冷库设施的发展方向；不同需求将推动冷冻冷藏技术与装置快速发展：采用环保型制冷剂的冷冻冷藏设备将快速发展，环保制冷剂替代HCFC制冷剂是大势所趋，氨和二氧化碳将是大型冷冻冷藏设备未来发展的重要方向；可移动配送制冷设备的应用将越来越广泛；云平台智能化管理将进一步成熟，云平台的应用已在冷冻冷藏领域出现，但现阶段主要是将各传感器参数网络传输存储，云平台的功能潜力尚未充分发掘，诸多功能将基于云平台大数据陆续得到开发；冷凝器和蒸发器将进一步朝着高效化发展，一些高效换热器将陆续出现并应用，如微通道换热器、表面喷涂处理换热器等。

（二）我国冷链业发展展望

1. 冷链物流市场规模将逐年增长。根据有关机构调查预测，由于我国生鲜产品总体产量逐年增收，不断优化种植产地货源基础，以及居民对食品品质、安全、便捷性方面的更高要求，推动了生鲜消费的快速发展。我国冷链物流市场规模的复合年均增长率仍将保持在20%左右。特别是随着生鲜电商的发展、资本的进入和消费层次的提升，农产品冷链物流需求不断扩大。在生鲜电商交易规模近乎每年成倍增长的态势下，冷链物流被生鲜电商企业视为“新蓝海”和必争之地，需求更大。

2. 城镇化进程将拉动我国的冷链需求。目前，我国的城镇化进程刚刚过半，仍然处于发展中国家的水平，但是国民经济发展势头强劲，消费能力远超发达国家。而城镇化进程推进过程中，最大的变化就是饮食结构的改变。从以前的能吃饱，到现在的要吃好、要吃鲜，这将是拉动我国冷链需求的最大动力。

3. 新零售改革助推冷链物流的增长。目前“新零售”的热潮，不仅是零售界的改革，更是物流行业的革命。无论是盒马鲜生，还是7Fresh，都对物流提出了新的要求：新鲜、快速、能到家。而冷链物流和现代零售渠道在易腐食品的流通过程中存在着紧密的联系，前者的发展必将带动后者。

4. 全国冷盟将有效推动冷链业健康持续发展。2018 年及今后一个时期，中国仓储与配送协会等五大商协会组建的全国冷链运营联盟将以国务院办公厅《关于积极推进供应链创新与应用的指导意见》为依据，以标准化、信息化、全程冷链化为目标，与国家冷链物流监管平台建设、与商务部冷链物流标准化工作配套衔接，以大宗品牌温控食品的主产区为源头，以 10 个冷链物流工程试点省市与全国冷链物流标准化示范城市为重点，面向各类冷链物流企业组织开展冷链运营标准化培训、咨询与评价，依托全国冷链运营公共管理平台，通过供应链的纵向整合与各类冷链资源的横向整合，逐步建立健全“全链条、网络化、严标准、可追溯、新模式、高效率”的全国冷链运营体系。

2018 年，是决胜全面建成小康社会、实施“十三五”规划承上启下的关键之年，可以预见的是，这必将又是冷链行业政策环境、营商环境等利好不断的一年。相信，在国家的重视、扶持和推动下，我国冷链行业高质量发展必定会伴随着时代进步，而实现美好的腾飞！

中国仓储与配送协会 冷链分会

2017年金融仓储发展现状及2018年展望

2017年，在相关主管部门的指导下，中国仓储与配送协会、中国银行业协会、世界银行国际金融公司（IFC）、APEC工商理事会已连续召开五届仓储融资和担保品管理国际研讨会，在引入先进的知识体系、发达国家的经验的同时，结合实际共同探讨行业发展，建立与运营公共管理平台，推动专业责任险的普及和全国电子仓单平台的建立，我国金融仓储行业（担保品管理行业）发展成效明显，行业氛围逐渐改善。但是，与国际成熟市场相比，我国担保品管理行业仍处于从初级到中级的发展阶段，还存在一些问题有待进一步推动、解决。

一、2017年担保品管理行业发展情况

（一）行业数量及从业规模

据中国仓储与配送协会不完全统计，到2017年，全国从事担保存货第三方管理的企业达1500家以上，从业人员约为4.2万人。2017年，我国GDP总量超过80万亿元人民币，据IFC估算，我国的动产存量应在400万至600万亿元之间，其中，存货总量约为100万亿元，各类存货融资量年度发生额仅为5万~8万亿元，其中经由第三方管理的仅为3万~5万亿元，市场依旧有很大的开发潜力。

根据金融仓储分会对近60家金融仓储公司的不完全调查统计，2015~2017年，年管理担保存货的平均贷款额度分别为16.51亿元、17.28亿元、22.05亿元；2015~2017年年平均监管点（监控点）（以独立库区为单位）数量分别为109个、113个、152个。从数据上来看，行业整体业务规模稳步发展。当然，由于面临不同程度的银行缩减业务的问题，部分担保品管理企业因为业务缩减转型或退出。以金融仓储分会近80家会员为例，2017年有3家业务重心从担保品管理方面转移，有5家企业因为破产、财务欠费、无法正常经营等原因退出担保品管理行业。

（二）服务信贷机构类型

近几年来，受到上海青岛两起案件影响，大型商业银行与股份制银行动产融资业务大规模缩减，与此同时，一些地方性银行、新兴农村金融机构、邮储银行和非银行类金

融机构等信贷机构态度积极。据金融仓储分会不完全统计，2017 年担保品管理公司服务的信贷机构中，以委托管理担保存货对应的贷款额度为依据，地方性银行、新兴农村金融机构、邮储银行占比达到45.18%，与2016 年相差不大，而大型商业银行与股份制银行占比仅为15%，与2016 年相比下降26%。

面对不同程度的银行缩减业务的问题，一些从事担保品管理的仓储物流型企业，选择调整结构、缩减业务，而一些专业从事担保品管理的企业选择缩小规模甚至有些企业难以生存。当然，仍有不少担保品管理企业迎难而上、以自身的专业性继续获得银行信任、继续为其服务的同时，开发保险公司、交易市场、担保公司等新的客户群体，设计新的业务方案。据金融仓储分会不完全统计，2017 年担保品管理企业非银行类金融机构客户贷款额度占比达到16.63%，相较2016 年同比增长12.21%。个别担保品管理公司，非银类金融机构委托的管理担保品的业务量占比已经超过了银行等信贷机构业务量。

（三）信息化管理水平

随着物联网技术的广泛应用，担保存货第三方管理企业通过视频监控系统、传感系统、智能手持终端产品，提升信息化管理水平，推进存货周转全链条管理，实现全程管理的可视化、可追溯、可验证，信息化管理水平明显提升。根据金融仓储分会不完全调查统计，截至2017 年，约有88%以上的企业都在或多或少的使用管理信息系统，较2016 年增长了10%。

（四）政策法规方面

2017 年，银监会发布了《商业银行押品管理指引》，特别强调第三方的监管，通过押品的管理指引承认了第三方监管的地位，鼓励银行机构可以和第三方监管合作提高押品的管理准确性，减少不确定性。

国家也相继出台了各种政策，其中，值得关注的是《中华人民共和国民法典》。《中华人民共和国民法典》的两步走的第一步已经完成——《中华人民共和国民法总则》已于2017 年10 月1 日颁布实施；《中华人民共和国民法典》中分则确定的与担保融资关系较密切的《中华人民共和国合同法》和《中华人民共和国物权法》都在修改完善之中。相关机构和行业组织也正在呼吁“推动担保物权制度的进一步改革，接纳现代担保物权制度的精神，特别是要建立统一的担保物权和统一担保物权的公示登记。”

二、2017 年担保品管理行业发展特点

（一）对于担保品管理企业专业素质要求增高

随着以五大商业银行为首的银行类金融机构对于担保品管理业务态度上的谨慎和规

模上的收缩，以及担保品第三方管理公司服务的非银金融机构比例增加，以往“看住货”的概念和模式早已不能满足现如今调整和完善中的市场需求。当服务对象为银行时，担保品管理公司只有通过自身的专业的框架设计和业务能力为贷款业务提供真正保障，才能在竞争中脱颖而出；当服务对象为非银行机构时，担保品管理公司是否能拿出足够妥当的方案设计以适应不同环境下的监管（监控）业务，已经成为担保品管理企业接下来的必修课。

（二）担保品管理企业投保专业责任险意识增强

我国担保存货管理行业相较国际成熟市场，正处于从初级到中级发展的阶段，且专业性强，风险性高，投保各类保险乃是缓释、转移风险的重要手段。根据国际经验及国内已有案例，除了对担保品投保财产险外，针对“监管人员的过失导致监管货物的缺失”的专业责任险，也是担保管理业务开展过程中非常重要的一项保证。近几年，行业组织推动建立了“专业责任保险一站式风险管理平台”，并通过与企业沟通、组织案例交流，向更多的担保品管理公司普及了专业责任险知识，使更多企业了解责任险的重要性及保障意义，增强其在业务过程中购买责任险意识。据金融仓储分会不完全统计，2017 年有 76% 的担保品管理公司已经购买或有意愿购买专业责任险，较去年增加了 17%。

（三）担保管理行业规范性发展不断推进

通过五届仓储融资和担保品管理国际研讨会的召开，引入先进的知识体系、发达国家的经验，在规范存货融资管理方面现已经取得了可喜的成果：

第一，在 IFC 的帮助下，受商务部委托，中国仓储与配送协会、中国银行业协会组织起草了《仓单要素与格式规范》《担保存货第三方管理规范》两项国家标准。两项国家标准既与国际接轨，也解决了我国现实中长期存在的借款人、金融机构、第三方担保品管理公司三者之间责权利不明确的突出问题；同时解决了法律概念与实际单据脱节，没有仓单标准的问题。

第二，为了贯彻实施两项国家标准，解决信贷机构与管理企业签订协议的责任界定问题，在 IFC 的帮助下，中仓协、中银协组织相关金融机构、担保存货管理企业及相关专家共同起草了《监管协议示范文本》（CMA）、《监控协议示范文本》（SMA），并在 2016 年第四届担保品大会上公布。

第三，依据国家标准，对担保存货管理企业进行资质评价，到目前为止，有近百家企业取得相应资质，以此推动行业自律。此类工作也给金融机构提供了一定的筛选依据，增强了金融机构信心的同时，更多的金融机构开始认可这种行业规范性发展和行业自律作用，并优先寻找并选择依照国家标准、规范自身发展、获得水平类资质评价的担保品管理公司进行合作。

第四，由中仓协监制，北京市商委支持，中物动产公司运营的“全国担保存货管理公共信息平台”于2015年上线运行，目前正在完善电子仓单体系。此平台是防范仓储融资风险、规范担保存货管理的一个核心措施，也是行业基础设施，实现了担保存货管理互联网化，增强管理现场的可视化，在方便第三方管理企业管理存货的同时，也方便信贷机构随时查询；下一步将与中国人民银行征信中心的“动产融资统一登记系统”对接。

第五，为推动专业责任险的普及，解决市场上没有专门的专业责任险产品的问题，2017年6月，中仓协、中银协、中保协、IFC共同组织了“监管（监控）责任保险产品（范本）第一次内部讨论会”。会议重点讨论了在SMA（监控）、CMA（监管）两种管理方式下，“监管（监控）责任保险”的核心、承保范围、理赔基础等，并对起草的监管（监控）责任保险产品（草拟稿）的内容进行了逐条讨论。接下来，三家协会还将积极联手，共同推动监管（监控）责任保险的发展。

此外，通过几次研讨交流，相关主管部门、银行业金融机构与仓储企业就人民银行征信中心的“担保物权登记公示平台”作为包括存货担保物权在内的全国统一的公示平台，取得广泛共识，而这些工作的实施，已基本可以从制度与机制上保障仓储融资的安全。

（四）业务向供应链管理方面延伸

随着市场的开发和业务的需求，很多担保存货管理企业不再满足于对担保存货的管理，不再限于对借款企业经营循环的研究，而是逐步融入工商企业的供应链中，从存货的估值到处置变现，从原材料的采购到销售回款，以真实的贸易为依据，实现供应链全程参与、全程掌握、全程跟踪，有效控制供应链融资风险。

三、担保品管理行业存在的问题

（一）担保品管理企业专业化有待提升

担保存货管理是存货担保融资业务派生的、信贷机构委托担保存货管理企业实施的针对担保存货的专项仓储管理活动，专业性极强，业务品种繁多，涉及的客户多，担保存货种类也较多，市场行情变化也较大，对于担保品管理企业自身框架的专业性以及员工素质的专业性都有非常高的要求。然而，虽然目前我国担保存货管理企业数量不少，但真正形成品牌、管理规范、业绩突出的企业并不多，资质、规模、风控能力、存货管理能力等方面都有待提高。从几年前的“上海钢贸案”“青岛有色金属事件”的爆发，到如今，面对潜力巨大的市场时开发新业务的局限，除了暴露了我国法律法规不完善、行业监管缺失的问题之外，也暴露了我国担保品管理行业专业能力问题。在新的行业机遇与挑战下，作为担保品管理行业，应考虑如何用专业性架构了解并说服客户（银行及其他非银机构），并以专业的能力了解并管理客户的客户（借款人），从而达到达成合作与风险控制彼此协调、共同发展的状态。

（二）对担保品管理公司缺乏适度监管

担保品管理公司的服务对象全部是信贷机构，它的表现直接影响到信贷质量和金融安全，并会影响中小微企业的融资情况，因此，十分有必要对该行业实施一定程度的监管。而目前我国对第三方担保品管理行业却缺乏相应的监管制度，到目前为止，国家既没有相应的牌照许可制度，也没有备案制度，没有明确的准入条件要求，对现有从事第三方担保品管理的企业情况也不清楚。无监管、无备案、无门槛（门槛低）的情况下，企业进出频繁，专业性无从谈起，十分不利于行业发展。建议国家有关部门对担保品管理公司实行一定程度的监管，可以是牌照管理或备案管理，并对持牌公司进行一定程度的定期监控。

（三）有关部门对于市场参与机构的保护、支持不足

在存货融资的实际操作中，很多情况下需要由第三方担保品管理公司代表金融机构来接管和控制借款企业的仓库，并管理担保品的出入库。因此，部分借款人会在无法偿还贷款的情况下，利用该仓库位于自己的经营场地内的便利，发生强行抢货的行为。即便第三方担保品管理公司及时报案，也会被公安部门认定为经济纠纷而不予理睬。而这种处理方式，也滋生了部分借款人钻法律漏洞的气焰。湖北地区就出现过借款人确认了抢货事件不会给其带来惩罚之后，时不时闹上一回，严重损害了信贷机构、第三方担保品管理企业的权益，打击了信贷机构开展存货融资业务的积极性。相比而言，在一些国家，这类行为属于刑事案件。如在美国，借款企业涉嫌故意转移存货价值在500美元以上，即可判刑。建议司法部门将借款人的抢货行为，认定为刑事犯罪，而不只是经济纠纷。在出现这种情况时，公安部门应当及时出警控制。而作为担保品管理公司，在保护人身安全的提前下，及时通知信贷机构。此外，更应注意日常工作中的痕迹留存，保留足够的证据资料，证明己方履行了应尽的义务。在体现专业性的同时，降低事件中需要承担的责任、保护切身利益。

（四）三方责权利区分有待加强

《担保存货第三方管理规范》国家标准借鉴了发达国家的规制与通行作法，根据第

三方管理企业对特定仓库的控制权不同，将担保存货管理区分与界定为“监管”（CMA）与“监控”（SMA）两种方式，并明确了三方不同的管理责任。这样分类规定能够解决我国现实中长期存在的借款人、贷款人、第三方担保品管理公司三者之间责权利不明确的突出问题。但是，动产融资领域，并未对业务进行CMA/SMA的区分，也不愿意进行区分。三方责权利不区分，权利、信息不对等的情况下，担保品管理企业的权益无从保障，也导致作为保障第三方担保品管理公司利益的专业责任险，推动过程也遇到了困难。

（五）责任保险购买难

根据金融仓储分会调查结果显示，2015～2017年，投保责任险的企业占比分别为54.69%、53.51%、50.93%，经过分析，投保比率持续下降的原因有二：其一是企业对于“责任险与财产险的区别”有了进一步的认识，明白要求借款人购买的财产险并非责任险；其二，部分企业也通过备注“未投保原因”进行了说明——责任险购买难。目前我国的保险公司除了一般性的财险产品之外，无法普遍提供专门针对担保品管理公司的“专业责任险”，很多担保管理企业已然认识到专业责任险的重要性，奈何投保无门。而一些担保品管理公司，意识到“个别保险公司提供的专业责任险，因为会在补充条款里增加额外限制，导致即使投保，出险之后也无法正常赔付”之后，也不再继续购买这类“责任险”。

四、对我国存货融资和担保存货管理行业的展望

（一）担保品管理行业具有巨大的发展潜力

动产融资是中小微企业的主要融资方式。在信贷市场发达的国家，约50%的中小企业都与银行发生了信贷关系，而在我国，这一数据不足30%。据中国中小企业协会数据显示，中国的2000多万户中小微企业贡献了全国80%以上的就业，60%以上的GDP，50%以上的税收和75%以上的专利发明，但传统的信用贷款、发行股票、债券和不动产抵押贷款，均不能解决中小企业融资难的问题。而不论多小微的企业，只要有真正的经营循环，就会拥有包括应收账款、存货、保证金、各类收费权、知识产权、设备等在内的各种动产。

近几年应收账款的融资在快速发展中，以中国人民银行征信中心的应收账款融资服务平台为例，截止到2017年9月，通过平台促成的应收账款融资已经超过5.5万亿元，预计2019年到2020年超过10万亿元。与应收账款一样，存货也是中小微企业的重要资产类型之一，而且存货的资金量远高于应收账款的量，担保品管理行业依旧具有巨大的

发展潜力。

（二）仓储企业转型升极，将推动仓单融资业务和担保存货监管业务

仓单作为有价证券，可以进行融资或交易，改善存货的流动性，但是，由于纸质仓单在使用中存在虚开、重开、伪造、篡改等固有缺点，因此需要建立电子仓单平台，以签发真实的、唯一的、与货物一一对应的仓单。2017年7月，受中国仓储与配送协会邀请，世界银行集团国际金融公司（IFC）专家赖金昌、黄琳、李明及国际电子仓单平台建设专家Lamon Rutten，中国人民银行征信中心动产融资平台建设工作组、融资平台业务部总经理助理张辉到中物动产公司就“全国担保存货管理公共信息平台”及“标准电子仓单平台”的建设进行指导。专家们表示，真正的“标准电子仓单平台”上所有协议、文件均需标准化，这不仅能够提高各方效率，也能降低融资成本与融资风险。在IFC的帮助和支持下，中仓协已经开始了“标准电子仓单平台”的建设工作。

2013年以来，受“上海钢贸案”的影响，信贷机构与仓储物流企业都调整了策略，存货担保融资与担保存货管理的业务规模大幅减少，主要是压缩了派员到借款人仓库的管理业务。另据相关统计数据，至2017年末，我国营业性通用（常温）仓库面积达10.38亿平方米，冷库容积为13531.87万立方米，相较2016年，都有一定量的增长。若引导这些仓储企业转型升级，以库内存货作为担保品，开展仓单或存货监管业务，在提升仓储企业的服务及收入的同时，也会大大提高我国动产融资的规模。

（三）我国担保管理行业正在从初级向中级阶段发展

受“上海钢贸案”“青岛有色金属事件”和经济下行的持续影响，我国担保品管理行业依旧处于调整时期。但在国家没有对担保品管理行业实施一定程度监管的情况下，随着担保存货管理行业的规范和准则已基本建立，行业协会正在发挥行业自律的作用；我国担保存货管理企业，正在苦练内功，借助技术手段规范管理；2018年将提交常委会进行审议的民法典中的《中华人民共和国合同法》《中华人民共和国物权法》，若能推动推动担保物权制度的进一步改革，其中涉及的“建立统一的担保物权”和“统一担保物权的公示登记”将大大提升信贷机构的信心。

总的来说，2017年，是担保品管理行业向更规范、更自律的目标稳步发展的一年。面对依旧潜力巨大的市场潜力，我们有理由相信，在各项政策的导向下，在行业组织的调整规范下，我国未来的仓储融资必然会走向良性发展的道路，成为解决中小企业的融资问题的最直接、最强力的手段。

中国仓储与配送协会 金融仓储分会

2017年自助仓储发展现状及2018年展望

一、2017年自助仓储运营现状

（一）市场规模和网点数量

自助仓储作为仓储行业的细分领域，是指仓储服务企业选择适宜的单层或多层建筑，进行整体装修，保证环境干净整洁无尘，采用相应的安保系统，并将库区分隔成大小不同的独立仓储空间，出租给供客户、根据自己所要储存的物品，自主选择储存空间大小、自主确定租期长短、自主存放物品。

自2015年以来，自助仓储行业进入高速发展期，年均复合增长率高达60%。据不完全统计，截止2017年底，我国自助仓储企业约60家，自助仓网点达到1000多个。一线城市拥有10～15个品牌，如万物仓（便利仓）、大众迷你仓、优立仓、安东、万户仓、放东西、乐存乐库、百宝仓、好世界等；部分二线城市也拥有1～3个品牌，如乐存、树袋熊等。城市网店涵盖最多的依次是北京、深圳、上海、广州、南京、杭州、成都、福州、武汉、天津和合肥。

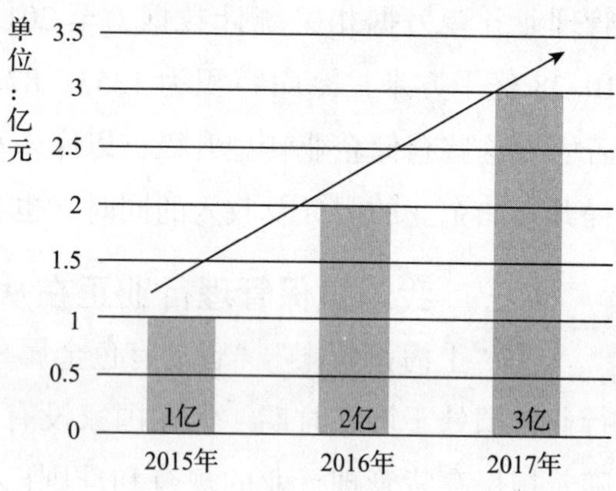

图1：自助仓储近三年市场规模变化

资料来源：凯盛融英信息科技（上海）有限公司

（二）商业模式及企业类型

自助仓储为人们生活中或企业经营过程中暂时不用但有保存价值或纪念意义的东西、物品提供了一个储存空间，在我国为生活在高地价和狭小空间的居民或企业提供置物空间，以换取更大的居住空间和办公空间，在一定程度上解决了都市生活空间狭窄问题和市民存储的难题。

自助仓储行业作为仓储业的细分领域，其核心商业本质是仓储设施租赁，通过出租仓储设施产生租金收入，通过提供增值服务产生服务溢价。从网点布局、服务类型2个方面，可将企业划分为：

从网点布局上，可划分为住宅社区仓、市区商务仓和郊区郊县工业园仓。社区仓位于社区地下室居多，便于社区用户存放家庭用品；市区商务仓位于CBD或市区人口较密集区域，仓体便于存放有价值或有纪念意义的物品；郊区工业园仓多在城市郊县，适合存放家庭装修或企业客户占地面积达且短时周转的物品。

从服务类型上，可划分为全自助式、半自助式和全托管式。全自助式运营方式下，物品存取全程都由客户自行完成，自助仓储企业仅提供存储空间。半自助式运营方式中，自助仓储企业会提供店长守店、上门搬运服务。而在全托管模式下，企业全权负责客户所存物品的运输，而客户无需或禁止到达仓储地点。

二、2017年自助仓储行业发展特点

（一）向二线城市扩展

北、上、广、深一直是自助仓储行业市场需求最大的市场，但自2017年以来，在部分省会城市或较大城市，也相继出现了自助仓，包括苏州、武汉、西安、合肥等城市，这些城市继南京、天津、成都和福州后，成为自助仓储行业的新兴二线城市根据地。

（二）延伸增值服务

多点自助仓储企业多以“一人多点”的方式经营，即1位店长负责多个自助仓网点。随着互联网技术的进一步普及，自助仓网点实现了无人化管理。此外，为提升用户体验，提高储物过程的便利性，部分自助仓储企业自建运输团队，或与搬运平台（如58速运和货拉拉）合作，提供上门搬家等增值服务。

（三）产品品类升级

2017年，自助仓储企业在产品创新上有进一步发展，其中以智能储物柜和互联网技术的运用最为突出。以万户仓为例，2017年全年在17座城市投放智能储物柜，累计服务30万余人。优立仓和大众迷你仓在青年公寓和住宅区中对储物柜这一新产品先试先行，也获得较好反响。在物联网科技方面，上海井冉物联网科技旗下品牌“放东西”，率先使用条形码技术，对客户所存货物进行数据化处理，进一步提升客户储物体验。

（四）刚性需求逐渐凸显

在调查过程中发现，自助仓储企业的仓型租用出现“两头易租，中间难租”的情

况，5 立方米～10 立方米的仓型较易出租，主要原因是流动性人群（尤其城市青年租客）对于小件存储需求明显，而对于家庭和企业搬迁者，10 立方米以上的空间方能满足。可以说，小型仓型和较大仓型很好地满足了目前大陆市场的刚性需求，而中间仓型在市场尚未成熟情况下并无太多刚性使用场景与之相符。

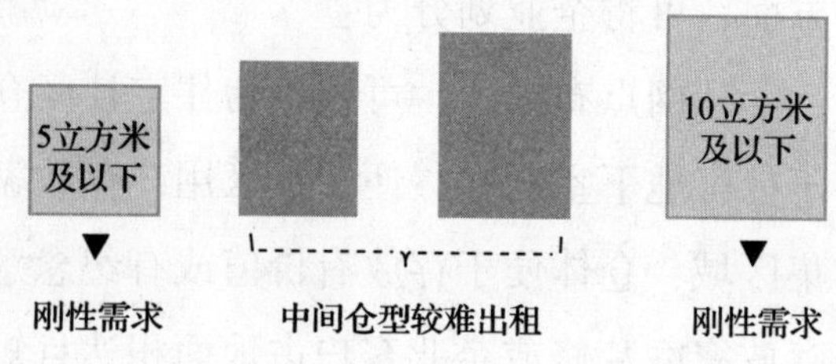

图：刚性需求在客户仓型选择上的表现

资料来源：中国自助仓储协会 2017 年度行业调查

三、2017 年自助仓储行业发展问题

（一）市场对此行业认知程度低

虽然经过多年发展，自助仓市场规模在不断扩大，但比起欧美和香港成熟市场，市场的整体认知度仍然比较低。居高不下的营销成本，使得很多从业企业减缓了开拓市场的速度。

（二）同质化竞争严重

自助仓储的从业门槛偏低，同质化竞争严重。行业内新进从业者层出不穷，由此带来的低价竞争也在所难免。考虑到市场容量在不断扩大，差异化竞争将成为该行业下一个发展方向。

（三）租赁成本日益攀升

较早的自助仓储企业的网点设施租赁合同到期，2017 年多家企业关闭原有门店，需要再次选点布局。根据预测，租赁模式下要收回成本须 4.5 年，而在此之前租期到期而不再续租，将对企业现金流产生消极影响。

（四）法律政策不明确、行业缺乏标准

自助仓储属于仓储行业的新型领域，在政府部门缺少相关政法规予以监管和认可，行业也缺乏统一的从业规范和准则以指导企业开展任务。亟需明确的、与行业相关的法律法规，特别是涉及消防、安监、保险和市场监督等相关的法律法规，以引导行业更为规范地发展。

四、2018 年自助仓储行业发展展望

一线城市和二线特大城市对于人口的吸引力，将导致大城市人口密度和房价维持在高位，大城市居民的生存空间将变得更为紧张。二线城市的崛起和高铁贯通，将大大加

强年轻人的流动性，使得家居物品寄存成为“刚需”。加之中产阶级强大的消费力和对品质生活的追求，都将会催化储物概念在消费意识中落地生根。

据推算，2018 年自助仓储行业将依旧维持在50% ~60% 的高复合增长率，一线城市对于储物需求将进一步增强，二三线城市将开拓更多的网点，也将有新的城市加入自助仓储行业的版图中。更多关于宏观经济的供给侧改革将带来行业利好。

2018 年，可以期待的是行业标准更加规范，市场发展更为有序。行业协会管理力度将稳步增强，树立起更为完善的行业监管体系，并为企业搭建更多相互交流和学习的机会，携手共进，共谋发展。

中国仓储与配送协会 自助仓储分会

2017 年危化品仓储发展现状及 2018 年展望

2017 年，中国仓储与配送协会危险品分会充分发挥行业组织的作用，积极参与相关标准修订工作，协助监管部门制定危险品现代仓储发展对策，先后在重庆、天津、上海、广州、东莞、长沙、南京、武汉召开“危险化学品仓储与配送热点问题研讨会”并走访调研了近 30 家危险品生产、流通与仓储企业，回顾与重新评估“8. 12”天津港瑞海危化品仓库发生的特别重大的火灾爆炸事故对整个行业的影响，初步掌握了我国危险品仓储行业的现状与突出问题，研究提出相关对策建议。

一、行业现状与问题

（一）仓库设施总量与布局

目前我国危险品仓库按照储存类型分为储罐及包装件仓库（平库、立体库、货棚、货场）；按照经营主体不同又分为生产、流通企业自有仓库和第三方仓储企业对外经营仓库。

根据中国仓储与配送协会危险品分会的行业统计数据显示，规模以上公共第三方储罐企业储量大概在 4500 万立方米，同比增长 5%，加之危险化学品生产、流通企业、港口、及部分使用单位自用储罐预计估算在 1. 3 亿立方米。第三方规模以上危险品仓储企业危险品包装件仓库（平库、立体库、货棚、货场）面积达到 100 万平方米，比上一年度增长了近 10%。加之港口、堆场和运输中转货场，全国的面积大概在 3000 万平方米上下，同比降幅达到 50% 以上。目前储罐供需基本平衡，危险品仓储需求超过 1 亿平方米，仓库缺口为 50% 左右，部分区域甚至更高，有的地区缺口大约能达到 80%，尤其是对危化品高端仓储的需求缺口更大。预计未来，危化品仓库短缺情况，在短期内仍难以缓解。

从布局看，从我国危险品仓储能力分布看，东南沿海、长三角、珠三角、环渤海地区占我国危化品仓储业的 70% 以上，中西部地区不足 30%，且大多分布在大中城市和能源产地，地域性集中分布的特点非常明显。长三角区域内的仓储能力更是达到 40% ~50%。

初步分析，造成危化品仓库短缺的主要原因有以下几个方面：

一是受天津港 8.12 事件以及席卷全国的环保风暴的持续影响。近两年关、停、并、转的危险品相关企业较多，仓储面积进一步萎缩。虽然第三方规模以上危险品仓储企业危险品包装件仓库（平库、立体库、货棚、货场）面积达到 100 万平方米，较上一年度增长了近 10%，但社会危险品仓库总面积是在减少的。有实力的第三方危险品仓储企业不断收购重组一些规模相对小一些的仓储企业，使得规模以上企业的总的仓储面积相对有了提高，但关、停、并、转的企业及其附带的仓储面积还是占多数。

二是由于化工产业持续高速发展，危化品品种和数量不断增加，仓库的需求量越来越大，而危化品仓库的建设速度远远滞后于化工产业的发展，致使危化品仓库的缺口不断加大。

三是行业影响最大的 GB18265《危险化学品企业经营开业条件和技术要求》虽然进行了修订，但一直没有颁布实施，一些地方条件很好的危险品仓储设施因为 1000 米的限制问题不能投入使用，只能用来当作普通仓库存放非危化工原料，客观上也造成了资源的严重浪费。很多地方的港口对港内的危险品仓储进行严格的限制，北方的几个重要港口甚至做出了禁止进行危险品的进出港作业的决定，这些客观上使一些符合建筑设计标准的危险品仓储设施不能投入市场形成生产力，客观上也造成了紧张的局面。

四是一些地区和行政主管部门“谈危色变”，怕担风险、怕担责任，不愿意接收危化品项目，对危化品行业加以无谓限制，在监管和专项整治工作中有“矫枉过正”之嫌，不具体问题具体分析，搞一刀切，这些情况导致仓库严重短缺。

五是危化品企业具有一定的风险性，建库一次性投资相对比较大，而危化品的特殊性，在用地，建设标准，审批条件，安全环保等方面门槛相对较高，现在加之有些地方又把每平方米的纳税作为考核指标之一，建库的难度越来越大。老仓库撤销了，新仓库补不上来，不断的把合规危险品仓库变成稀缺资源。

危化品仓库短缺会带来许多负面影响：一是危化品产品和原材料没有仓库可存，影响了生产和制造业发展；二是仓库短缺给经营者带来难度，容易扰乱市场秩序，引发无序竞争；三是没有仓库，导致乱存乱放的现象多了，无照经营的“黑仓库 ”泛滥，给监管带来难度，给安全带来许多隐患。

（二）危险品仓储企业的经营情况分析

通过调查发现，8.12 事件后存活下来的合规的危险品仓储企业不足百家，虽然面临重重困难，有的企业甚至仓库作为普通仓库在运营，但经营状况大大好于普通货物仓储企业及历史同期，参观座谈与现场调查的几十家企业中，没有发现亏损企业，多数企业经济效益显著。其原因有四：一是货源充足，基本上没有闲置仓库，库房有效面积利用率平均在90%以上，这与目前危险品仓储市场供不应求有关；二是仓储收费标准相对较高，如，上海的合规甲类危险品仓库的日租达到8～10元/平方米；三是危险品仓储业务可以带动一般化工品仓储业务，因为化工产品的生产和使用，往往是互为联系，互为配组的，危险品仓储经营可带动企业整体经营效益的提高。

从危险品仓储企业的服务功能分析，目前单一仓储功能的企业越来越少，企业都依托仓储向化工供应链的上下游业务延伸，有些企业甚至成为甲方企业的销售渠道，仓储配送的费用打包在销售成本中，进行销售额返点。

从客户构成分析，有严格合规要求的外资化工生产企业和国有大型化工企业是危险品仓储企业的主要客户资源，占客户比重的90%以上，这是因为以上这些甲方企业合规要求严格，供应商选择有严格的流程和指标，现阶段存活下来的合规的危险品仓储企业的仓储资源是其不二选择，加之现在甲乙双方不断的加强合作，仓储企业向生产企业的供应链渗透。合作更加紧密。这样类型的仓储企业拥有的仓储资源在全国范围也就只有百余个库区，资源的稀缺性和合规的要求也增加了甲方企业的依赖程度。

从存货种类分析，现在的危险品仓储企业的存货涵盖GB6944《危险货物分类和品名编号》的大部分，但爆炸品及锂电池等特殊品类的危险品，需要有专业资质的企业来存放，从大类看以三类（易燃液体）为主要储存货品，占到存货比例的85%以上，其他的六类、八类危险品占到了10%左右，有机过氧化物等有TC要求的5类货品，个别几个企业有相关资质，但存量更少。主要原因：一是三类货品风险相对容易控制，一般企业都有应急处理能力；二是甲方企业的产品主线多数也是桶装的三类易燃液体；三是上海推出的定制化要求，使得企业在控制仓库库存的时候总量和品类更容易控制和合理调配仓储资源。

（三）我国危险品仓储行业的问题还很突出

危化品仓储是一个特殊的、具有危险性的专业仓储，相关部门“谈危色变”，因此到目前为止，仍没有明确的主管部门，行业内设施与管理相对落后、现代化程度相对较低，问题突出。

1. 监管职责不清晰，多头监督、层次繁多，企业感到压力和负担。为了加强对危险化学品的安全管理，国务院在《危险化学品安全管理条例》（国务院［2002］第344号令）中进一步明确了安监、消防、公安、质检、环保、交通、卫生、工商等各行政部门的职责，共同做好危化品安全管理工作，这本是一件好事，但在工作中很多企业对这种多头监督、各自为政、层次繁多、程序复杂的做法感到头痛，很不适应，视为一种压力和负担，一些地区的安监部门也有同感。比如，安监和消防部门要求毒品、易燃液体要经常通风，预防气体浓度超标引起燃爆或中毒，而环保部门要求仓库密封，不要向大气排污，企业到底应该听谁的，很尴尬。再如，对液体储罐的要求，消防部门要求使用固定顶罐，而环保部门要求使用浮顶罐，意见不一致。

2. 虽然相关法规标准制修订力度加大，但危险品仓储标准体系并未形成，相关标准化进程有待提高。 2017 年 10 月，安监总局印发《安全生产标准“十三五”发展规划的通知》。“十三五”期间拟制定标准 362 项，其中强制性标准 231 项，推荐性标准 131 项；按照系统性、协调性和可操作性原则，系统梳理现行和在研安全生产标准，加强顶层设计和统筹规划，争取在“十三五”期间基本建成较为完善的覆盖煤矿、非煤矿山、危险化学品等 12 个行业领域的标准体系；依靠科技创新，推动标准与科技互动，促进科研成果向标准转化，加大科研基础条件和人才培养投入，加强专利与标准结合，促进标准合理采用新技术。

但作为危险品供应链中的重要环节，危险品仓储标准化建设速度缓慢，严重影响了危化品仓储业调整发展速度，统一危险品仓储设施规划设计、建设、操作标准显得非常紧迫。一是危险品仓储标准匮乏。如，危化品仓储作业流程规范、仓库建设技术参数、仓库安全设施设备配置标准、从业人员资质条件等，都应该制定相应的标准，形成标准体系而目前企业大多参照相关行业标准执行，但不同细分行业的标准也大相径庭，各地也不统一，给信息沟通、行业管理带来诸多不便。二是部分标准过时老化，不符实际的标准得不到及时修正和调整。按规定，相关标准在实施 5 年以后，就应进行修订。可目前有的标准已经使用了十几年，与世界先进国家的标准距离越来越大，难以接轨。三是新标准的申请报批环节多，手续复杂，工作效率低，致使行业急需和关注的标准不能及时出台。

3. 基于互联网、物联网技术的现代化仓储信息化系统以及新设备、新技术的运用还没有形成统一的格局，行业的信息化、智能化水平不高。 在即将颁布实施的相关国家标准中，都提及了信息化的设备配备及使用等硬性要求。又由于安全监管、企业管理以及合作方合规要求，都不同程度的配备了信息化系统，积极探索危险品仓储智能化管理，有的企业为此投入上千万，但并没有形成网络体系，行业共用 SaaS（软件即服务）系统，定点仓库全覆盖的进程由于各种技术原因迟迟没有能够落地。各个企业各自为战，缺乏协作，社会资源的统一调配又涉及到企业机密等核心问题，加之没有一个全国性的牵头单位组织实施，形成了各地建立了多种形式的信息化平台，良莠不齐，又不能形成合力的尴尬局面。信息化、智能化的工作任重而道远。

4. 安全监管、环保督察的形势依然严峻。截至2017年12月，化工行业共发生较大及重大事故17起，死亡77人，同比增加5起、36人。其中较大事故15起，死亡57人；重大事故2起，即临沂金誉石化“6·5”爆炸着火事故、连云港灌南聚鑫生物科技有限公司“12·9”爆炸事故，共造成人20死亡。特别是进入2017年11月以来，在一个多月的时间里连续发生了湖北宜昌“11·11”中毒事故、辽宁大连西太公司“11·18”承包商中毒事故、新疆乌鲁木齐石化公司“11·30”事故、江苏连云港“12·9”爆炸事故和山东日科化学股份有限公司“12·19”爆燃事故等5起较大、重大事故。有的企业注重业务、绩效，安全意识淡薄，安全责任制流于形式，安全投入不足，工艺技术装备水平落后，安全培训不到位，应急处置能力差，企业安全管理水平不高的现象存在，如果不在行业协会的引导下建立行业自律，提高安全管理水平，也会有成为下一个“瑞海”的可能，但愿这样的事情不会发生。

2017年的环保风暴力度之大，覆盖之广，让众多化工企业都面临着极其严峻的挑战。对于危险品仓储行业的影响远比安监、消防等监管带来的影响大的多，在环保风暴的大背景之下，仅上海一地就有20家危险品仓库关停，关停比例占到上海的27%，也客观上推升了上海本地及周边的危险品仓库的仓租。有的化工企业只能在山东、武汉等地寻找仓库。

5.“黑仓库”顽疾愈演愈烈。由于危化品仓库严重短缺，导致非法经营危化品的“黑仓库”泛滥，这些“黑仓库”设施简陋，管理混乱，乱存乱放，倒置堆码，超高超量存储，互抵货物混存，野蛮装卸等现象比较严重，潜伏诸多安全隐患。“黑仓库”的泛滥，不但带来很多安全隐患，而且对危化品仓储市场也带来冲击，造成不公平竞争，严重扰乱了仓储市场正常运行秩序。“黑仓库”应该是我们重点监管和专项整治的对象。

6. 危险品仓储专业人才匮乏的局面始终未得到改观。具有仓储操作技能又具备化学品知识的专业人才匮乏成为制约我国危化品仓储管理水平提升的主要因素之一。具体表现在高管人才不足、仓储管理人员专业不对口、业务水平和技能低下。

目前我国危险化学品仓储业一线保管人员中，农民工占有50%的比例，他们文化素质普遍较低，对专业知识、商品养护、科学管理知之更少，只能从事简单的出入库业务和装卸搬运作业。另据调查，有70%～80%的一线保管员没有进行过正规的职业技术培训，只是在企业内部进行简单的岗前培训或职业教育就上岗了。管理岗位的管理人才也都由于化学品方面、仓储方面、信息化方面、安全管理方面的某一个方面有专长而提升到管理岗位，再在实践中不断学习其他方面的专业知识，缺乏系统性，在一定时期就会遇到瓶颈。

中国仓储与配送协会危险品分会通过调研顺应企业和行业的要求，准备起草《危险品仓储人员专业要求与评价准则》团体标准，希望可以一定程度的解决困扰行业的这一突出问题。

二、行业对策、建议及展望

我国已成为危化品生产、流通与消费大国，客观上必须要有一定规模的、符合标准的、持续严格管理的危化品仓储管理单位；要确保危化品仓储“不危险”、少风险，关键是建立健全危化品仓储的长效管理与监控机制，建立一个安全的标准化、信息化、智慧化、绿色化的危险品仓储管理体系。具体来说，应重点落实好如下工作：

（一）尽快建立危险品仓储管理标准体系

现代仓储，已经不是传统意义上的仓库管理，而是以满足供应链上下游的需求为目的，依托仓库设施、利用信息技术对货物存储、加工包装、分拣配送等进行有效计划、管理和执行的物流活动。现代仓储已经成为现代物流体系的核心环节，是支撑供应链运转的基础设施与增值服务中心。危险品仓储必须拿出来作为一个独立的体系来看待，才可以保证标准的针对性及宣贯实施。以 GB18265 和 GB15603《常用危险化学品贮存通则》的修订为抓手，逐步推进包括危险品仓储设施、人员、作业流程、信息系统在内的标准化进程，形成标准化体系。

（二）探讨生产性危险品与生活性危险品的分类仓储管理可行性

以大中城市为单位，按生产性危险品与生活性危险品的性质、种类、供应链特点，分别制定两大类危险品仓库网点建设规划。对生产性危险品的仓储设施，应严格控制库区数量，提倡规模化、集中化；对油漆、酒精、火碱等生活性危险品的仓储设施，应本着方便消费、适当分散的原则进行网点规划，定点管理。这样可以有效的解决危险品全程可追溯平台建设的落地问题，建立行业共用 SaaS 系统，真正做到流量流向与存货全监控。

（三）政府、行业应该鼓励和引导有条件的危险品仓储企业向着智慧化仓储的方向发展

随着移动互联网、大数据、云计算的影响渗透到社会经济的方方面面，智慧仓储快速崛起，结合 JT617《汽车运输危险货物规则》的落地，危险品落地配的探讨势在必行；海量订单，使得依靠传统仓储管理和运作模式难以及时、准确进行处理，进而推动着仓储管理向自动化、智慧化发展。依托云计算、装载分析、射频识别等新技术，广泛使用智能分拣系统、机器人的智能立体仓库，将对仓库的层高、承重、卸货平台配置等提出

更高的要求。必然引起一轮新的业务创新，为行业带来新的曙光。

（四）发展绿色物流将成为危化品仓储行业的重要任务

发展循环经济，加强环境保护是我国的国策，对于危化品仓储行业来说，发展绿色物流是落实这一国策的具体体现，绿色物流是以资源消耗低、环境污染小为特征的物流，危化品行业既是能源消耗的大户又是排污大户，自然成为节能减排低碳环保的重点行业。危化品仓储行业虽然不像危化品生产企业环保任务那么艰巨，但发展绿色物流则是重要任务，何况目前我国危化品仓储行业还存在着绿色物流理念不强、规划布局不合理、仓储设施简陋、绿色文化、绿色人才匮乏、绿色信息化水平不高、环保标准制度不健全、废弃物处置不合理、包装回收利用较低等问题，发展绿色物流是行业发展的必由之路。

（五）加快高素质、复合型化工安全专业人才培养

供给侧结构性改革的经济发展方式和日新月异的科技进步，必将推进产业结构调整，加快淘汰危险化学品落后的工艺、技术、装备和过剩产能，提升产业工人的能力素质，降低安全风险，提高企业本质安全水平。进一步完善化工安全复合型人才培养机制，建设化工安全人才培养基地。加强危险化学品安全监管队伍专业化建设，配齐配全危险化学品专业安全监管人员。

（六）专业的行业协会将会在行业自律、标准培训、评价认证中发挥着积极作用

行业协会是由会员自发成立的，代表本行业全体企业的共同利益，是作为政府与企业之间的桥梁，向政府传达企业的共同要求，同时协助政府制定和实施行业发展规划、产业政策、行政法规和有关法律。制定并执行行规行约和各类标准，协调本行业企业之间的经营行为。

就现阶段危险品仓储行业而言，行业协会应该在危险品仓储标准制订、危险品仓库等级评定、服务质量评鉴、现有危险品仓储资源的调查与中介服务、危险品仓储企业的经营管理与操作规范的培训和交流、危险品仓储新设施与新技术推广、危险品仓储从业人员的培训等各方面发挥积极作用，推进行业健康稳定地向前发展。

中国仓储与配送协会 危险品分会

2017 年中药材物流基地建设成果及 2018 年展望

十九大报告作出“坚持中西医并重，传承发展中医药事业”的重要部署，充分体现了以习近平同志为核心的党中央对中医药发展的高度重视，为推动中医药和大健康产业的振兴发展指明了方向。

为推动中药材现代物流体系的建设，国家主管部门与相关行业协会自 2012 年以来做了大量工作：中国仓储与配送协会、中国中药协会于 2013 年向商务部市场秩序司提交《中药材现代物流体系建设研究报告》；商务部办公厅于 2014 年 12 月印发《关于加快推进中药材现代物流体系建设指导意见的通知》；国务院办公厅于 2015 年 4 月转发 12 部委的《中药材保护和发展规划（2015～2020 年）》，提出中药材现代物流体系建设的目标《规划》；商务部办公厅 2016 年 6 月印发《全国中药材物流基地规划建设指引》，确立了“政府部门引导、行业协会组织、企业自主实施”的总体思路。

两家协会共同组织制定《中药材仓储管理规范》《中药材仓库技术规范》《中药材气调养护技术规范》等行业标准，经由商务部审核先后发布；共同组建“全国中药材物流专家委员会”，成立中仓协中药材仓储分会，并联合印发《全国中药材物流基地建设咨询、评审与自律管理办法》《专家委员会工作规则》，组织编制《全国中药材物流基地规划布局建议方案》（建议在全国规划建设 90 个中药材物流基地）。2015 年、2016 年成功召开两届“中国中药材物流大会”；组织专家完成 25 个物流基地建设方案的咨询、评审工作，完成 9 家物流实验基地的现场评审与核定工作；组织开发“全国中药材物流信息公共管理系统”并上线运行。

2017 年是全国中药材现代物流体系建设的突破之年。全国累计超过 50 家企业参与中药材物流基地的规划建设与运营，取得较大成果。

一、2017 年主要工作及其取得成果

（一）中药材物流标准体系初步建成

2017 年 2 月，两家协会组织制订的《中药材包装技术规范》（SB/T 11182－2017）《中药材产地加工技术规范》（SB/T 11183－2017）经商务部发布实施，至此中药材物流

5项行标全部发布实施；完成推荐性国家标准《中药材物流质量管理规范》申报工作；并积极参与制订《中药材流通追溯管理规范》行业标准。中药材物流标准体系已初步建成。

（二）中药材物流基地已落实规划网点过半

表1　2017年评审通过中药材物流基地一览表

基地名称	建设企业	方案评审时间
鄂西北（十堰）中药材物流基地	房县神农源中药材交易有限公司	7月25日
川东北（巴中）中药材物流基地	四川巴药实业股份有限公司	7月25日
渝东南（秀山）中药材物流基地	重庆万物春生制药有限公司	7月25日
海中药材物流配送中心	上海翔茂医药科技有限公司	8月20日
黔西南（安顺）中药材物流基地（一）	中国物流贵州有限公司	12月28日
黔西南（安顺）中药材物流基地（二）	贵州百灵企业集团制药股份有限公司 安顺市宝林科技中药饮片有限公司	12月28日
甘肃（渭源）中药材物流基地	甘肃效德药业科技有限公司 陇西县效德中药材有限责任公司	12月28日
甘南（合作）中药材物流基地	甘南百草生物科技开发有限公司	12月28日
陕南（汉中）中药材物流基地	陕西医药控股集团中药产业投资有限责任公司	12月28日
桂中（来宾）中药材物流基地	广西番禺药业有限公司 中和兰贸易发展中心 广西杏林堂药业有限公司	12月28日
皖南（铜陵）中药材物流基地	铜陵禾田中药饮片股份有限公司	12月28日
蒙东（赤峰）中药材物流基地	内蒙古天奇药业集团有限公司	12月28日
蒙东（通辽）中药材物流基地	内蒙古天奇药业集团有限公司	12月28日
亳州中药材物流基地（二）	安徽井泉中药股份有限公司	12月28日
黔东北（铜仁）中药材物流基地	中国物流大龙有限公司 贵州大龙扶贫开发投资有限责任公司	12月28日
黔东北（遵义）中药材物流基地	绿金健康产业科技有限公司	12月28日
樟树中药材物流基地	中国物流股份有限公司	12月28日

2017年，协会引导18家企业参与中药材物流基地建设，并组织专家赴产地考察，组织专家为19个基地提供咨询报告；认证2家实验基地。

如表1所示，2017年全年，全国中药材物流专业委员会进行3批共计18家物流基地的建设方案评审，这18家中药材物流基地规划仓储面积总计65.5万平方米，规划中的药材仓储量81.95万吨。

截止2017年底，共有40多家企业申报建设52个基地，4个基地正在编制建设方案，48个基地的建设方案通过评审，其中，评审认证10家中药材物流实验基地，38个基地正在建设之中，中药材物流基地规划仓储面积总计161万平方米，规划中的药材仓储量194.37万吨。

表2　中药材物流实验基地一览表

基地所在省份	基地名称	运营企业
河北	安国中药材物流实验基地	九州通安国中药材电子商务有限公司
河南	豫北中药材物流实验基地	河南百泉药都集团有限公司
甘肃	陇西中药材物流实验基地（一）	甘肃陇原中天物流有限责任公司
吉林	长白山中药材物流实验基地	抚松长白山人参市场投资发展有限公司
山西	长治中药材物流实验基地	山西振东道地连翘开发有限公司
四川	广汉中药材物流实验基地	四川奥米斯医药贸易有限公司
湖南	武陵山片区中药材物流实验基地	湖南武陵山片区中药材物流有限责任公司
河南	豫西中药材物流实验基地	豫西中药材物流仓储有限责任公司
浙江	金华中药材物流实验基地	浙江英特物流有限公司
陕西	陕北中药材物流实验基地	陕西孙思邈中药材仓储物流（国际）贸易中心有限公司

如表2所示，截至2017年底，共10家中药材物流基地通过全国中药材物流专业委员会评审上线。

根据“全国中药材物流信息公共管理系统”的后台数据统计，陆续上线运营的10家实验基地2017全年收储中药材6558吨，自上线以来共累计收储9997吨。

（三）持续组织会议培训与标准宣贯等活动

为切实为基地建立药材的“出口”，两协会在山西长治组织召开“中药材物流基地现场观摩与药材直供会”，来自各制药企业的200余人参会，为长治基地创造2亿元药材销售业绩。

专业培训方面，5月两协会于在南京举办“中药材产地加工观摩与技术交流研讨会”，参会代表300余人。此次会议推动了中药材产地加工点合理布局，促进了加工专业技术发展，增强各个物流基地控制产业源头的能力。

2017年7月，两协会在甘肃陇西举办“第三届中国中药材物流大会”，全国中药行业700多家相关企业、近1200人参加大会。会上，探讨中药产业发展方向，推进中药材物流基地建设，解决物流基地运营中的难题，并解读《中华人民共和国中医药法》，得到了甘肃省商务厅、定西市政府的支持。11月两协会在四川广汉召开“第二次中药材物流实验基地运营工作座谈会”，此次会议充分结合2016年11月召开的“第一次中药材物流实验基地运营工作座谈会”成果，分析目前10家实验基地运营中遇到的实际问题，增进基地间交流，学习有效的运营模式等。

12 月底专家委员会在陕西西安召开了“全国中药材物流专家委员会第四次会议及物流基地方案评审会”，会上共 15 家基地参与建设方案评审，14 家通过此次评审，即将启动建设工作。

二、中药材物流基地建设运营中的经验与问题

（一）对建设之中的物流基地情况分析

根据对 22 家物流基地建设情况跟踪、统计及归纳，基地建设中出现一些的新情况、新问题：

1. 在主体仓库、加工网点及检测等硬件设施的建设、配备进度和目前状态方面。大多数基地均在按照核定内容进行主体仓库、加工网点等方面的建设布局，其中部分基地由于政府土地政策变化、地方施工条件所限，竣工时间有所推迟，如焦作基地、文山基地、乌鲁木齐基地等。

2. 管理与技术团队的组建、管理制度编制等情况。在此方面，各个基地均根据其建设进度筹备中或已完成筹备。

3. 超出预期的新情况、新问题。根据各个基地反馈的信息，出现的情况、新问题主要出现在：政府政策的变化，导致土地迟迟没有拿到或项目停工，或将另行选址；对地方气候、政策环境估计不足，导致项目延迟交付；引入新技术，如上海基地引入量子舱技术为中药材提供量子认证。

4. 预计可以上线运营时间。2018 年预计能安装信息系统及申报验收的基地有：亳州基地（一）、关中基地、岷县基地、运城基地、兰州基地、依兰基地、广东基地（一）（可试上线运营）。其余基地大部分集中在 2019 年建设完成。

（二）对中药材物流实验基地运营情况的分析

根据两次《中药材物流实验基地运营座谈会》会议结论，中药材物流实验基地运营情况主要体现在以下方面：

1. 各个基地的运营与发展取得了一定的工作成果。通过一年多的建设与运营，各个实验基地在初加工网点建设、仓库设施设备改造升级以及药材的收储方面取得不同程度的成果。如广汉基地已完成 4 个加工点，共计 1.2 万平方米的规模；陇西基地已布局完成 10 个初加工网点；长治基地共新建与改造了 5.8 万平方米仓库等。但总体看，多数实验基地的初加工网点还没有布局建设到位，所有基地收储药材的规模相对于当地药材产量都还很小，截至 12 月 31 日，10 家基地运营以来的累计入库量达 9997 吨，其中，

入库量在前三名的是陇西基地2938吨，广汉基地1817吨，长治基地1538吨。

2. 确立了物流基地只有通过商业模式创新才能持续保持市场竞争力的发展思路。中药材现代物流体系的建设，本身就是一种商业模式的创新行为，通过变革传统中药材流通方式，采用现代化的仓储物流技术，结合现有互联网信息技术，把中药材物流基地融合到中药供应链当中，才能从源头保障中药材的质量，实现中药材流通过程中的全程追溯。广汉基地通过商业模式创新掌握主产地货源，从当地农业厅入手，把区域内中药材种植中小户及中药材合作社联合起来成立平台公司，并就当地主产大品种指定对应持股负责人，以基地母公司科盟集团年销售量核定下一年的种植面积，以销保种，进而利用存货担保融资，快速周转基地内所存药材的资金存量，提高当地种植户的积极性。这种把基地与药农、合作社构建为利益共同体的方式，对其它基地发展有一定的借鉴意义。

三、2018年展望

（一）标准体系的完善和标准宣贯的加强

组织制订国家标准《中药材物流质量管理规范》、行业标准《中药材追溯管理规范》；加强中药材加工、包装、仓库、仓储、养护5项行业标准的宣贯培训，在各个培训及相关会议中加强对标准培训和使用，并在基地咨询与评审时严格执行标准。

（二）发挥各方面积极性，促进规划中的基地全面落地

号召现有基地承建企业，根据自身条件积极申报建设新的基地；号召全国中药材物流专家委员会的专家挖掘自身资源帮助引荐符合条件的企业申报建设基地；广泛动员大型中药企业、中药饮片企业、中药材加工经营企业积极申报建设社会化的中药材物流基地。

（三）加强基地建设方案的咨询工作，提高咨询质量

首先，充实规划设计的机构，两年多来，先后有时代商联公司、中机六院帮助编写咨询报告，随着咨询工作量增加，协会拟再邀请一家规划设计机构参与，每个项目组建一个专家咨询小组，除了规划设计单位外，再配2名专家。其次，在咨询开始时，咨询小组要向申报单位介绍、讲解国家规划、意见、指引、办法的内容，要让企业深刻理解建设中药材基地的目的意义、原则、功能；并且在实际考察中，要突出两个重点，一是建设企业的现状与实力，既要熟悉中药材、又要有相当的实力；二是尽可能全面了解当地的药材产量、GAP生产量、当地饮片企业的药材消化量、以此再推算公共物流需求量；在规划布局时，把握两个重点，一是仓库的选点，尽可能选择药材的主产县，以减少药材迂回运输；二是加工基地的选点，要尽可能地深入到基地所覆盖地区的各个主产

地，避免鲜药的长途运输。

（四）对接扶贫资金、加快基地建设进度

大部分物流基地企业所在区域为贫困地区，是国家扶贫政策落实的范围，不少药材产区正积极推动产业扶贫工作。引导与协调各物流基地申请各级扶贫资金，通过土地流转进行规模化与规范化产地初加工，保障物流基地所收储药材质量。

（五）中药材物流实验基地竞争力的加强

1. **充分利用现有专家团队，对实验基地提供各方面的咨询。**对于运营中的实验基地，面临3个突出问题：首先是如何说服当地药农、经营大户、合作社委托物流基地统一进行产地加工、包装，这涉及到如何整合、收编当地现有的初加工设施；其次是如何进行药材的质量检测，包括抽样方式，快速检测设施；最后是如何实现集中仓储，如何将优质药材卖出去，如何帮助药材大户融资等。这些问题，目前主要依靠企业商业模式的创新来解决，但更需要专家们的帮助，包括现场咨询、座谈研究、长期顾问、巡回指导等。

2. **组织物流基地开展中药材存货担保融资服务。**组织物流基地企业就国家标准《仓单要素与格式规范》《担保存货第三方管理规范》进行系统培训，讲解金融机构与中药材经营者的融资需求，多方面引入动产融资机构，并与各物流基地企业对接，开展中药材担保存货管理，驱动中药材集中仓储。

3. **基地药材销售渠道的构建，完善中药材产业链。**物流基地应建立统一的销售渠道，保障中药材产业链末端销售通路。通过对现有中药材电子商务平台发展现状进行分析，可发现：一是各个平台发展速度较为缓慢；二是各个平台缺乏统一的中药材等级标准；三是中药材第三方检验机构尚不完善；四是部分平台缺乏线下标准仓支撑；五是企业之间的信息保密问题，平台的公信力不够。基于中药材物流基地的先天优势，可考虑通过各方资源、各种渠道，以“共建共享”的方式联合建立第三方交易平台，以及联合制定相互公认的药材标准，构建基地销售渠道。

4. **与国家追溯平台对接，提高物流基地的权威性。**“全国中药材物流信息公共管理系统”已有10家实验基地企业应用，已得到行业的认可，正在建设中的38家基地也将陆续上线。“公共平台”与国家追溯平台的对接，一是与商务部中药材流通追溯平台对接，二是与国家食药追溯平台对接，使两个国家平台接纳“全国中药材物流公共管理平台”上的中药材追溯信息。通过对接，将大大加强系统的权威性和基地的竞争力。

中国仓储与配送协会 中药材仓储分会

2017年物流装备业发展现状与2018年展望

一、2017年物流装备业发展环境分析

（一）宏观经济环境分析

2017年国民经济稳中向好、好于预期，经济活力、动力和潜力不断释放，稳定性、协调性和可持续性明显增强，实现了健康平稳发展。

全年国内生产总值827122亿元，比上年增长6.9%。与物流技术装备行业密切相关的制造业增加值增长7.2%，高技术产业增加值增长13.4%，装备制造业增加值增长11.3%，增速均超过了国民经济平均增长水平。

从经济政策上看，2017年国家陆续出台了一系列的推动物流发展的宏观政策。

第一，从2016年底到2017年初，与物流发展密切相关的系列规划密集出台，如《电子商务物流十三五发展规划》《商贸物流十三五发展规划》《邮政业十三五规划》《粮食物流十三五按规划》等。

第二，2017年多部委联动，共同推进物流发展的政策密集发布，如国家质监局等11部委联合发布《关于推动物流服务质量提升工作的指导意见》、国家邮政局等10部委联合发布《关于协同推进快递业绿色包装工作的指导意见》、商务部等5部门联合发布《城乡高效配送专项行动计划》、商务部等10部门联合发布《关于推广标准托盘发展单元化物流》等。

第三，物流发展上升到国家战略，国务院发布的推动物流发展的政策密集出台。如《关于积极推进供应链创新与应用的指导意见》《关于加快发展冷链物流保障食品安全促进消费升级的意见》《关于进一步推进物流降本增效促进实体经济发展的意见》等。

第四，在十九大报告中，现代物流业被纳入国家优先发展的基础设施范畴，把现代供应链作为培育新增长点形成新动能的领域。

各项政策的密集出台，对物流技术装备行业的影响总体上是正面的，有利于中国物流技术装备快速发展。

（二）行业发展环境分析

2017年我国社会物流总额为252.8万亿元，全国的货运量达到了479亿吨，快递业

务量突破400亿件，均处于世界第一位，中国已经是世界物流大国。

制造业仍然是物流技术装备需求的主体，消费领域成为物流技术装备市场需求的新动能。2017年工业品物流总额235万亿元，占社会物流总额的92.7%。随着中国消费的增长，消费物流成为物流需求的重要推动力，2017年中国单位和居民物品物流总额同比增长29.9%，远高于其他物流需求增长速度。

高新技术产业与智能制造是物流技术装备业市场需求的热点。随着工业领域高新技术产业与智能制造的快速发展，消费领域对物流需求更加关注物流时效和服务体验，物流技术与装备快速发展，智慧物流加快起步。智慧物流通过协同共享创新模式和人工智能先进技术，为物流技术创新提供了新的空间。通过智慧物流赋能，实现智能配置物流资源、优化物流环节、减少资源浪费，大幅提升物流运作效率。特别是利用人工智能技术在无人驾驶、无人仓储、无人配送、物流机器人等前沿领域的应用，在2017年均获得了快速发展。

二、2017年物流技术装备市场需求分析

综合来看，近年来，电商、医药、服装、汽车、家电、新能源、食品、家居建材、烟草、军事等众多行业领域对物流装备需求旺盛，其特点各有不同。服装行业，商业模式变革倒逼服装企业加速改善流通领域的物流系统；汽车企业积极探索智能制造，供应链上下游物流升级；医药商业物流中心重视引入“货到人”系统，制药行业关注物流自动化、智能化升级；家电行业在加速进行工厂智能物流系统建设；家居卖场、家具制造企业加快向物流自动化、信息化、智能化升级；烟草行业新一轮大规模物流系统建设提上日程，电商物流全面进军智慧物流。

（一）电商物流是物流技术装备需求热点

2017年电商高速发展掀起了电商物流技术与装备的大发展热潮。电商物流技术与装备有两大发展路径，一是大数据、云计算、物联网为基础支撑的物流大脑智慧体系快速形成，二是大力进行物流设施建设，加速物流自动化、智能化升级，实现从入库、存储、包装、分拣的全流程无人化的技术发展。目前看，以阿里、京东为首的两大电商巨头都以物流作为其争夺行业地位的重要支撑，在两大路径上全面发展，各具优势。

根据相关资料不完全统计分析，2017年中国电子商务对物流技术装备市场需求已经超越了传统的医药、烟草、服装、汽车、家电等产业领域，不仅市场占比第一，而且增长速度也是第一。初步估算，2017年中国电子商务物流对物流技术装备的市场需求增长速度在35%以上。

（二）制造业仍是物流技术装备的需求主体

随着中国制造 2025 的全面推进，智能制造已成为制造业的发展方向，智能物流系统作为智能工厂的核心组成部分，呈现出四大发展特点：一是全流程数字化；二是网络化，各种设备通过物联网和互联网技术连接在一起；三是高柔性的自动化，包括物流作业流程、硬件以及系统布局上的柔性化；四是智能化，通过各种设备将生产环节智慧相联，使其具有自主决策能力。近年来，制造企业的原材料物流、成品物流、生产物流亟待全面升级，尤其是线边物流自动化系统建设不断升温。其中新能源汽车等领域是市场需求热点，传统的医药领域、烟草领域、汽车制造、智能家电、智能家居产品等制造领域也继续呈现需求旺盛的趋势。综合分析，制造业对物流技术装备的市场需求增长在 18% 以上。

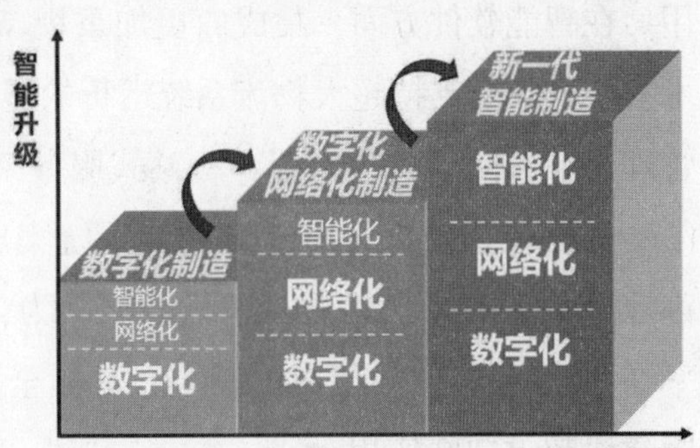

（三）消费升级推动冷链物流技术装备需求持续上升

专家预计，2017 年中国冷链物流市场规模将达到 4300 亿元，并以每年 17% 的速度增长。食品制造、零售、批发商三类客户目前占据冷链物流需求前三位，生鲜电商、便利店、餐饮企业具有较大的增长潜力。冷链物流能力建设分为一张天网（信息平台）和四张地网（仓储中心、干线运输、城市短驳、B2C 宅配）。

2017 年电子商务向新零售发展，零售新形态、新物种大量孵化出来，其中生鲜冷链是新零售物流创新的主战场。新零售重构了人、货、场，要求物流服务快速、准确，作为基础支撑的物流系统加速向自动化、智能化方向转变。新零售对物流技术装备的需求是模块化、柔性化、小型化。2017 年是新零售元年，新零售的物流技术装备需求处于起步的爆发阶段，但增长基数还很小。

三、2017 年物流装备产业发展分析

考察全球物流技术与装备的演进历程，大致可以分为机械化时期、自动化时期、高柔性自动化时期、智慧物流发展时期。现阶段，中国物流装备市场需求差异性非常大，需求层次非常多，各种物流装备长期并存，目前呈现的主要特点是“自动化为主流，智慧化为趋势”的发展阶段，出现了智能装备创新、企业跨界发展、物流标准化推进、资本整合加剧、企业联合共生等新变化与新趋势。

(一)系统集成

智慧物流推动了物流系统集成市场快速发展，集成商都在围绕智慧物流进行探索和布局。随着客户对物流效率的要求不断提升，物流中心从局部自动化向全面自动化、甚至无人化方向发展，托盘式自动仓库、输送系统、分拣系统等自动化物流系统的市场需求进一步加大，穿梭车系统、AGV、机器人等更加柔性化的自动化物流系统也得到越来越多的应用。在智能软件方面，集成商更加重视 WMS、WCS 系统软件能力的提升，采用云计算技术，使其具有支持超大物流系统运行的能力，覆盖在线生产物流系统与物流配送中心运营管理。"一体化解决方案""一站式服务"是系统集成商服务客户的核心理念。

根据调查分析，2017 年物流系统集成商的重点企业的市场规模快速扩张，增长速度都在30%~40%，综合分析后我们认为，2017 年中国物流系统集成领域市场销售额增长率在 30%左右，截至 2017 年 12 月，全国自动化立体库保有量超过 4300 多座，年立体库建设超过 700 座以上。

(二)物流机器人

目前物流机器人行业发展非常迅速，从 2017 年 CeMAT Asia 展会上就可以感受到市场的火爆程度，物流系统集成商、传统机器人企业、新兴物流机器人企业三类企业都带来了新产品与新的行业应用展示，使技术得到不断地升级和发展。近年来，移动机器人、拆码垛机器人、分拣机器人等仓储机器人在各个行业的应用日渐普及。

从仓储机器人的技术方向看，顶层：开发基于仓库业务流程及各种设备特征的仓储机器人统一综合调度管理平台；中层：增加机器人的种类，如自动拣选机器人、皮带输送搬运机器人、重载型机器人；底层：伴随机器人视觉、环境感知、传感器、芯片、通信等技术发展，打造新型的机器人操作平台，如机器人不仅能和服务器通信，还能实现机器人之间、机器人与其他设备等之间的通信，并朝着更加自动化、低功耗等方向发展。

根据中国电子学会发布的《2017 中国机器人产业发展报告》，2017 年中国机器人出货量超过 12 万台。根据我们不完全的调查统计测算，2017 年中国各类物流机器人销售量在 1.2 万台以上。

(三)叉车

2017 年是中国叉车行业发展历程中的一个重要时刻，行业经历了超预期的高速增长，国内、出口双双创历史新高，叉车全系列车型普遍增长，带来全年 496738 台的整体销量，比 2016 年同期增长 34.23%；国内市场销售 371013 台，相比 2016 年同期增长 38.51%；出口达到 125725 台，相比 2016 年全年增长 23%。

全年叉车行业呈现出以下几大特点：一是中国制造的叉车在世界范围内的占比进一步提

升，接近40%（含外资在华企业）；二是电动、仓储、新能源、智能化叉车得到广泛关注，市场机遇期已经到来；三是行业集中度进一步提高，领军企业在技术、成本、渠道、服务等关键竞争力方面优势明显；四是人工、原材料成本增加，市场竞争进一步加剧，利润水平出现下滑；五是叉车后市场围绕叉车全价值链提供服务，备受叉车企业关注。

产品类型方面：仓储叉车继续保持较高增长，部分常用小吨位内燃平衡重叉车将由电动、新能源叉车替代，叉车类 AGV 及牵引车在未来技术突破、成本降低后市场需求会进一步释放。随着客户需求的提高，以往经济型叉车为主的市场的中端类型的叉车份额会进一步增加。

（四）货架

2017 年货架市场需求旺盛，很多货架工厂均处于产能饱和状态。不少货架企业尝试扩展仓储自动化、物流系统集成等新业务领域，货架产品已形成标准化、系列化。从产品类型来看，普通的横梁式、隔板式、阁楼式货架都有相当大的市场需求，尤其是电商高速发展带动阁楼式货架系统越做越大。

从货架需求量看，2017 年电子商务物流、服装物流、医药物流、快消品物流、高端制造等领域是高端货架需求的主要行业，市场需求增长较快。机械、汽车、电子等行业增长货架市场需求增长平稳。预计 2017 年全年货架产销量超过 129 亿元左右，同比增长 29%。

（五）输送分拣

输送分拣设备更加强调模块化，以实现高效生产和快速安装调试，同时通过标准化达到低成本、低维修的目的。行业领先企业 2017 年都推出模块化平台的战略。例如，德马第五代基于物联网应用的模块化智能输送机平台 i-G5，具有智、柔、美、捷、绿五大特点，高速的输送性能、高效的运行效率、快速的交货周期、便捷的安装调试；英特诺模块化平台简化了各个部件的组装过程，实现即插即用，能够确保迅捷、可靠交货，便于规划和实施物料输送解决方案。华南新海（Hongsbelt）是运用模组带分拣技术的国际领先企业，其推出的模块化模组带物流分拣系统也得到了物流行业的广泛关注。

从技术方向来看，今后需要开发可以处理多种类型、形状物品的自动分拣系统，如采用塑料袋包装的服装如何实现快速传送和分拣；提高系统处理效率，尤其是分拣系统的自动供件环节的效率；输送分拣设备与移动机器人（AGV）的结合应用受到关注；华南新海（Hongsbelt）的模组带分拣系统在快递分拣中得到快速发展。

根据监测，目前输送分拣设备行业市场需求呈现高速增长态势，2017 年全年增长预计在 35% 以上，市场规模超过 70 亿元以上。

（六）单元化产品

在商务部大力推进商贸物流标准化行动计划带动下，物流单元化、标准化成为发展趋势。作为单元化物流的基础器具，托盘、周转箱等产品得到广泛应用，市场需求大幅上升。随着自动化、智能化物流系统建设加快，对单元化产品的规格、尺寸、材料、样式、可追踪和应用模式等都提出了更高要求。

托盘是最重要的单元化产品，2017 年以来，托盘行业增长速度稳定回升，根据对企业的调研分析，2017 年中国托盘生产增长速度同比增长率在 8% 左右，考虑到托盘更新因素，截至目前中国托盘保有量预计接近 12 亿片。

根据相关数据调查测算，在中国商贸物流标准化行动计划的推动下，2017 年中国托盘产销量中标准托盘产销继续保持快速增长，增长速度在 15% 以上，远远高于托盘增长速度。标准托盘产销量占比超过 37%。

四、2018 年中国物流技术装备发展展望

2018 年，随着我国经济结构的逐步转型，中国制造逐步向高质量和智能化方向发展，为物流装备行业提供了巨大的市场空间。劳动力成本上升，物流行业基层人员用工荒，将继续推动物流业机器换人，物流机器化、自动化和智能化获得快速发展。在消费领域，消费升级推动新零售快速发展，网购电商仍将保持较快的增长速度。从经济政策上看，2018 年以来政府陆续出台了推进物流发展的一系列政策，如 10 部委联合发布的《关于推广标准托盘发展单元化物流》的意见等。

综合分析 2018 年宏观经济发展环境及各行业发展趋势，预测 2018 年电子商务物流对技术装备需求继续呈现高速增长态势，智能制造领域仍然是物流技术装备需求热点，物流技术装备业面临着良好的宏观经济环境与产业政策环境。但是，2018 年中国经济也面临较大的不确定性，最近中美贸易摩擦激烈，贸易战已经拉开序幕，美国发布的对中国产品的加税产品名单集中于中国智能制造领域，如果中美展开贸易战，势必对中国高新技术产品出口带来影响，对宏观经济发展带来不利影响。

综合分析 2018 年的市场需求环境，中国物流技术与装备行业增长继续高于国民经济发展速度，整体增长 25% 左右，其中普通叉车、货架的综合增长速度将有所回落，预计在 17% 左右，但输送分拣设备、自动化立体库、AGV 等各类物流机器人、智能穿梭车、快递自提智能物流箱、标准化托盘、立体库货架等先进的物流技术装备将继续保持高速增长，预计综合增长速度在 30% 左右。

中国仓储与配送协会 技术应用与工程服务分会

2017年共享物流发展分析与2018年展望

近年来，互联网、大数据、云计算、物联网等现代信息技术高速发展，推动了共享经济模式的变革，呈现出社会资源深度开发、行业资源跨界共享、企业资源开放输出、私人资源开发再利用的发展趋势，引发了共享经济热潮。2015年中共十八届五中全会提出了“创新、协调、绿色、开放、共享”的发展理念，共享经济首次写入国家战略。

物流是具有天然共享经济特点的行业，但过去由于信息不对称、资源不共享、系统不互联互通给物流行业带来了严重的资源浪费。共享物流的本质是共享社会物流资源，社会物流资源既包括个人物流资源，也包括企业物流资源和社会公共物流资源。随着信息技术的发展，推进共享物流可以带来很多颠覆性创新，大幅度降低物流成本。

2017年是共享物流发展元年，共享物流资源从传统的车货匹配、共同配送向物流信息资源共享、物流技术与设备资源共享、仓储设施资源共享、终端配送资源共享、物流人力资源共享等方面深入发展，通过对社会物流资源全面的深度开发，创新出无数共享物流新模式。

一、货运资源共享发展分析

传统的货运市场是一个小、散、乱、差的市场，货运资源散乱、信息不畅、难以共享，曾是一个老大难问题。关于车货匹配、资源共享、集约发展等问题，货运业已经探索了20多年，取得了很多成绩。从2015年开始随着以Uber、滴滴出行为代表的共享经济兴起，货运资源共享最先成为资本关注的物流共享创新行业，2016年车货匹配为主的货运资源共享市场爆发式增长，积累了一些泡沫。根据近两年的观察与总结，我国基于车货匹配的共享货物运输模式的公司至少在500家以上，其中有100多家已经获得了资本市场的关注，得到了各类风险投资、投资基金和大型物流企业的投资。互联网巨头BAT也开始向共享货运领域延伸，投资相关物流企业。

进入2017年，中国货运领域线上线下融合、车货匹配、资源共享开始呈现理性发展，部分靠资本吹起来的泡沫破灭，具有发展前景的独角兽企业开始出现，具有投资价值的公司获得资本市场进一步加持。如，运满满与货车帮是市场占有率较高的两家公司，在2017年受投资方影响开始合并，成为市场占有率第一的独角兽企业；基于物联网技术进行车队管理的物流大数据公司G7在2017年继续获得多方投资，已经成长为独角兽企业；此外，在城市货运领域的云鸟配送等企业也获得了较快发展。

车货匹配共享模式的主要问题集中在标准化和信息化两个方面。以前主要矛盾集中在信息的共享与互联互通方面，随着互联网技术的发展，目前出现的问题是信息的爆炸和多元选择问题，面对大量的货运信息和车源信息，如何选择和匹配信息、如何甄别虚假信息、如何合理利用信息成为关注热点。货运服务标准化和规范化是另一个重要问题，被动的车找货或者货找车的匹配，会带来配货等待时间的延长，满足不了服务需求，想及时发货又往往不能有效利用运输资源。

经过近几年的发展，目前车货匹配的市场竞争非常激烈，仅仅复制“滴滴”模式就想在货运领域取得成功非常困难。货运资源共享模式将面临着全面深化、推动颠覆式创新的发展机遇与挑战，其中如下模式值得关注。

（一）大数据整合，跨界共享

很多车货匹配的货运互联网公司，在实际运营中发现通过共享平台可以获得关于货物和车辆的大数据信息，利用这些信息进行跨界共享，可以实现“羊毛出在猪身上”的新盈利模式。如货物信息与资金流信息相匹配，并借助实时监督和透明管理，可以为物流金融和供应链金融提供信息支撑，开展供应链融资、货物保险等服务，实现巨大的经济效益。据调研分析，目前很多货运互联网公司的商业模式都在开展物流金融等跨界共享的服务创新。

（二）共享卡车后市场服务

卡车后市场是指卡车售后服务市场，指围绕卡车使用过程中各环节的各种后续需要和服务而产生的一系列市场活动的总称。包括卡车保险、卡车金融、卡车IT、卡车养护、卡车维修、卡车配件、卡车改装、卡车资讯、货运车联网、卡车运营辅助产品与设备、卡车租赁、卡车文化等方面。卡车后市场是卡车销售落地后车主所需的一切服务，是卡车产业链的重要组成部分。

卡车后市场一般是以卡车整车销售的前、后顺序进行划分，但也不可绝对，包括卡车销售领域的金融服务、卡车租赁、卡车保险、卡车装潢、卡车改装、以租代售等也属于卡车后市场。目前中国卡车后市场正面临一个历史性的发展机遇。如，货运互联网公司平台，整合了大量的车源信息，在实际运营中通过车队管理、卡车追踪定位等信息技术，可以及时获取卡车保养、维修、保险等相关信息，这些信息集成后可以实现卡车后市场的模式创新。

目前众多货运企业对卡车市场提出了很多服务需求，如主动安全解决方案，路径优化解决方案、货运平台解决方案和节能降耗解决方案、装卸配载解决方案等，这些均属于卡车后市场的市场需求。

二、物流基础设施资源共享发展分析

传统的物流基础设施包括仓储设施、物流园区、公共装卸区域设施等。随着互联网技术的发展，国家大力推进“互联网+物流”，以云、端、网为基础的互联网体系也成了现代物流基础设施。目前物流基础设施共享模式的发展正向深度开发、全面开放、广泛共享方向发展。

（一）物流公共信息平台建设与共享

物流公共信息平台是为实现物流合理化、网络通达化、运作一体化、物流信息电子化、系统高效化的公共系统工程，是一项投资巨大、技术复杂、涉及面广、周期较长的社会化系统工程。物流公共信息平台主要有：公路货运型为主导的信息平台、物流园区节点为主导的信息平台、城市物流节点为主导的信息平台、公铁联运为主导的信息平台、海运通关为主导的信息平台、电子商务为主导的信息平台、仓储配送中心为主导的信息平台、区域综合物流信息平台等。

2017 年物流公共信息互联互通与信息共享发展很快，利用线下资源与线上结合，推进信息共享。例如：以城市物流信息平台为节点，链接各城市物流信息平台，形成智慧城市的物流骨干网，这一商业模式在 2017 年获得了巨大发展。

（二）物流仓储资源的开放共享

2017 年云仓共享获得巨大发展。云仓系统是基于实体的仓库设施网络系统打造的线上互联网平台，通过互联网联通全国各地仓库的管理系统，实现仓库数据与云仓平台互联互通，基于云计算和大数据分析，整合、运筹和管理实体仓库系统，实现优化仓库资源配置和实时进行全国仓库系统的网络化运营与共享的管理。

京东自建的云仓物流系统开始对社会开放，它依托自己庞大的物流网络设施系统和京东电商平台，从供应链中部向前后端延伸，为京东平台商家开放云仓共享服务，提升京东平台商家的物流体验。此外，京东自建的云仓物流体系利用京东云仓完善的管理系统，跨界共享给金融机构，推出“互联网+电商物流金融”的服务，利用信息系统全覆盖，实现仓配一体化，能满足电商企业的多维度需求。菜鸟把自己定位为物流大数据平台，借助于数据驱动整合云仓资源，致力于组建全球最大的物流云仓共享平台。菜鸟搭建的数据平台，以大数据为能源，以云计算为引擎，以仓储为节点，已经初步形成智慧物流仓储设施网，开放共享给天猫和淘宝平台上的各商家。顺丰利用覆盖全国主要城市的仓储网络，加上具有差异化的产品体系，围绕高质量的直营仓配网，优化供应链服务能力，重点面向手机（3C）、运动鞋服行业、食品冷链和家电客户建设开放的共享仓储系统。

三、物流配送资源共享的发展分析

配送共同化包括物流资源利用共同化、物流设施与设备利用共同化、物流管理共同化等，是天然的共享物流模式。2017 年物流配送的共享模式最重要的创新趋势如下：

（一）共同配送向智慧共配发展

共同配送本质是通过物流作业的规模化降低作业成本，提高物流资源的利用效率。共同配送是指企业采取多种方式，进行横向联合、集约协调、求同存异，共享配送资源。商务部前几年大力推进城市共同配送发展，取得了巨大成效，激活了国内共同配送的市场需求，促进了各地区自主开展共同配送试点示范积极性，带动了社会资本积极投资共同配送的平台和企业。2017 年，随着互联网技术的发展，围绕着渠道共配和产品共配，城市共同配送创新向着智慧共配方向发展，通过大数据、互联网和 GPS 相结合，可以即时集成区域内订单需求，智慧生成最优配送路径，做到实时共配，随机共配，全面共享城市物流配送资源。

（二）客货运资源共享让快递坐上高铁

几年前，部分物流配送企业就利用大巴、地铁等客运资源，配送包裹与快件。如：按规划线路与客运司机合作，用客运班车的行李箱空间定时发送包裹等快件，起点与终点安排人员取送货，共享客运资源开展物流配送服务。2017 年“双 11”期间，电商物流快运包裹坐上了高铁，也是物流配送共享客运资源的新案例。

四、物流技术与装备资源共享发展分析

物流技术与装备分类众多，也是重要的物流资源。传统上，物流技术与装备一般通过租赁模式实现共享，如托盘循环共用等。但在我国，大部分物流技术与装备的资源往往属于企业独立拥有，一般不作为共享的物流资源开放共享。

2017 年，随着共享物流理念的发展，物流技术与装备的共享开始得到用户认可，创新模式层出不穷。在商务部大力推进托盘标准化的政策支持下，以托盘、托盘笼、周转箱、快递盒为主体的共享获得快速发展，其中托盘循环共用市场规模发展速度在 30% 以上，周转箱循环共用市场规模成长速度在 25% 以上。

面对电商包装垃圾爆发增长的问题，推动绿色包装发展已经成为行业共识，阿里系统推出了绿盟计划，京东物流推出了青流计划，苏宁物流大力推进共享快递盒。考虑到快递盒（箱）共享的市场规模起点比较低，增长速度预计在100%以上。2017年6月京东物流携手宝洁、雀巢、惠氏、乐高、金佰利、农夫山泉、联合利华、屈臣氏、伊利九大品牌商共同发起了一项针对绿色供应链的联合行动，现场签署了《中国纸制品可持续发展倡议书》，计划未来三年，京东将减少供应链中一次性包装纸箱使用量100亿个；苏宁物流积极推进电子发票、物流箱（盒）回收等绿色包装措施，以积分赠送的方式鼓励消费者主动接受包装盒回收建议，2017年4月正式推出“漂流箱行动”，截至2017年12月，全国投放可循环实用的“漂流箱”超过10万个。

2017年物流技术与装备共享模式创新层出不穷，总结归纳经典创新模式如下：

（一）自动化物流系统服务共享

自动化立体库、输送分拣系统等自动化物流系统，过去往往都是按客户需求开发，建设完成后即交由企业自己运营与管理。最近有领先的物流系统集成商开始设想和实践制造业服务化理念。根据市场需求，借助资本运作模式，建设共享的自动化物流系统，并利用自身技术优势开展共享服务，按存储的物流量和出入库物流频次收取物流费用。当然这一创新的设想及方向需要在实践中不断完善和发展。

（二）物流技术与产品的共享

最突出的物流技术与产品的共享模式体现在物流包装领域，包括：物流周转箱、托盘等单元化器具，尤其是托盘的循环共用，不仅仅实现了托盘资源的有效利用，还大幅度提升了物流效率，降低了物流成本，创造了物流价值。以封闭式托盘循环共用系统为例，托盘循环是一个封闭式循环，标准化托盘由托盘租赁公司提供，生产企业从租赁公司租赁托盘，装载货物后，带托盘运输到批发商仓库，不换托盘直接入库，同时托盘租赁主体由生产企业变更到批发企业。以此类推一直送达零售终端企业，整个供应链上的企业循环共享托盘在中途不需更换。

由于托盘租赁，企业不需要按照产品销售的高峰和低谷储备大量托盘备用，随用随租即可；由于带托盘运输，货物装卸卡车可以采用叉车等设备实现机械化，大幅度提高作业效率，减少装卸时间；由于中途不更换托盘，减少了货物从一个托盘倒运到另一个托盘的无效作业，大幅度提高了物流作业效率，也避免了倒盘带来的货损。供应链上各企业共用托盘不仅盘活了托盘资源，更带动了物流系统效率的提升。

（三）开放式托盘循环共用

目前关于托盘循环共用正从封闭式托盘循环共用向全社会开放的托盘循环共用模式

方向发展，我们也一直在推动这一创新模式的发展。

开放式托盘循环共用系统指的是由众多托盘供给企业（生产企业、运营企业和维修企业）、托盘运营网点和托盘运营管理平台，使用符合联盟开放式循环托盘标准规定且经过认证的托盘，为众多用户共同服务的开放式组织系统，在运作中托盘随货物在带托运输过程中通过交换、转售、租赁来实现托盘的循环共用，托盘的所有权往往不停地发生变化。

在商务部推动下，中国仓储与配送协会在2017年全面推进开放式托盘循环共用系统建设，取得了巨大进展。一是经过多年努力，2017年中国仓储与配送协会组织编制的开放式托盘循环共用系列标准正式发布。其中《开放式循环木质平托盘：日字形周底托盘》对开放式循环木质平托盘中日字形周底托盘的术语和定义、样式、要求、标识、试验方法、质量控制和质量认证进行了规定，相对其他相关标准，该标准对托盘各部件的质量要求更加严格、尺寸公差标准更高，缺陷分类和质量判定规则更加细化；同时参考国际经验，增加了托盘标识的相关内容，可有效保障开放式托盘共用系统中流转托盘的质量；《开放式托盘共用系统运营指南》对开放式托盘共用系统框架、基本运营模式、评价与认证管理、运营网点分类、相关企业基本条件、作业要求、信息管理、体系维护与监督等进行了规定，并要求将信息化与循环共用紧密结合，将有效指导和规范联盟内共用系统相关主体的运营行为；《全国标准托盘开放式循环共用评价与认证办法》对成员企业和物流标准化基础较好的地区开展两项标准的贯标工作，对托盘生产、运营、维修等各企业进行专业咨询、认证和指导；鼓励各区域的开放式托盘运营管理平台采用两项标准、对接全国开放式托盘共用系统公共平台，促进全国标准托盘的循环共用。

开放式托盘循环共用系列标准发布，为开放式托盘循环共用发展打下了基础。在此基础上，中国商贸物流标准化行动联盟全面推进标准实施，在天津、广东等地区推进开放式托盘循环共用系统建设，按照开放式托盘循环系统标准生产的托盘开始大量投入使用，在全国商贸物流标准化现场会议期间得到了各级领导的肯定与赞扬。

目前中国开放式托盘循环共用标准与体系建设已经得到了很多企业的积极响应，企业间正在积极探索建立开放式托盘循环共用网络，区域间开放式托盘通过互换或转售实现循环共用。

为了进一步推进开放式托盘循环共用系统发展，中国仓储与配送协会包装与单元化物流分会也在2017年正式宣布成立。

五、2018年共享物流发展分析

物流是一个复杂的系统，环节众多，共享物流是现代物流发展的重要理念，互联网、云计算和大数据等信息技术应用和商务部全面推进物流标准化建设为共享物流发展打下了坚实基础。相信随着信息技术的普及应用和物流标准化的快速推进，共享物流必将向智慧共享、全面创新、提升效率、创造价值等方向全面发展，涌现出无数的颠覆式创新成果，推动现代物流的变革。预计 2018 年共享物流创新将进一步深化，呈现个人资源再利用、准公共资源强输出和公共资源深开发的局面。

在货运资源共享领域，共享货运将进一步趋于理性发展，共享货运装备资源产生共享大数据，推动卡车后市场快速发展，并与资金流、商流结合，开发新的商业模式。综合来看，2018 年共享货运市场规模将增长 25% 左右。

在物流基础设施共享方面，共享云仓系统继续深化发展，共享智能库建设将获得快速发展，共享快递柜处于稳定增长态势，店仓共享系统会高速增长。

在城乡配送资源共享方面，2018 年城乡共享网络将进一步完善，城市智慧共配获得快速发展，预计将得到资本市场关注，成为一个投资热点。

在物流技术与装备共享方面，2018 年预计开放式循环共用市场规模将获得高速增长，封闭式托盘循环共用系统市场规模稳定增长，总体增长速度在 30% 左右，周转箱循环共用继续保持 25% 的增长。

中国仓储与配送协会副会长 王继祥

2017 年智慧仓储与配送发展分析与 2018 年展望

2017 年，各项政策密集出台，为智慧仓储与配送发展创造了良好的环境；关于智慧物流的理论研究取得了重要进展，京东、菜鸟、相关协会与研究机构发布了系列的智慧物流研究报告；著名的智慧物流专家提出了智慧物流的三大系统及其演进方向；智慧物流知识架构及理论体系不断完善为智慧仓储与配送的发展提供了指导思想。

一、2017 年智慧仓储与配送发展分析

（一）驱动仓储与配送体系变革

智慧物流应用大数据、云计算、物联网等新技术，实现了电子商务、仓储设施、配送车辆、零售门店、智能快递柜的深度链接，从而打破了物流与商流、资金流、零售场景的边界，实现了线上线下的全面融合，不断驱动仓储与配送体系变革。

一是前置布仓推动物流先行。电子商务大数据与物流实现了无缝对接，使网购大数据通过在互联网中集合、运算、分析、优化、运筹，再通过互联网智慧分布到整个实体物流系统，实现了对现实物流系统进行管理、计划与控制，按照大数据预测提前在全国仓储网点前置布仓和集约调配，减少了随机和零散需求的配送压力，减少了货物搬运次数，实现了客户下单后就近仓储出货，大大减少了包裹的配送距离，这种物流先行的策略直接变革了原来的仓储布货和补货生态体系。

二是技术创新重新定义店仓系统。新零售与新物流的发展让传统零售门店既成为线上线下融合的节点、客户体验的中心、产品销售的场景，又成为离消费者最近的末端配送网点。这个变化改变了传统的中心化的仓储与配送体系，分布式的去中心化仓配网络逐步形成。

三是网络末端的店仓节点的货物实现了智能调配。去中心化的店仓末端网络互联互通，改变了传统逆向物流的体系。以服装物流为例，传统仓配体系中，各个品牌服装在不同零售门店销售，断货时需要通过中心化的配送体系层层上报需求，配货也通过中心化的配送体系逐级配送下来。产品积压时同样是将积压的服装通过逆向物流层层的返回配送中心，最后再返回厂家处理。这样，即使在城市中距离很近的不同商家销售的

同一品牌服装，如果出现一家断货和一家积压，由于传统中心化仓配体系，不同商家的信息与渠道不能互联互通，导致积压的货物仍需要层层返回到厂家，缺货的需求再经过中心化的仓配体系配送到店。智慧物流技术可以打通末端店仓系统，实现不同门店之间的货物根据实际情况销售，利用即时物流配送服务实现门店间的智能调配，有货的门店可以直接把货就近调拨到缺货门店。

（二）推动仓储与配送链接深化

2017 年随着移动互联网的快速发展，大量仓储物流设施设备接入互联网。目前，我国超过 400 万辆重载货车安装了北斗定位装置，大部分城市配送车辆建立了车联网系统，还有大量托盘、集装箱、仓库、货物接入互联网。物流连接呈快速增长趋势，以信息互联、设施互联带动物流互联，推动仓配系统在线化发展。

仓配在线化产生大量业务数据，使得物流大数据从理念变为现实，数据驱动的商业模式推动产业智能化变革，大幅度提高生产效率。其典型场景包括：

数据共享：实现仓储数据互联互通，减少物流信息的重复采集，消除物流企业的信息孤岛；

销售预测：利用用户消费特征、商家历史销售等海量数据，通过大数据预测分析模型，对订单、促销、清仓等多种场景下的销量进行精准预测，为仓库商品备货及运营策略制定提供依据；

网络规划：利用历史大数据、销量预测构建成本、时效、覆盖范围等多维度的运筹模型，对仓储、运输、配送网络进行优化布局；

库存部署：在多级物流网络中科学部署库存，智能预测补货，实现库存协同，加快库存周转，提高现货率，提升整个供应链的效率；

行业洞察：利用大数据技术，挖掘分析 3C、家电、鞋服等不同行业以及仓配、快递、城配等不同环节的物流运作特点及规律，形成最佳实践，为物流企业提供完整的解决方案。

（三）推动仓储与配送资源共享

依托智慧物流技术高效整合、管理和调度资源，整合社会闲散的仓库、车辆及配送人员等物流资源，通过仓库租赁需求分析、人力资源需求分析、融资需求趋势分析和设备使用状态分析等，合理配置，实现资源共享。

通过搭建互联网平台，实现货运供需信息的在线对接和实时共享，将分散的货运市场有效整合起来，改进了运输的组织方式，提升了运输的运作效率。通过“互联网 + 智能仓储”，建立云仓网络共享系统，实现全国仓储资源联网，推动仓储资源网络化的共享共用。

在城市配送方面，借助互联网平台，搭建城市配送运力池，开展共同配送、集中配送、智能配送等先进模式，有效解决“最后一公里”的痛点。利用“互联网+智能终端”，整合末端人力资源、服务网络和智能终端，实现资源的分布式布局和共享式利用，提升资源利用效率和用户服务体验。

（四）推动仓储智能技术与设备创新

在电子商务物流领域，2017 年 10 月，京东建成全球首个全流程无人仓，从货到人到码垛、供包、分拣，再到集包转运，应用了多种不同功能和特性的机器人，而这些机器人不仅能够依据系统指令处理订单，还可以完成自动避让、路径优化等工作，实现了从入库、存储，到包装、分拣的全流程、全系统的智能化和无人化。

菜鸟通过智慧物流技术打造自动化的流水线、AGV 机器人、智能缓存机器人、360 度运行的拣选机器人、带有真空吸盘的播种机器人、末端配送机器人等高科技产品，提升配送效率，让物流行业的当日达、次日达成为快递的标配速度。

智慧物流推动了智慧仓储与配送技术创新，传统的自动化立体库接入了网络，实现了自动化+网络化；先进的仓储机器人，通过自主控制技术，进行智能抓取、码放、搬运及自主导航等，使整个物流作业系统具有高度的柔性和扩展性；高速联网的移动智能终端设备，让操作系统将更加高效便捷，人机交互协同作业将更加人性化；送货机器人和无人机研发已经开始在校园、边远地区等局部场景进入了实用测试阶段，取得了巨大进展。

在智慧追踪追溯技术方面，2017 年仓库内拣选货物的智能手持终端产品、引导拣选货物的“电子标签拣选系统”、仓库监管的视频监控联网技术、自动识别与分拣技术、智能输送分拣系统、嵌入了 RFID 的托盘与周转箱、智能穿梭车等继续处于快速发展阶段，实现了仓储物流系统的透明化管理，促进了货物的智慧追踪追溯技术发展。

在现代制造业物流领域，随着中国智能制造的发展，物流系统智能化和自动化水平越来越高，2017 年中国制造业新建全自动化立体库突破 600 座，大部分自动化立体库均向智慧仓储系统方向发展，其中 10% 的自动化立体库具备了较高智能，与生产线的信息系统联网互通，物流中心的现代物流系统与制造系统无缝对接，实现了智能化和自动化。

三、2017 年智慧仓储技术发展现状统计分析

经过调查分析，在经过了前几年的高速增长后，2017 年智慧仓储技术与装备发展速

度继续处于快速发展阶段。

在物流大数据与云计算领域，由于发展起步较晚、发展基数较低，目前发展速度很快，预计市场增长在60%以上。

在物流机器人领域，随着劳动力成本上涨，机器代人已经成为大趋势，物流机器人发展速度继续高速增长，机器人搬运、机器人堆码跺等技术装备近两年都进入快速发展阶段，2017年市场增长速度保持在20%左右，机器人分拣技术进入爆发增长阶段，市场增长速度在30%以上。物流配送无人机也属于物流机器人系统，2017年几大快递都制定了无人机配送的计划，随着中国低空领域放开，已经开始进入实用部署阶段。

在仓储设施互联网领域，视频联网监控技术继续快速发展，增长速度预计在15%左右；各类感知技术主要用于特定领域，增长速度在11%左右；仓储设备互联网的增长速度最快，应该在28%左右；仓储信息化技术应用最广泛，智能仓储信息系统的应用增长在25%以上。

在自动化仓库领域，自动化立体库集成技术、自动输送分拣技术设备、智能穿梭车与货架系统继续快速发展。根据预测，2017年自动立体库市场需求增长在30%左右；随着电子商务物流技术的高速发展，自动输送分拣系统市场需求预计在35%左右的增长；智能穿梭车与货架系统前几年处于爆发增长阶段，在2017年增长速度有所下降，增长速度在25%。

在智能追溯领域，应用最普遍的物联网感知技术是条码识别技术与RFID技术，其次是GPS/GIS移动追踪定位技术和智能手持终端识别产品。根据调研，2017年中国快递行业手持终端扫描设备增长超过12%；冷链智能追溯发展得到了国家政策与资金支持，预计增长速度在25%以上，其中食品和医药仍是主要的应用领域。此外，危险品追溯、疫苗追溯、贵重物品的追溯、古董产品的追溯、奢侈品追溯等领域也发展得很快。随着人们对食品安全和药品安全的重视，这些领域的智能双向追溯将获得巨大发展。

综合来看，在2017年，在仓储与配送领域，借助物联网技术，设备自动化和智能化得到了快速发展，综合发展速度超过了28%。

四、2018年智慧仓储与配送发展预测

进入2018年，随着“互联网+物流”、智能制造、电子商务的发展和物联网、云计算、大数据、区块链等技术的应用，采购、仓储、分拣、配送、运输等环节将重塑，成为高度智能化、服务化的智慧供应链。

在制造业物流领域，自动化立体仓库将继续保持快速发展态势，增长率预计在28%

左右，高于制造业本身的增长；自动的输送分拣系统增长率预计在30%左右；物流搬运机器人的增长率预计在30%左右，继续呈现高速增长态势。制造业物流系统将逐步通过物联网全面联网，实现智能化，与智能工厂衔接配套，成为工业互联网的一部分。

在电子商务物流配送领域，预计配送末端的智能终端自提货柜保持15%左右的快速增长，手持智能终端系统将保持15%左右的较快增长，大型电商物流配送中心将继续向高度智能化和网络化方向发展，电商智能拣选系统继续保持快速增长；部分电商物流中心将使用物流机器人。在综合电商大平台的物流信息系统领域，大数据、云计算与物联网融合，物流互联网将成为引导电商物流配送，优化全国物流资源，建立智能物流骨干网的神经中枢，云仓储系统将得到较大发展。

在商贸物流领域，新零售需要的智能物流系统将会快速发展，带托运输和按托盘进行货物的定位与追踪业务快速增长，利用物联网技术手段实现按整托盘交货得到较多应用，智能周转箱循环共用系统发展很快，预计2018年综合增长速度将达到20%以上。

在智能追溯领域，RFID、GPS、传感技术、视频技术、条码技术等各项感知技术和自动识别技术都会获得广泛应用，预计增长速度会达到25%以上；物流技术装备将全面向智能化、可视化方向发展，这一领域的发展空间极为广阔。

中国仓储与配送协会 智慧物流分会

专 项 报 告

我国大中城市仓储设施建设概况及发展思路

仓储设施既是商贸流通与物流活动的基础性设施，也是支撑城市社会经济发展的基础性、战略性资源；大中城市是社会物流活动的主要组织单元，是仓储设施建设与仓储网络布局的主要区域；仓储设施在社会经济活动中具有较强的公共性与公益性。十九大报告明确将物流纳入国家优先发展的基础设施范畴，突出了其先行性、基础性、公共性的特征，对于加强我国物流基础设施规划建设、完善仓储配送节点布局、推动仓储设施的网络化发展，具有划时代的意义。

一、大中城市仓储设施建设的基本情况

近年来，国家出台了一系列支持物流业发展的政策，促进了我国物流业的高速发展，仓储业固定资产投资长期保持两位数的增长，仓储设施条件与网络布局显著改善，且优质仓储设施主要集聚在大中城市及其周边地区。但是，从城市仓储设施布局、结构与功能看，也存在一些不容忽视的问题，制约了城市配送体系的完善，进而影响到了城市生产、流通与生活相关需求的满足。

（一）全国仓库总量供应日趋饱和

根据中国仓储与配送协会统计推算，截止 2017 年底，我国营业性通用（常温）仓库面积达 10.38 亿平方米，比 2016 年的 9.98 亿平米，同比增长 4%。其中，立体库约占 26.4%，平房库约占 58%，楼房库约占 15.6%，立体库增长高于平方库与楼房库。与 10 年前比较，仓库总量增加一倍，其中，立体仓库多为近 10 年新建，主要分布在全国 300 多个地级以上大中城市。

根据中国仓储与配送协会冷链分会统计推算，截止 2017 年底，我国冷库统计总容量（公称容积，下同）为 13531.87 万立方米，同比增长 12.7%。其中冻结物冷库（含冰库、超低温冷库）容量为 9671.62 万立方米；冷却物冷库（含气调库）容量为 3860.25 万立方米。与 2016 年相比，净增冷库统计容量 1524.10 万立方米。

如果算上国家各类储备仓库、特种仓库、工商企业内部自用仓库等，我国常温仓库总量大约在 17 亿平米左右，与美国仓库总量大体持平。

这一结论，可以全国仓储业固定资产投资额为佐证。从国家统计局发布的仓储业固定资产投资额数据来看，2000 年以来，我国仓储业固定资产投资额长期保持两位数的增幅（平均30%左右），不仅大幅高于我国 GDP 的增速，也高于物流业的总体增速，但是，2016 年仓储业固定资产投资额增速首次降到一位数（5.5%），不仅低于 GDP 的增速，也低于物流业的整体增速（9.5%）。市场是投资配置的决定性因素。可以看出，仓库设施已基本饱和，所以投资大幅减少。

但是，从仓库功能结构看，我国仓库设施也存在结构性的不平衡、发展不充分的问题。

（二）典型城市仓储设施规划建设情况

1. 综合外向型城市——上海

城市功能定位为：经济中心、金融中心。仓储设施在空间布局上重点与上海城市功能、产业布局和城市运行需要相匹配。仓储设施网络体现为：海空枢纽包括外高桥港区及“一市两场”、5 个货运区的空港货运体系；集疏运体系体现为“两环九射”网络结构的内河航运、高速公路及铁路集疏运设施。依托上海自贸试验区建设，发展了外高桥物流园区、深水港物流园区、浦东空港物流园区等联通国际、服务全国的功能性枢纽型物流平台；重点建设西北综合物流园区和以电子商务物流等重大项目为载体的西南综合物流园区。

“十三五”期间的发展目标是，到 2020 年，全面构建高效链接全球、服务辐射全国、线上线下联动的开放式、一体化物流业发展新格局，吸引一批全球运作的跨国公司物流总部、大型物流企业总部和物流研发中心集聚，形成体现“智慧互联、高效便捷、绿色低碳、高端增值”特征的物流业发展新模式。针对新的产业集聚态势、新的产业集约要求、新的城市运行和居民生活需要，依托海空港枢纽、陆路交通门户，结合上海制造业和服务业布局，加强与全市交通组织和城市空间的协调衔接，打造由五大重点物流园区（外高桥、深水港、浦东空港、西北、西南）、四类专业物流基地（制造业、农产品、快递、公路货运）为核心架构的“5+4”空间布局，形成东西联动、辐射内外、层级合理、有机衔接的物流业协调互联空间新格局。

2. 港口型城市——青岛

物流设施体系建设日益完善。初步形成以海港、空港、陆路三大物流系统为支撑的区域性现代物流枢纽，2010 年以来，开工建设投资过亿元的物流项目 100 余个，累计总投资超过 500 亿元。其中“千万平方米”物流园区建设工程累计完成投资 404 亿元、竣工 1100 万平方米。前湾国际物流园、保税港区物流园、空港物流园和西海岸出口加工区等6个物流中心、胶州三里河等7个配送中心已形成规模，前湾南港区物流园、胶州湾国际物流园、城阳综合物流园、楼山物流园和董家口港区物流园正在建设中。中韩陆海联运国际甩挂运输实现常态化运营。中铁联集青岛中心站与青岛港共同搭建陆港平台，构建“前港后站、一体运作”的海铁联运模式，实现了中心站与前湾港的有效对接。

“十三五”期间，青岛市城市物流网络的布局是：“一核”，即物流总部经济核心区。依托活跃的楼宇经济、丰富的信息资源，大力发展物流总部、信息中心、航运中心、金融保险、货代船代、孵化培训基地、供应链管理中心，打造青岛市物流业的总部经济基地、信息服务高地。“一轴”，即“一带一路”（青岛）物流发展轴。依托前湾港、董家口港、胶州铁路集装箱中心站、即墨国际陆港、流亭国际机场、胶东国际机场等主要枢纽，向西、向东强力辐射，实现跨境、跨区域物流协调发展。“三区”，即城市配送物流功能区、农产品及医药物流功能区、大宗物资物流功能区。城市配送物流功能区以李沧区、城阳区为依托，重点发展城市配送、邮政快递。农产品及医药物流功能区以平度市、莱西市为依托，重点发展农产品、医药等冷链物流。大宗物资物流功能区以黄岛区为依托，重点发展大宗物资的中转、集散、存储以及水产品冷链物流、交易等。

3. 交通枢纽内陆城市——成都

西部地区主要中心城市，重要的综合交通枢纽，以现代制造业为基础的新型工业基地。初步形成设施先进、布局合理的空、铁、公立体口岸开放体系。目前，标准仓总面积达179万平方米，物流集中发展区5个，主要集中在第一绕城环路与第二绕城环路之间的空港、铁路枢纽、口岸、公路转运中心，分别是：位于城北的青白江区域，主要是发展“蓉欧”专线的铁路散货运输；位于城北的新都区域，依托公路运输建设相关功能的物流中心；位于城西的双流空港枢纽区域，核心功能是航空货运；位于城东的龙泉区域，重点发展公路、水路等多式联运，服务于汽车等制造业；位于城西南新津区域，主要是依托口岸优势发展铁路运输，为沿海产业转移和国际贸易发展起到了支撑作用。

“十三五”期间，根据成都市现代物流发展战略定位和发展目标，坚持物流规划空间布局服务于城市品牌形象、城市民生改善、产业经济发展、区域物流合作、城市交通衔接需求的“五个服务于”原则，整合设施存量，合理配置增量，构建“五园区——五中心——若干服务站（配送点）”的“5+5+N”市域物流节点设施空间布局体系，形成布局合理、功能完善的现代物流节点设施，促进现代物流业与现代农业、先进制造业、商贸流通业等相关产业积极联动。2019~2020年拟在第二绕城环路的崇州、新津拟新建部分仓储设施，服务于城市配送。未来第一绕城环路内仅允许城市配送车辆通行。特别是借力蓉欧专列发展，正在青白江、双流等区域规划发展具有集聚特点的仓储集群。

4. 产业资源外向型城市——银川

物流空间格局初步完善，区域物流中心逐渐形成。结合产业的发展，全市大物流格局逐步显现。从园区来看，全市150亩以上的物流园区（中心）共31家，占全区的52%，初步形成以银川综合保税区为主的外向型物流；以西夏国际公铁物流城为主的公铁联运物流、以宁东能源化工基地物流园区为主的资源型产业物流、以宁夏交通国际物流港和宁夏新华百货现代物流园为主的商贸服务型物流、以宁夏润恒农副产品（冷链）物流产业园为主的农副产品集散物流、以宁夏交通物流园为主的综合型物流、以银川电商快递物流产业园为主的新型物流业态的发展格局。基本形成了以商贸物流为主导的东部（兴庆）物流带、以电商物流为主导的北部（贺兰）物流带、以公铁联运为主导的西部（西夏）物流带以及以建材物流、空港、保税物流、重化工物流为主导的南部（望远——灵武——宁东）物流带，初步形成了以物流基地为载体、专业物流为特色的多层次、专业化的节点布局以及与交通干线有效衔接的物流网络，“一轴、六区、多中心、网络化”的物流空间布局已基本形成。“十二五”期间，银川市围绕增强区域中心城市聚集辐射功能，积极构建以银川为中心的宁蒙陕甘毗邻地区现代物流体系，物流业已经逐步成为带动银川市经济发展的新增长极。

“十三五”期间，将持续优化空间布局，加强资源整合。以宁夏省域空间发展规划和银川市产业发展规划为依据，不断优化银川市物流业空间布局。根据现有物流中心（站场）实际情况和产业布局发展方向，整合物流资源，改造、提升物流节点功能，形成层次分明、运转有序、布局合理的现代物流立体网络。进一步明确各物流中心的规模和发展方向，实现差异化定位、整合并错位发展，优化提升其物流功能。中心城区内不再新建物流园区，缓解市区内交通压力，继续完善物流基础设施条件，强化物流设施与多种交通方式的有效衔接，提高城市物流效率。依托通用机场、城际铁路和高速公路等交通基础设施的建设，配套综合交通枢纽和需求集聚地区建设转运设施，打造以物流中心、高速公路和主干路网为主的快速物流集散系统。

二、大中城市仓储设施规划建设的主要任务

要深入贯彻落实十九大精神，进一步加强对大中城市仓储设施的规划建设指导，科学规划建设适宜于城市发展与城乡配送要求的仓储设施，促进城市产业结构调整、改善城市环境，创建现代流通体系、完善城乡高效配送体系、加快商品流通、降低社会物流成本，进一步满足城市人民日益增长的美好生活的需要。

（一）促进仓储设施的总量与结构平衡

以城市的产业结构、经济总量、商品的流入流出量为基础，以商品流通与物流活动的规律为依据，测算城市仓储设施的需求总规模，并按各类商品的特性与储存条件测算通用仓库、冷库、特种仓库等仓储设施的结构性需求。调查摸底现有各类仓储设施的保有量、空置率以及租金变化情况。比较仓储设施的需求规模与保有量及运营情况，测算各类仓库的供求比例关系，根据短缺或剩余情况，研究发展规划与调控措施。

加强仓储行业统计工作，定期发布全国与重点城市的仓库面积（容积）、租金涨幅与仓库空置率，引导市场主体自主发展建设仓储设施。

（二）合理规划布局仓储设施的网点

一是城市仓储设施规划布局，应注重与城市发展的整体协调。根据城市规模、社会经济发展、产业区域布局及服务居民生活的区域功能配置及城市综合运输网络现状及规划发展趋势，合理规划布局仓储设施。结合城区改造或老旧企业拆迁，适度规划建设服务市区商贸流通业务的仓储设施。鼓励和引导企业及个人，利用自有或租赁土地，建设满足自身业务需求并辐射周边商贸流通的仓储设施。

二是仓储设施的规划布局，应充分体现与城市商贸流通设施的协同发展。城市商业中心及特色商业街区的功能体现；批发市场配套物流服务功能；商贸流通业的城乡一体化发展（农村的超市、便民店、再生资源回收利用网络、农家店、农产品流通，社区商业中心）；物流园区和城市共同配送的开展；新兴流通业态及特种流通行业（拍卖、典当、租赁、旧货交易）仓配需求；餐饮、粮油食品和肉蛋奶等生活必需品的流通等。

三是仓储设施的规划布局，应统筹城市各类型仓储设施的协调发展。城市周边机场、港口、铁路货运场站及公路运输枢纽，应配置以自动化立体库、大型平房仓为主体的中转、保税仓库，适于大规模的货物吞吐和进出口转运；城市主干道周边及城乡结合部，布局服务于批发、大型零售和电商物流的采购供应和批发、零售、加工类仓储设施，引导城市外围分流和向市区中心的辐射；猪肉、粮油成品等储备库，应布局于城市干道周边；市内商贸、居住等区域，布局服务小型商业和便民的通用型仓库，满足多元化、多层次的需求；农村地区，重点发展平房仓和简易仓，提供季节性仓储配送服务。

（三）推动提升仓储设施的质量与功能

一是引导发展现代化仓储设施。积极贯彻现代物流配送理念，建设配备立体货架、装卸平台、信息化管理系统、机械化设备等可满足现代物流需求的标准化仓储设施，升级改造老旧仓储设施，提升自动化立体库、智能化仓库、低温库等高端仓储设施的比例。

二是注重对仓储设施功能的配套完善。基于现代物流运营的需要，针对港口、机场等物流枢纽、大型物流中心、城乡配送中心、快运快递分拨中心的特性与不同物流需求，规划配置相应的检测、计量、装卸、搬运、加工、分拣、包装、配送等配套设施，使仓库建筑变成安全、方便、高效的物流运营场所。

三、大中城市仓储设施规划建设的重点内容

（一）科学测算仓储设施需求量

根据城市社会经济活动物品总量、储存方式、全渠道发展方向、物流体系优化等因素，重点关注农林牧渔业产量、工业增加值、社会物流总额等统计指标变化趋势，遵循“人对物品的需求——物品对物流的需求——物流对仓储设施的需求”的测算路径，科学测算与城市发展相适应的仓储设施总量，避免盲目建设。

（二）合理配置各类仓储设施

根据城市经济社会发展的特点，重点关注各专业类型的仓储设施的功能配套及满足城市经济发展和居民生活的相关需求，合理配置通用仓库、冷库、电商仓库及大宗物资仓库等类型的仓储设施。

一是继续保持通用仓库占较大比例。由于通用仓库储存和保管的物品没有特殊的温度、湿度要求，且这类物品在生产生活中占有较大比重，因此，通用仓库相较于其他类型仓库，分布最广、比重最大、应用最普遍，在仓储设施类型配置方面，这类仓库应占较大比例。另外，从出入库作业合理化及地面承重考虑，平房仓应占较大比例(50%以上)；从节约土地资源考虑，立体库设施设备完善、运作效率高，适应各类企业需求，仓库空置率相对较低，应加大立体库建设力度。

二是有序规划建设冷库。冷库是冷链物流的核心组成部分，与居民生活息息相关，应立足城市的具体需求。根据各城市冷库租金与冷库空置率情况，合理确定冷库总量，冷库租金增幅大、空置率低的城市，可适当规划建设冷库，按类型分冷库的配置参考比例：冻结物冷库约70%，冷却物冷库约30%；从功能上考虑，建议发展综合性、多温带冷库、配送型冷库。

三是鼓励和引导发展电商仓库。目前我国的电商物流已进入深度整合时期，行业格局已进入生态式发展，各大电商纷纷自建线下快递配送体系。未来大型电商自建或租赁仓储设施的趋势仍将继续，建议采取鼓励租赁及在现有仓储设施基础上升级改造的做

法，以避免全社会仓储设施总量的盲目增长，减少重复建设。

四是适度发展其他专业仓库。根据各类物资的生产、流通及储备情况，合理配置适宜于存储钢铁、塑化、农业、纺服、能源、建材及有色金属等大宗物资的仓储设施；根据医药生产与流通发展需要，加快建设专业化的物流基地，配置适当规模的专业仓储设施。

（三）统筹城市仓储设施网点布局

根据城市地域优势及农林牧渔业、制造加工业的布局、发展定位、交通枢纽分布及辐射带动作用等因素，合理布局仓储设施网点。

一是根据功能和服务特性布局仓储设施网点。为城市中转集散提供服务的仓储设施，规模较大，相对集中，辐射的范围较广，且多布局在城市边缘、交通条件较好、用地充足的地方；服务于城市共同配送的仓储设施，规模较小，相对分散，主要布局于市区域及其周边，交通条件较好、用地基本能够满足仓储及配送作业要求的地带，同时充分考虑周边商贸流通及居民集聚等因素。

二是根据城市类型布局仓储设施网络体系。针对大中城市的规模及产业特点，在仓储设施功能定位方面，应确定5个层级的网络体系：在超大型城市及资源相对优越的城市，引导发展以仓储设施集聚为基础的物流集群；在物流枢纽城市及产业特点明显的城市以及超大型城市边缘，鼓励发展大型物流园区及物流中心；在物流资源相对不发达、产业单一或生活保障特点明显的城市以及大中型城市的城区，规划发展区域性仓储配送基地；各类大中城市均应重视发展针对市区服务的转运中心、配送中心及末端配送网点；鼓励和支持农产品产地邻近城市发展城乡结合、服务于农产品流通的专业性仓储设施。

四、大中城市仓储设施规划建设的工作建议

（一）强化顶层设计，落实主体责任

明确仓储行业管理的主管部门或牵头部门，完善跨区域协调机制，形成仓储设施规划发展行业管理与协调运行合力。各城市要切实承担起统筹推进仓储设施建设发展的主体责任，明确责任分工，研究制订适合本市经济社会发展的仓储设施专项规划，完善配套政策，制定出台仓储设施建设运营管理制度并抓好组织落实。重视发挥行业社团组织的作用，健全仓储行业综合服务与保障体系。

（二）加强规划指导，推进协同发展

统筹考虑城市功能配置要求，确保仓储设施建设规划与城市总体发展规划的紧密结

合，以及与发展同经济、产业、城市布局和土地利用上的有机衔接，同时兼顾对既有资源的整合与利用。要进一步完善仓储设施建设标准，强化配套设备与技术的研发，提高仓储设施与交通、商贸流通发展及城市服务等设施的协调性，强化相邻城市仓储设施的协同、互补发展。

（三）协调功能配置，切实保障用地

统筹利用城市土地资源，科学规划设施建设用地，将仓储设施配套建设纳入城市或区域商贸设施建设规划，在从严控制土地占用的同时，预留配套仓储设施建设用地，适度提高物流项目建设用地容积率。加强对城市中心区域仓储用地置换的协调，满足仓储设施建设及企业的业务运营需要。

（四）优化政策措施，减轻企业负担

加大财政金融支持力度，完善仓储设施建设的资金支持和投资鼓励政策，落实减税降费政策，切实减轻仓储设施建设与运营企业负担，增强企业参与仓储设施规划建设的积极性。规划范围内的项目要减少审批环节，加快办理速度；用户自建简易、临时性仓储设施，要简化项目审批程序。

（五）强化安全监管，维护发展秩序

推动建立仓储设施备案制度，做好规划内仓储设施的验收许可及信息备案工作。加强对仓储建设与运营市场的监管，建立仓储设施安全管理体系，加大违规建设行为的查处力度。督促使用单位和个人加强安全检查及管理，及时消除安全隐患。鼓励和引导市场主体公平竞争，维护仓储行业秩序及市场价格平衡，保障参与者的权益。

中国仓储与配送协会 库存管理研究中心

我国城乡配送发展概况

2012年以来，商务部先后印发了《关于推进现代物流技术应用和共同配送工作的指导意见》《全国城市配送发展指引》和《关于加强城市共同配送试点管理的通知》等文件，指导地方开展城市共同配送工作，在全国22个城市组织了共同配送试点。各地以城市共同配送试点为契机，加大商贸物流基础设施投入、推动城市配送的资源整合与模式创新、推广现代物流技术应用，带动了非试点城市推进共同配送发展和企业开展共同配送创新试点的积极性。目前各地城乡配送发展迅速，政府部门在推动发展中采取了一些有效的做法，积累了不少较成功的经验，各相关企业在实践中探索出一些新的运营模式，典型性、带动性较强。

一、政府工作成果

（一）注重顶层设计，发挥规划引领作用

各试点城市政府高度重视、相关部门协调联动，编制实施专项发展规划或工作方案。上海市印发《上海市加快城市配送物流发展实施方案》，建立城市配送共同化、智能化、规模化、集约化的动态战略合作联盟。重庆市政府在2016年内外贸机构合并时，成立了共同配送办公室，具体负责全市城市物流配送体系建设，开展城市共同配送工作；先后出台《重庆市现代物流发展“十三五”规划》《关于加快完善城市配送体系建设的意见》等文件。成都市于2015年将成都市口岸与物流办公室由市政府办公厅对口管理单位升格为市政府组成部门，全面统筹协调全市物流与口岸发展工作；建立了成都市口岸与物流办公室统一协调、商务等多部门统一规划、持续推进城乡配送全领域统一标准和引入第三方专业机构统一服务的“四统一”的城乡配送工作机制。

（二）注重推进试点项目建设，促进网络体系落地

各地以项目促进规划落地，引导企业创新和完善购、销、配网络，提升和强化服务社会的功能。南京市支持大型连锁超市优化配送组织方式，引导大型流通企业、商品交易市场将交易与物流相分离，变“企业物流”为“物流企业”，发展专业化、网络化、全流程的物流服务；在快速消费品、农副产品、家电和医药等领域开展“连锁采购+集

中配送”“物流中心＋集中配送”“批发市场＋集中配送”等模式的探索和创新。武汉市通过试点项目引导，积极建设中百集团、武商集团、工贸家电等连锁企业“中央＋区域”多级配送体系，全市基本形成以“物流总部区＋综合物流园区＋专业物流中心＋配送中心”的物流产业布局。潍坊市形成“521”网络节点，规划布局5个一级分拨中心，20个二级配送中心和1000个末端配送服务网点。淄博市新建物流园区2个、配送中心3个，升级改造仓储设施3.5万平方米，升级改造末端网点700多个。

（三）注重产业融合，推进重点领域发展

西安市注重引导发展电商、生物医药、建材、汽配、轻工百货、农副产品、再生资源利用、冷链等与城市商贸体系相匹配的专业物流及邮政、空港、公铁快递等基础行业性物流，一批以现代物流理念为指导的第三方骨干企业快速成长，形成了多种经济成分和服务模式的企业群体。临沂市紧紧围绕民生需求，在食品、药品和日用品领域分别建设食品冷链配送中心、医药配送中心和日用品配送中心。潍坊市积极构建农产品冷链物流体系，“中国食品谷号”潍坊至昆明铁路冷链班列于2017年6月25日首发，食品谷集团在农产品主产区乡镇启动第一批5个产地预冷、冷链加工配送中心规划建设，计划3年内新建、改造30个产地预冷库。

（四）依托农业优势，推动城乡物流双向互通

潍坊市建成25个涉农电商产业园，聚集约1500家农产品电商企业，形成抱团发展的良好态势，培育建成“淘宝网·潍坊馆”、“苏宁易购·潍坊馆”、“京东·潍坊馆”、“一号店·潍坊馆”和当地麦壳网、农丰网、仓圣网、地主网等一批具有市场竞争力和发展潜力的农产品电商交易平台。淄博市邮政部门突出地方特色，引导快递企业立足农村特色产业，推出“一县一品”项目，对接沂源苹果、樱桃，博山猕猴桃，桓台山药等农产品产销，提供包装、仓储、运输等定制化服务，助推“网货下乡”和“农产品进城”双向流通。

（五）搭建公共信息平台，实现互联互通

各地通过搭建公共信息服务平台，以物联网和移动技术为支撑，通过交易撮合、金融结算、货物跟踪、查询、评价等服务，推动城乡物流配送效率显著提升。太原市城市共同配送公共服务平台采用互联网、物联网、云计算等信息技术，植入“互联网＋高效物流”“供应链管理”等先进理念，引入“服务器虚拟化”技术，提出并自主研发“平台快速部署”技术，使平台的建设及运营成本降低75%，平台的行业竞争力明显提高，目前已发展省内外平台加盟城市4个、企业会员480个、上线车辆347辆、仓储面积5万平方米，参与企业的配送成本降低30%以上，配送效率提高20%以上。天津市依托“物流邦”物流共同配送服务平台，以“O2O”模式推动互联网在物流行业的应用，线

上撮合交易平台，功能覆盖发布货源、竞价抢单、达成交易、在线签约、在途管理、在线支付诚信评价等方面。

（六）推进标准化建设，提升作业效率

上海市围绕城市物流托盘、周转（箱）筐、车辆、服务平台，运用射频识别（RFID）技术，开展标准化建设，在快消品领域推广全链条、跨区域托盘循环共用模式：在农产品领域推广“田头到灶头”不倒筐全程冷链配送模式；印发《托盘标准化及社会化循环共用推广专项行动计划》，推动开放式标准化托盘共用平台在共同配送试点企业中试用，指导试点企业开展“带板运输”和托盘循环共用。

（七）重视发挥专业协会等行业组织作用

广州物流与供应链协会承担向主管部门推荐、报送重点企业配送车证申请、审核工作。深圳市公路货运与物流行业协会承担新能源物流车辆推广与监测、物流企业诚信等工作，并为企业提供纠正新能源车误拍违章的服务等。陕西汉中市引导建立物流行业协会，发挥市场自律和协同发展作用，促进企业相互合作、优势互补，提高服务质量和运行效率，降低物流成本。

二、企业模式创新

（一）生产领域“定制配送”

“定制配送”是合同物流的具体表现，生产企业通过与所在地区或区域规模较大的第三方物流企业合作，外包其仓储和配送业务。为生产企业服务的第三方物流企业多为综合性物流企业，在全国主要城市都已完成布局，为生产企业提供“定制化”服务，可满足生产企业多区域分仓的仓储配送需求。

（二）经销领域“统仓统配”

“统仓统配”模式，即物流企业整合区域经销商资源，开展统一仓储、共同配送的服务模式。这类物流企业目前较少，企业前身多为当地品牌代理商或经销商，主营本地区（城市和乡村）的快消品销售和配送业务，但在经营过程中，遇到了配送成本高、效率低等瓶颈，发现了配送痛点，转型成了以经销商为主要服务对象的物流配送企业，典型代表企业有烟台益商物流等。

（三）零售终端“统一配送”

按照零售业态划分，零售终端包括：超市、便利店、购物中心、品牌自营店、授权店、专卖店等连锁门店及个体商户等。个体商户一般采用经销商送货上门或个体户上门自

提的形式。连锁门店基本上形成了以区域配送中心为核心节点，辐射周边区域的统一配送模式，具体可分为连锁超市/便利店（同品牌）的统一配送和商圈（多品牌）统一配送。

连锁超市/便利店“统一配送”，即企业自建配送中心，将供应商物品尽可能地多地集中至配送中心，配送中心根据各门店订单需求，进行统一分拣和配送，代表企业有华润万家、家乐福等。目前，连锁超市/便利店的统一配送率在60%～80%左右，还有20%～40%商品主要由供应商或供应商委托第三方物流企业送货到门店。

商圈“统一配送”是商圈内零售企业共同建立配送中心，或者联合外包配送业务，由一家配送公司对某一商圈提供全部或某一品类商品的配送服务，为该商圈的商品进行重新分拣分装、集中配送。代表企业有广州新亦源（服装配送）。

（四）线上线下“一体化配送”

新零售概念的提出，促进了线上、线下销售与仓储配送的深度融合。线上线下一体化配送模式分为三种：一是以苏宁、国美等实体零售企业为代表，自建配送中心支撑线下及线上的仓配业务；二是以京东电商平台为代表，依托自身完善的仓储与配送体系，整合实体零售店，与京东配送体系对接，为实体零售店提供网上购货渠道与线下的仓配服务；三是第三方物流企业同时为线上线下零售业务提供仓配一体化服务，代表企业有良品铺子物流等。

（五）货运市场“落地配”

“落地配”指货物在到达城市落地后，由所达城市的物流企业或专业配送企业实施配送作业，即根据客户需求，只完成最后一个配送环节。目前各类货运市场，在集结货物、实现城际间货物干线运输方面发挥了很大作用，但货物由货运市场到达收货人的环节仍有欠缺，大部分是收货人自提，或者单一送货，物流成本较高。“落地配”企业主要专注于本地区零担运输的城乡配送，自有车辆少，多为整合社会车辆，信息系统强大，大多是基于多个物流园区和零担公司合作加盟，配送货物体积小、数量多，重点为小微企业服务，代表企业有龙田供应链等。

三、存在突出问题

（一）管理体制条块分割，市场监管缺位

城乡配送涉及政策、规划、交通、车辆以及居民生活、城市环境等，涉及不同的管理部门，各部门在进行决策时缺乏与其他部门的有效沟通，导致政策标准滞后，标准体系不健全、不配套，相关政策落地难，制约了配送设施共享、配送标准化、服务规范化等方面的发展。

（二）市场主体间利益架构重塑难，配送资源共享程度低

城乡配送涉及货运个体、配送企业、商贸企业、专业市场等诸多市场主体，在长期发展中已形成固有的运作习惯及盈利模式，参与城乡配送时缺乏合作意识，理顺各参与方的关系、兼顾各方利益、进行利益架构重塑难度较大。配送资源开放程度较低，社会共用型配送节点较少，导致重复建设、资源浪费、设施利用率低，企业内部配送、多头配送仍占主导地位。

（三）配送车辆进城下乡通行难，城乡配送能力不足

随着城市化推进及电子商务的飞速发展，城市配送能力不足、配送体系不完善，特别是配送车辆“进城难、停靠难、通行难”问题比较突出。许多城市对货运车辆进行限制，或通过发放通行证控制进城货车的车型、数量及停车区域，配送车辆在市区部分地段、甚至整个市区无法开展正常配送业务。城市配送通行路径设置不合理，配送车辆不能高效地将货物运送到位；农村道路条件较差，多数地区采取设置限高杆等措施限制大型货运车辆通行，末端配送企业对城市中心区及农村地区进行配送时，货运车辆需由大型车辆转换为小型车辆（小型厢式货车、面包车、电动车）才能开展配送业务；一些城市的居住区、商业区、校区、机关企事业单位缺少末端集中收投场所，存在进门难、停车难、投件难等“最后一公里”难题，大幅降低了运输效率，增加了物流成本。

（四）标准化、信息化水平偏低，配送效率亟待提高

物流配送设施、设备、装具、服务等标准不统一，单元化率低，适配性、协同性差，上下游间相关作业不能有效衔接，区域综合运输一体化运作能力较弱，严重影响效率。各地建设了大量的物流信息共享平台，但缺乏有效的产品和技术支撑，不能兼容各个领域，且缺乏有效审核、监管等，并没有真正意义上解决共同配送中存在的信息不对称、共享成本高、运营秩序混乱等问题。

（五）乡村配送网络基础差，配送成本高

农村地域较为广阔，人口分布较为分散，长期缺乏建设资金支持，配送网络发展缓慢，配送网点特别是村级网点建设亟待加强。对于城乡配送企业来说，农村地区、特别是山区，道路条件差、行程长，加之配送规模较小，上下行货量不对称（据重庆商委介绍，下上行邮件数量比例为10：1），车辆空载率高，城乡配送成本居高不下，影响了企业发展面向乡村配送的积极性。

注：本报告内容摘自由中国仓储与配送协会、商务部联合发布的《全国城乡高效配送发展研究报告》

中国仓储与配送协会 库存管理研究中心

我国库存管理现状与对策

库存不仅是工商企业正常经营的基础与保障，也是反映国民经济整体发展情况的“晴雨表”。库存管理是工商企业提高效益、提升管理效率和竞争力的重要手段之一，也是降低社会成本的主要因素。据中国仓储与配送协会调研，长期以来，我国工商企业对库存管理的外延与内涵的理解，更多是停留在传统的在库物品管理上，重点关注对已经形成库存的原材料、在产品、产成品及商品的在库管理或库存转移（转嫁），致使库存管理问题突出，库存状况堪忧，过量的库存占压了企业流动资金，降低了企业获利。我国应借鉴发达国家的做法，成立专门的社会组织，统筹推进库存管理理论研究与实践交流，优化库存管理，全面提升库存管理水平。

一、工商企业库存管理现状分析

库存周转率反映的是企业资金的利用率，库存周转率低意味着库存积压，保管环节成本费用增加，企业流动资金严重占压，尤其是呆滞库存，长期占用仓库空间，浪费大量的人力、物力及财力，对企业现金流及管理运作带来严重影响，如，现金无法正常流转，形成恶性循环：给供应商的应付款不能及时支付，生产原料无法及时供应，影响生产的正常进行，进而影响到对客户的产品交付，客户的应收款也无法及时得到，最终可能导致企业资金链的断裂。

据中国仓储与配送协会库存管理研究中心基于125家工商业上市公司公开披露的2017年财务数据测算出的企业与所在行业年化库存周转率指数（ITO指数）表明，我国工商企业库存管理水平与发达国家存在很大差距。

从行业分析，商贸流通领域（百货零售业）2017年ITO指数仍明显高于工业制造领域，且呈现上升趋势；而工业制造领域中各行业的2017年ITO指数差距继续拉大，其中造纸、通信设备制造、工程机械制造业有所提升，汽车制造、白色家电、计算机设备、电子制造、化学制药业有所降低。具体分析如下：

百货零售业继续保持较高水平，为18.61，较上年度16.82增长10.6%，平均库存时间约19.6天。其中，徐家汇、翠微股份分别为86.10和61.58，远远高于其他企业，且较上年度均有所提升（分别提升15.3%和7.3%）。

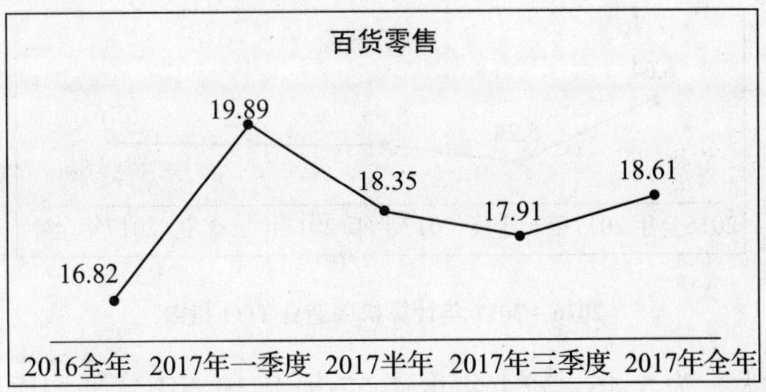

2016～2017年百货零售业ITO指数

汽车制造业略有下降，为9.57，较上年度9.89降低3%，平均库存时间约38.1天，在工业制造业中继续处于较高水平。其中，安凯客车和广汽集团分别为18.96和18.94，较上年度均有所提升。

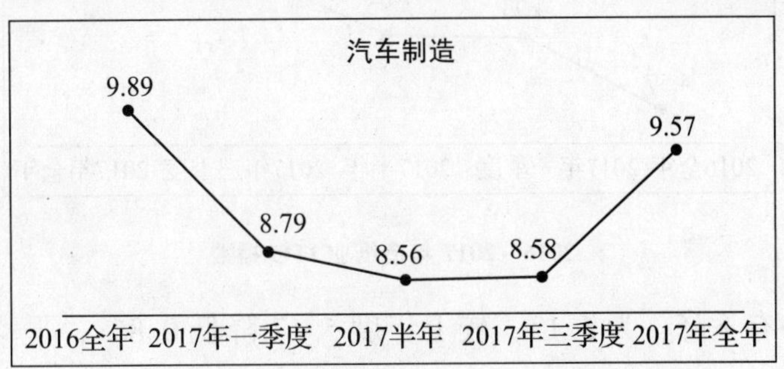

2016～2017年汽车制造业ITO指数

白色家电行业有所下降，为6.30，较上年度6.67降低5.5%，平均库存时间约57.9天。其中，九阳股份和小天鹅A继续保持较高水平，分别为11.79和10.72。

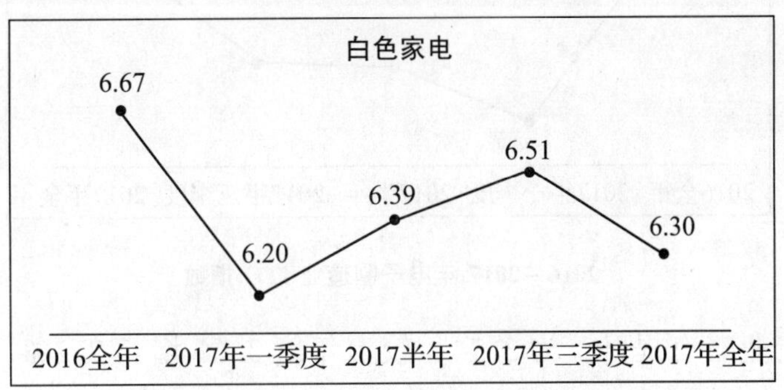

2016～2017年白色家电行业ITO指数

计算机设备制造业降幅较大，为5.76，较上年度6.64降低13.3%，平均库存时间约63.4天。其中，朗科科技和深科技继续居前，分别为15.63和10.43。

2016～2017年计算机制造业ITO指数

造纸业增幅较大，为5.46，较上年度4.57提升19.5%，平均库存时间约66.8天。其中，华泰股份和景兴纸业继续保持较高水平，分别为10.92和9.85。

2016～2017年造纸业ITO指数

电子制造业略有下降，为5.13，较上年度5.17降低0.8%，平均库存时间约71.2天。其中，环旭电子、英唐智控继续保持较高水平，分别为8.80和7.6。

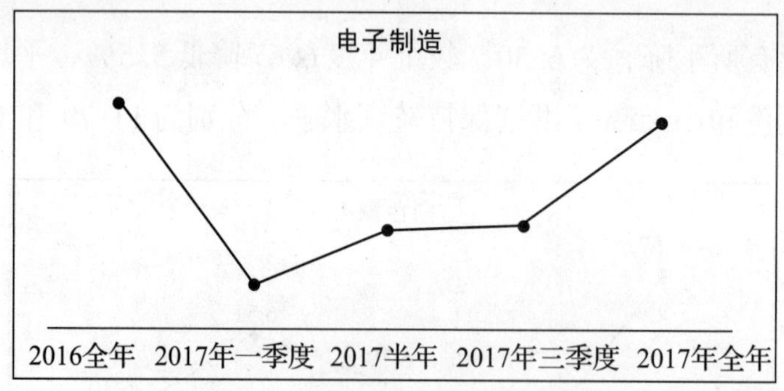

2016～2017年电子制造业ITO指数

通信设备制造业略有提升，为3.71，较上年度3.66增长2.2%，平均库存时间约97.6天。其中，长江通信和共进股份继续居前，分别为8.98和8.81。

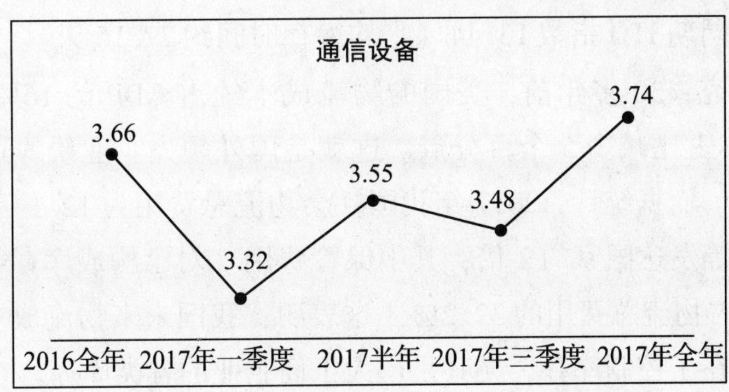

2016～2017 年通信设备制造业 ITO 指数

化学制药业有所下降，为 3.12，较上年度 3.55 降低 12.1%，平均库存时间约 117 天。其中，永安药业保持较高水平，为 8.60。

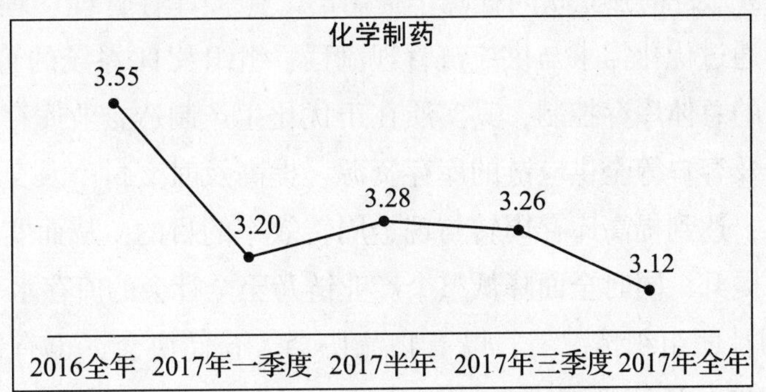

2016～2017 年化学制药业 ITO 指数

工程机械制造业增幅较大，为 2.86，较上期 2.22 提高 28.8%，平均库存时间约 127.6 天。其中，建设机械和三一重工居前，分别为 4.41 和 4.00。

2016～2017 年工程机械制造业 ITO 指数

与发达国家同行业相比，我国工商企业库存管理水平明显落后。如，15 家通信设备制造业平均年库存周转率 3.74，平均库存时间约 97.6 天，业内 ITO 指数最高企业长江通信为 8.98（平均库存时间为 40.6 天），远远低于美国苹果（Apple）同期 ITO 指数 36.88（平均库存时间约 9.9 天）。15 家电子制造业平均年库存周转率为 4.89，平均库存时间约 74.64 天，业内 ITO 指数最高企业环旭电子为 8.8（平均库存时间约 41.5 天），远远低于美国思科同期 ITO 指数 13.44（平均库存时间约 27.16 天）。

据有关专家研究，30 多年前，美国的物流成本约占 GDP 的 16%，30 多年来减少 8%，其中库存成本占比减少 5 个百分点。这就是国外领先企业纷纷通过库存环节降低物流成本的原动力。而据统计，2017 年我国社会物流总费用为 12.1 万亿元，占 GDP 的 14.6%，约是欧美等发达国家的 2 倍；其中保管费用（对已构成库存物品的被动管理费用）3.9 万亿元，占物流总费用的 32.2%。这表明，我国未来物流成本下降的空间依然很大，其潜力主要在于控制库存，尤其是广大工商企业的各类库存。

二、推进库存管理研究与创新的对策

借鉴国际供应链及运营管理协会（APICS）的生产及库存管理相关标准和模型，结合全面库存管理（TIM）咨询独立顾问程晓华提出的“全面库存管理”理念，库存管理是企业基于客户需求，通过优化需求与供应链管理流程、组织及 IT 系统的管理，实现对整体需求与供应各个环节的总体库存控制，其实质在于优化生产制造企业库存结构，合理地利用供应商、企业自身及客户等全供应链的库存资源，提高及时交付率及交付弹性，尽可能减少滞销产品的产生，达到提高库存周转与现金周转效率的目的，从而实现企业现金流的健康与投资回报率的提升，同时全面降低整个产业链乃至全社会的库存水平。

从发达国家的社团组织情况看，既有物流协会、仓储协会，也有专门的库存管理组织，如，国际供应链及运营管理协会（APICS）由最初的美国各地 26 个从事生产与库存管理的组织联合组成的区域性行业协会，发展成为一个国际性现代库存管理的权威性协会和教育培训机构，目前已建立并在全球推广了一系列有关优化库存管理的理论与实践经验，取得了很好的效果。而我国目前还没有专门推进行业库存管理研究与交流的社团组织，现有的物流协会、仓储协会、物流学会等很少关注、研究与交流库存管理、特别是工商企业的库存管理问题，也未能从专业技术层面解决库存管理问题，亟需成立相关行业社团组织，推进库存管理的理论研究与实践创新。

近年来，中国仓储与配送协会一直致力于推动仓储企业融入工商企业供应链与库存管理，促进工商企业与物流企业的联动发展，多年来在行业大会中设置库存管理论坛，聚集了一批供应链与库存管理方面的企业与专家。目前，中国仓储与配送协会根据社会团体登记管理的有关规定，拟联合相关专家和企业，共同发起组建“中国库存管理促进会”，旨在深入推进库存管理的理论研究与实践创新，促进库存管理理论和技术、方法、工具的不断普及，为提升企业竞争力、优化供应链、控制库存水平、降低社会物流成本提供交流与合作平台。

中国仓储与配送协会 库存管理研究中心

浅谈我国物流业信用体系建设

物流业信用体系建设是社会信用体系建设的重要组成部分，随着我国经济的高速发展，现代物流业得到迅猛发展，但行业中仍存在着诸多问题，物流企业诚信缺失现象尤为突出，各种不履约、半履约、毁约的现象频频发生。物流企业诚信缺失会导致市场秩序混乱、破坏我国物流企业形象，从而制约行业健康发展。因此，现代物流企业的信用体系建设显得十分重要，建立健全我国物流业信用体系，可以有效约束和规范企业的经营行为，营造诚信经营和公平竞争的市场环境，有利于建立统一开放、竞争有序的现代物流市场体系，促进物流业加快转型升级，对于提升物流服务质量、降低社会物流成本、提高物流效率具有积极意义。

一、我国物流业信用建设情况

（一）在政府支持方面

为提高物流行业的诚信意识和信用水平，规范市场竞争秩序，实现健康可持续发展，近年在物流信用体系的建设指导方面，国务院及行业主管部门多次下达相关指导性文件，对我国物流行业的信用体系建设起到了积极推动作用。

表1　物流业信用建设相关政策文件

时间	发文单位	文件名称	对物流业信用体系建设的要求
2014年6月	国务院	物流业发展中长期规划	加强对物流市场的监督管理，完善物流企业和从业人员信用记录，纳入国家统一的信用信息平台。增强企业诚信意识，建立跨地区、跨行业的联合惩戒机制，加大对失信行为的惩戒力度
2016年9月	国务院办公厅	物流业降本增效专项行动方案（2016—2018年）	依托全国信用信息共享平台和各类行业信用信息平台、专业化物流信息平台等，加强物流行业与公安、工商、交通、保险等部门的信息共享，建立物流从业单位和从业人员信用信息档案
2017年8月	国务院办公厅	进一步推进物流降本增效促进实体经济发展的意见	建立健全物流行业信用体系。研究制定对运输物流行业严重违法失信市场主体及有关人员实施联合惩戒的合作备忘录，对失信企业在行政审批、资质认定、银行贷款、工程招投标、债券发行等方面依法予以限制，构建守信激励和失信惩戒机制

（续）

时间	发文单位	文件名称	对物流业信用体系建设的要求
2014 年 11 月	国家发展改革委、交通运输部等 7 部门	关于我国物流业信用体系建设的指导意见	从物流业信用体系建设的意义、监管、应用、机制、标准、制度、试点等 12 个方面对物流信用体系建设工作进行明确
2016 年 3 月	商务部	全国电子商务物流发展专项规划（2016 – 2020 年）	探索电商物流企业等级评定和信用分级管理，支持建立以消费者评价为基础，以专业化第三方评估为主体的市场化电商物流信用评级机制
2017 年 1 月	商务部等 5 部门	商贸物流发展“十三五”规划	建立科学合理的商贸物流信用评价体系，研究制定规范统一的信用评价办法，建立信用评价长效机制。将物流企业行政许可、行政处罚、经营异常目录和严重违法失信企业名单（黑名单）、抽查检测结果等信息，通过全国信用信息共享平台和国家企业信用信息公示系统进行归集公示
2018 年 4 月	国家邮政局	快递业信用体系建设工作方案	着重从八个方面开展相关工作：一是完善快递业信用管理规章制度，二是建设快递业信用管理信息系统，三是建立完善信用档案，四是组建快递业信用评定委员会，五是编制快递业年度信用评定方案，六是全面采集信用信息，七是信用评定和结果应用，八是推进诚信文化建设

（二）在行业自律方面

物流相关商协会也逐渐重视物流诚信的建设，2005 年 11 月发布《商会协会行业信用建设工作指导意见》，《意见》中明确了各商会、协会应将“推进诚信宣传教育，强化行业信用制度建设，利用信用信息开展服务，对会员企业开展信用评价，加强对会员企业信用风险管理知识的培训，协助会员企业建立信用风险防范机制”等作为开展行业信用建设工作的主要内容，鼓励行业商会、协会开展信用评价工作。

近两年，相关物流商协会不同程度对会员企业开展信用评价工作，其中，国家行业协会如中国物流与采购联合会、中国仓储与配送协会已陆续开展相关信用评价工作，各地方商协会如宁波市交通运输协会、厦门市现代物流业商会、营口市港口集装箱物流协会等也都陆续开展了多批次信用评级工作。

（三）在第三方机构开展工作方面

第三方信用服务机构是社会信用体系建设的重要力量，充分发挥信用服务机构的作用，有利于为推动社会信用体系建设提供市场化、专业化力量支撑；有利于提高行政效率，推动“放管服”改革，构建以信用为核心的新型市场监管体制。根据《关于加强和规范守信联合激励和失信联合惩戒对象名单管理工作的指导意见》的要求，国家有关部门可根据工作需要授权信用服务机构按照统一标准认定红黑名单。信用服务机构根据行业信用建设的需要，收集各有关部门（单位）认定的红黑名单，经核实后与自身服务过程中形成的有关名单进行整合并向社会发布，协助政府做好资质名单、红名单、黑名单、重点关注名单等名单的认定和梳理工作。

（四）在物流企业重视程度方面

企业根据各自实际情况，不同程度上组织并参与物流诚信体系建设工作。如，中国外运股份有限公司参与“诚信物流广州倡议”活动，倡导全国各地物流协会及相关企业共同签署《倡议书》，共同承担诚信责任，推动诚信信息共享与诚信交易，共同营造讲诚信、明责任、重维权的行业生态；日日顺物流联合生态伙伴召开“诚信到家”行动启动大会，会议现场发布了《诚信品牌联盟宣言》，通过对用户的“8 大承诺”以及联盟成员的“8 大约定”共同完善诚信服务。

二、我国物流行业信用体系建设若干成果

（一）仓储配送领域信用体系建设

2017 年 1 月，中国仓储与配送协会发布《关于进一步推进仓储与配送企业信用评价工作的通知》，针对仓储、配送或相关领域的各类企业开展企业信用评价。与此同时，中仓协联合第三方独立评价机构毓融（厦门）征信服务有限公司制定《仓储与配送企业信用评价管理办法》《仓储与配送企业信用信息管理办法》《仓储与配送企业信用评价指标体系》《仓储与配送企业信用评价申报表》《仓储与配送企业信用评价提交材料目录》《仓储与配送企业客户评价意见表》等文件，完善行业信用体系建设相关管理制度；通过和专业的第三方独立评价机构进行深度合作，利用双方资源优势和专业优势，吸纳各方面的专业人才组建信用评价中心；借助第三方评价机构研发的“第 e 物流”大数据平台，积极开展企业信用评价工作。

2017 年，中仓协已完成两批仓储配送行业 A 级信用企业的评级工作，并同时被搜狐、新浪等众多知名媒体和各地方性物流行业平台传播与转载、收录。2018 年起，全国仓储与配送企业信用评价工作将常态化开展，并将联合第三方机构开展 A 级信用评价应用等多项试点。

（二）其他物流领域信用建设成果概述

行业商协会是联结政府与企业的桥梁和纽带，在推进物流行业信用体系建设中具有无可替代的作用。近年来，部分行业组织开展已陆续开展的企业信用评级工作（见下表）。

表 2 物流行业组织开展的企业信用评级

启动时间	行业组织	评级对象	阶段性成果
2017 年 2 月	中国服务贸易协会	跨境电商物流及国际物流、国际货代、保税仓储、电商配送、快递等企业	2017 年 11 月，在广东佛山为首批服务贸易行业 A 级信用企业举行授牌仪式；共有 6 家企业先后获此荣誉。此项工作保持常态化开展
2017 年 8 月	宁波市交通运输协会	集运企业	2017 年 11 月，宁波市交通运输协会为宁波口岸第一批 15 家获得 A 级信用的集运企业进行公开授牌、发证。此项工作保持常态化开展
2017 年 12 月	营口市港口集装箱物流协会	从事集装箱运输、场站、仓储等相关活动的企业	2018 年 1 月，营口市港口集装箱物流协会为首批 9 家 A 级信用企业举行公开颁牌、发证。此项工作保持常态化开展

（三）信用成果案例应用

在国家出台指导物流业信用体系建设政策、行业商协会积极推进行业信用体系建设的同时，信用建设成果在多方面都得到了广泛的应用。

表 3 信用建设成果应用典例

时间	单位	应用
2017 年 3 月	厦门市自贸区综合监管与执法局	与厦门市现代物流业商会签署合作备忘录，在工商审批、行政执法等领域，应用商会提供的企业信用信息
2017 年 4 月	宁波市口岸打私办	通过开展第二届宁波市口岸中介服务诚信企业评选活动，评选出包括浙江中外运、浙江远洋、东南物流等 90 家诚信企业，其中第一届经复核通过 48 家，新增 42 家
2017 年 11 月	厦门市品牌评价办、市物流办	联合开展的“厦门市服务业（现代物流）优质品牌评选”工作，将信用建设列为重要指标项，并委托行业商协会和第三方信用评级机构联合对通过初评的 25 家企业进行信用评级
2018 年 2 月	安通控股及子公司、分公司、办事处	直接采信“全信联”与“第 e 物流”共同推出的企业信用等级，在全国各口岸集装箱业务中给予 A 级信用企业、星级信誉认证企业多项特别商务合作待遇

三、我国物流业信用存在问题

（一）从行业监管角度

诚信是建立在有效的市场规则和法规法则约束基础之上，并非宣告而知即可。当前我国法律体系不完善，物流业信用制度建设滞后，缺乏有效的管理手段、约束机制和惩罚措施，虽然行业主管部门和各地方政府已经出台很多“诚信奖励”“失信惩戒”的政策法规，对于严重失信行为人有所约束，但并未真正起到震慑的作用。同时，企业失信成本低，不诚信可能赚到1000万，处罚却只有10万，这使得企业敢冒风险。

（二）从行业自律角度

行业商协会及第三方信用服务机构是开展行业自律的重要力量，目前我们物流行业商协会在信用体系建设方面发展还不够成熟，虽然近年随着各地不同规模的物流相关协会有推进此项工作，但覆盖面仍然少之甚少，占整个物流行业的1%不到。另外，作为联合行业协会进行信用服务的第三方信用服务机构合作也存在不足，很多行业协会与机构开展征信相关业务，但是层次参差不齐，甚至有用一套标准评价工业、零售、交通、农业等多个领域，显然不够专业和精细。因此，培育专业的第三方信用评级机构对于推进物流行业信用建设具有重要意义。

（三）从物流企业角度

物流企业信用建设的问题是制约着物流行业信用体系建设之根源，主要体现在以下几个方面：**信用管理机制待完善、健全**。企业信用管理制度不完善，缺少防范信用风险的知识与制度，缺少相关岗位设置等，如企业管理水平差、员工操作失误导致企业失信于客户、货物丢失、配送延误、货物损坏等都属失信行为。**物流企业信用管理意识相对淡薄、落后**。大多数中小物流企业规模偏小，企业内部既缺乏专门的信用管理岗位，也缺少专业人员的配备，企业规范的管理体系尚不完善，缺少依靠信用工具去开拓市场的方法和技术，缺少客户信用管理、资信评级标准，缺少准确判断客户信用的变化情况。近年来，受内外环境的影响，中小物流企业经营困难加重，更导致了企业无法在信用管理、风险管控方面的投入。**能利用的有效信用信息不足**。在大数据时代，信息对于企业的生存与发展有至关重要的作用，而经济生活中的各种失信行为，其根源就在于交易双方所获取的信息不对称，导致失信一方有机可乘。**物流企业投入不足导致的信用危机**。由于物流业准入门槛相对较低，市场准入机制不完善，部分企业实力差，即使设施设备条件有限也纷纷加入到物流行业。面对日益激烈的市场竞争，一些企业采取非正常手段拿到客户订单，但最终因为资源不足、服务能力限制不能完成合同条款而造成违约，从而失信于客户。

四、物流行业信用体系建设举措

（一）打造守信重信的营商环境

当前诚信缺失已经成为影响物流行业转型升级的一大顽疾，各类不诚信现象层出不穷，不仅严重威胁社会经济发展，还造成一些列恶劣影响。因此，物流行业的各级主管部门应当与第三方评价机构合作开展物流企业信用等级评价工作，发布企业信用等级报告，鼓励物流企业坚守诚信底线，提高信用水平，为企业营造良好的经营环境。

（二）培育第三方信用服务机构

第三方信用服务机构是指依法设立的，独立于信用交易双方，经营评价与征信业务的第三方机构。第三方评价与征信专门从事收集、整理、加工和分析企业和个人信用信息资料工作，出具信用报告，提供多样化评价服务，帮助市场客户判断和控制信用风险等。结合物流企业的实际情况，着重培育第三方评价与信用评级机构，并以政府采购服务的形式开展合作具有十分重要的意义。

（三）开展商务信用评级工作

信用评级是一种社会中介服务，为社会提供资信信息，信用评级能够体现受评对象信用状况，评估机构针对受评对象信用状况和有关历史的数据进行调查、分析，对受评对象的综合信用状况给出总体的评价。因此，开展物流企业信用评级工作，对物流企业的信用摸底，可有效测评物流企业的市场经营行为（包括是否欠款、老赖、是否有不诚信行为等）和企业的依法经营行为（如是否按时纳税、是否存在安全责任事故、是否拖欠工资等）。

（四）出台守信奖励政策

切实落国务院《关于建立完善守信联合激励和失信联合惩戒制度加快推进社会诚信建设的指导意见》中提出的“褒扬诚信、惩戒失信”。尤其是对于信用优级企业，应给予鼓励。如，根据第三方评价评级结果，结合区工商、税务等部门提供的企业信用记录，把企业划分诚信等级，配套各类政策扶持政策激励措施；与金融机构合作，推进扶持持有 A 级及以上信用等级的中小物流企业发展的信用贷款的力度等。

（五）设置信用建设专项资金

可设置信用建设专项资金，通过补贴降低企业的成本，也可以对信誉卓越的企业给予一定的资金奖励，树立行业重信守诺的标杆。

现代市场经济是建立在法制基础上的信用经济，信用是市场经济的通行证。近年来，我国物流行业信用体系建设取得了一定的成效，虽然物流行业信用程度仍有待提高；但通过不断努力，健全与完善物流行业信用体系，在不远的将来，物流市场必定更加繁荣有序，信用必定会成为中国物流的“金招牌”。

中国仓储与配送协会 企业信用评价中心

精 选 案 例

湖南省农村物流配送体系建设发展情况

农村物流配送体系建设，是构建现代物流服务体系的重要内容，是支撑农业现代化的重要基础，是提升城乡居民生活水平的重要途径，是降低社会物流成本的重要举措。近几年，湖南省各级党委和政府高度重视，特别是县（市）党政领导积极推进，湖南省县域农村物流配送体系的建设工作已经迈开了步伐，出现了好的势头，正在朝着健康发展的方向推进。有关情况如下：

一、体系建设已经起步

（一）基础设施逐步完善

与农村物流配送体系建设相配套的道路、仓储、运输、冷链设施、信息平台、配送中心等基础设施建设初具规模，且逐步完善。据不完全统计，截至 2017 年底，湖南省新建改建农村公路超过 1.1 万公里，全省农村公路通车里程已经突破 20 万公里，100% 的乡镇通了公路，99.94% 的建制村通了公路；建成商品标准化仓库面积 38.6 万平方米（不含粮库），形成冷冻库容量 41 万吨、冷藏库容量 46 万吨，乡镇以上城区及部分行政村实现了 4G 信号覆盖；全省有 25% 的县（市）初步建成了能适应本区域物流市场需求规模的物流配送中心（园区），有 50% 左右的县（市）正在筹划建设物流配送中心（园区）。

祁东县经过 5 年的努力，已经建成了具有 11 个功能板块、拥有公路、铁路两种运输方式、建筑面积超 100 万平方米、年货物吞吐量达 400 万吨的国内中部地区规模最大的综合服务型物流园区，得到了国家发改委、交通运输部的肯定和支持。攸县星都物流公司投资 2.8 亿元，在县城建成了集仓储、运输、分拨、配送、冷链等多功能服务的综合性物流配送中心，占地 206 亩，获得国家 4A 级物流企业标准的评估认定。临武县供销社在县委、县政府的大力支持下，初步建成了农产品物流中心、农资交易市场、惠农电商运营中心 3 个物流服务平台，被全国供销合作总社评为综合改革先进单位。

（二）配送网络加快构建

以县（市）配送中心为支撑、以乡（镇）连锁超市为基础、以村级农家便民店和综合服务社为终端的三级配送网络的构建工作热潮正在全省兴起。据了解，湖南省20%的县（市）已经基本构筑了比较完善的县乡村配送网络体系，特别是工业品“下行”通道比较顺畅；有60%的县（市）构建了覆盖部分乡村的网络，正在加快全覆盖的推进工作；其余20%的县（市）都在开始筹划三级网络体系的建设。一些工作进程较快的县（市）创造了好的做法，其经验值得借鉴。

攸县县委、县政府大力支持星都物流公司发挥其龙头和主力军的作用，在县城设立物流配送中心，乡镇设立物流中转驿站，村级设立便民网店，并对所有配送网店实行统一设计店面形象、统一配送车型、统一收费标准、统一税费票据、统一定位监控“五统一”管理。业务运作方式是通过整合乡村农民所需的日用消费品、农资、农具、书籍、医药、快递及乡镇企业所需的原材料等物资，统一配送下乡，解决“最后一公里”；收集农村出产的农副产品、包裹快件等物资发往各城镇，解决“最初一公里”的问题。到目前为止，该公司已在本县和邻近的茶陵、安仁、衡东县639个村开通了物流配送业务。

新邵县委、县政府支持县邮政分公司牵头开展物流配送活动，先后在全县15个乡镇、413个建制村布局配送网店，快递量为每天下乡2000多件、出县近1000件，高峰期的下乡和出县量分别达5000件和3000件之多。县内雨泉医药公司主动承担社会责任，先后为本县和邻近的邵东、隆回县的36个乡镇卫生院和1160个村卫生室配送药品。

（三）配送模式不断创新

各地在物流配送运作模式上，注重整合各类资源，推动联盟融合发展。一般按照资源互补、利益共享、风险共担的原则，积极探索跨部门共建共管，跨行业联营合作发展的新机制，大力推进“一点多能、一网多用、深度融合”的物流配送新模式。

祁东县衡缘物流园区与交通运输部院所合作，大胆探索以干线运输网、城乡配送网、枢纽节点网“三网”为支撑，以物流、商贸、金融“三业”为互动，以交易、仓储、配送为一站式物流服务的新模式，得到市场的认可，受到客户的欢迎。

资兴市达达农产品冷链物流公司依托自有冷链设施、资源渠道、业务技术等优势，主动与市内外商贸超市、水果采购商、鲜活水产品供应商、速冻食品制造商、快递服务商等密切合作，在市中心组建物联网运营中心，在乡村合作共建物联网站点，对冷链食品和鲜活农产品全程冷链配送。此项举措已经有了良好开端并取得了较好效果。

韶山市政府注重发挥市邮政分公司的龙头作用，整合全市仓储、快递、冷链、电商等企业和乡村超市及便民店等资源，对乡村站点实现物流共同配送；积极支持乡村站点开展代收水电费、电话费、代办飞机和火车票务、代理农村保险和小额助农信贷业务等增值服务，既扩展了物流服务的渠道，又充实了惠农便民的内涵，还提高了配送经营主体的效益。

益阳市运输公司充分利用客运线路长、服务站点多的优势，积极开展县至乡镇、沿途行政村的双向货物特别是快件运输配送服务，不仅提高了农村物流配送的时效性和便捷性，而且有效降低了物流成本。

（四）电商物流方兴未艾

电子商务进农村、电商物流蓬勃发展，是近几年农村物流加快发展的热门话题，也是促进农村物流配送体系建设的重要抓手，已成为农村物流配送体系建设的一个重要亮点。

江永县是香柚、香芋、香姜、香米、香菇“五香”之县。在开展“互联网+农产品”行动中，以农产品电商为突破口，着力在特色产品品牌构建、产品品控、产业供应链打造等方面下功夫，认真解决农产品“上行”的难题，县里建电商街、产业园，乡里设电商服务站和物流驿站，村里设收货点，实现上中下联动发展。韶山市政府紧贴本地实际，将红色旅游、特色农产品与电商结合，设计出了“特产+旅游+互联网”的韶山农村电商模式，运营一年多来效果较好。

溆浦县东立农特物联网公司，投资4000多万元，在县城建成了2万多平方米的溆浦电商创业孵化基地，基地内设置有电商街、农特街、快递物流街、溆浦特色馆、互联网O2O体验馆、创客中心、商学院、县城电商公共服务中心、智慧农业服务中心等。基地吸引了国内各类大型专业电商平台落地，引进了本地农特企业入驻，做到了电商产业的聚集，实现了平台商和本地电商企业、农特企业、专业合作社的直接对接。

二、制约瓶颈亟待破解

总体上看，湖南省农村物流配送体系的建设，来势好、成效大、后劲足。但在发展进程中也还存在一些制约瓶颈、亟待弥补的短板和不容忽视的问题，主要有以下几个方面：

（一）缺乏战略规划引领

一些地方政府缺乏战略眼光，缺乏对发展战略的研究，没有制定专项发展规划，处于想到哪就干到哪、草根式无序发展的状态。有的即使有《规划》，也导向不够明确、思路不够清晰、举措不够具体，科学性、前瞻性、可操作性不够强，从而导致出现盲目布局、重复建设、同质化竞争、资源浪费、无序发展的现象。

（二）缺乏资源有效整合

农村物流配送体系建设涉及发改、交通、商务、国土、农业、供销、邮政、通讯、物流等多个部门和行业，需要生产制造商、流通供应商、物流服务商等各类企业的共同参与。同时，现有的优势、闲置的资产也需要整合才能派上用场，特别是部分经济产业园闲置厂房的整合。综上，目前多数地方忽略了部门的联动，忽视了资源的整合，既拖延了体系的构建，又增加了建设的投入。

（三）缺乏龙头企业带动

目前农村物流配送服务的主体既有供销合作社、邮政快递、商贸流通、第三方物流等不同性质的企业，又有农村专业合作社、个体经营户等规模大小不一的组织。但普遍存在企业组织化程度低、市场集中度不高、经营规模小、服务手段单一等弊端，散、小、差现象十分突出；即使处于主体地位的供销、邮政企业，也是实力有限、有心无力；缺乏一批资产实力强、经营规模大、服务水平高、带动作用大的龙头企业发挥主体带动作用。

（四）缺乏专业人才支撑

由于农村“空心村”现象，使得留在农村中有知识、有技术、有能力的劳动力非常有限，加之工作环境差、收入待遇偏低等原因，许多物流专业人才不愿在物流行业就业。这样必然造成整个队伍素质普遍偏低，缺乏一批懂专业、会管理的适用型技能人才在本行业发挥支撑作用，从而制约了行业的发展。

（五）缺乏优惠政策扶持

目前物流配送企业对政策方面反映强烈的主要是三个问题：**第一是物流用地难落实**，一些地方过分强调投资强度和税收贡献，不愿优先解决物流用地指标，在土地价格上定性为商业用地而不视为工业用地，从而增加了招商引资的难度。**第二是建设资金难筹措**，目前国家对农村物流方面的资金扶持，除电商进农村示范县有专项扶持资金，重点交通枢纽场站和重点冷链物流项目有点补贴外，其他再没有什么资金支持、企业融资由于初期没有什么抵押物，金融机构不给信贷指标，企业只能从民间高息借贷，从而增加了项目建设的成本。**第三是税费负担过重**，营改增后，“货物运输服务”由3%的营业税调整为11%的增值税；“物流辅助服务”由5%的营业税调整为6%的增值税，这无疑增加了企业的负担，还有不计其数的公路收费、进城罚款、仓储设施建设收取人防工程费等名目繁多的各种收费，企业更是苦不堪言。

三、加快发展几点建议

加快构建农村物流配送体系，必须坚持问题和目标导向，加大工作力度，加强组织协调。为此提出如下建议。

（一）着力深化思想认识

农村物流配送体系建设，关系到城乡居民的日常生产生活，一头连着市民的“米袋子”“菜篮子”，一头连着农民的“钱袋子”，是重大的民生工程。推进农村物流配送体系建设，能够有效构筑农产品和日用消费品在城乡间的流通渠道，推动城乡生产和生活物资的平等交换和公共资源均衡配置，进一步缩小城乡差距，提高城乡居民生活质量。对此，各级党委和政府必须要有清醒的认识，自觉把这项工作当作一项公益事业、民生工程、先导产业来对待，纳入工作业绩来考核，摆到应有的位置，抓细抓实。建议县（市）政府成立协调机构、完善议事制度、落实部门责任、加强组织协调，及时解决发展中的重大事项，使各项举措落到实处。

（二）着力抓好规划制定

制定和完善农村物流配送体系建设规划，既是经济社会发展的客观要求，也是规范和引导农村物流发展的现实需要。在规划布局中应把握好以下几点：**一要做好“结合”文章**，把农村物流配送体系建设与推进农业供给侧结构性改革、与加快农村精准扶贫、与普及农村电子商务发展、与推进城乡一体化等工作部署有机结合起来。**二要发挥“整合”效力**，既要整合现有各类物流资源，走联合、联盟、合作发展的新路子，又要整合各部门的优势，探索建立交通运输、农业、商务、供销、邮政等多部门共同推进发展的新机制。**三要突出各自特色**，根据各县（市）农村产业结构、基础设施、消费水平等情况，立足市场，发挥优势，实行差异化发展。

（三）着力完善基础设施

要围绕构建县、乡、村三级配送网络构架这个重点，逐步完善以农村物流枢纽站场为基础，以县、乡、村三级物流节点为支撑的农村物流基础设施网络体系。**一是加快县级农村物流配送中心的建设**，按照物流园区、仓储配送、电商产业、货运场站功能集聚的要求，建设“四位一体”服务功能的物流中心。中心要着眼于提升整合资源、优化流程、科技支撑、协同发展和创造价值等物流服务能力。**二是完善乡镇农村物流服务站布局**，充分利用乡镇连锁超市、邮政所、客运站、农技站、物流点等资源基础，因地制宜建设具有工业品“下行”、农产品“上行”功能，上接县、下联村的农村物流配送服务中转节点。**三是健全村级农村物流配送服务点**，依托农家店、便民店、农村综合服务社、村邮站、快递网点、农产品购销代办站等，按照一点多能、多点融合的原则，发展紧密性农村物流网点，实现农村物流各类物资“最后一公里”和“最初一公里”的有序集散和高效配送。

（四）着力破解“上行”难题

目前农村物流配送最大的难点是农产品“上行”通道不畅，主要是农产品季节性强、批量小、品牌少、价值低、易腐损、配送企业亏损多等原因所致。破解这个难题的有效办法主要有三个：**一是解决农产品有效供给问题**，要加强农产品基地建设、培育创新品牌，形成批量规模供应。**二是创新物流营销服务模式**，鼓励商贸流通企业、供销合作社整合分散货源、外包物流服务业务；引导物流运输企业与大型连锁超市、农产品批发市场、农民合作社、专业大户等建立稳定的业务合作关系，逐步发展产、运、供一体化的物流供应链服务；积极探索适应农批对接、农超对接、农社对接、直供直销等的物流服务新模式。**三是推广应用先进适用的物流装备技术**，加大冷链设施特别是产地预冷设施的投入，大力推广适用于农村物流的厢式、冷藏等专业化车型，规范使用适宜乡村地区配送的电动三轮车等经济适用车辆，探索建立农村物流专业运输车辆的标识化管理政策。

（五）着力改善发展环境

环境就是生产力。当务之急要认真解决好以下七个问题：**一是加大资金支持**。建议省县两级设立农村物流配送体系建设专项资金，采取以奖代补和财政贴息等方式，重点支持县级农村物流配送中心建设、农产品冷链设施设备建设、标准运输工具和先进技术的推广应用、物流专业人才的培训等。同时整合发改、商务、农业、交通、扶贫、供销等政府部门有关涉农专项资金，集中部分资金重点扶持农村物流配送体系建设。引导金融机构创新惠农金融产品，扩大信贷规模。**二是加大降本增效力度**。要落实《国务院办公厅关于转发国家发改委物流业降本增效专项行动实施方案的通知》（国办发〔2016〕69号）等文件的精神，特别要将各项减税清费的政策规定落到实处。同时，县级政府要加强统筹协调，支持物流配送企业开展增值服务，扩大企业收入渠道，降低物流成本。**三是合理保障土地供给**。将物流用地纳入城乡建设基础设施用地规划，取消物流用地投资强度、税收贡献、容积率等不合理指标，将物流用地与工业用地价格同等对待。鼓励农村集体土地作价入股，参与物流配送重点项目建设。支持物流企业租地建枢纽、场站、仓库。所有物流用地不得随意改变用地性质，确保物流用地用于物流。**四是促进配送车辆便利通行**。全面落实鲜活农产品“绿色通道”政策，逐步取消配送车辆进城通行证制度，大力推行标准配送车型和电动货运车辆免通行证的做法。**五是重视物流专业人才队伍建设**。鼓励本科院校开展农村物流管理专业建设，支持职业院校开展农村物流人才定向培养，引导校企合作开展多种形式的职业培训，努力建设一支高素质的农村物流人才队伍。**六是发挥好行业协会作用**。积极发挥各类相关行业协会在行业运行监测、标准制定与宣传推广、职业培训、行业自律、诚信体系建设、业务合作等方面的作用，共同推动物流行业健康有序发展。**七是开展试点示范活动**。建议省政府在县域农村物流配送体系建设工作中开展试点示范活动，选择20个左右农村物流需求及发展潜力大、基础条件好、特色鲜明的县（市），作为试点示范单位，在体制机制、设施设备、物流组织、信息平台、市场培育和规范管理方面做出表率、树立标杆，以引领全省农村物流配送体系的科学构建。也可以考虑，每年选择15～20个县（市）进行重点扶持，分期分批推进，到“十三五”末实现全覆盖。

湖南省物流与采购联合会

芜湖市仓储配送业发展2017年概况与2018年思路

一、芜湖市基本情况

安徽省芜湖市位于安徽省东南部，地处长江下游。现辖无为、芜湖、繁昌、南陵四县和镜湖、弋江、鸠江、三山四区。市域面积为6026平方公里，人口385万。芜湖素有“长江巨埠、皖之中坚”的美誉，是全国流通领域现代物流示范城市、物流标准化试点城市、电子商务示范城市和全国重要物流节点城市。

2017年，全市生产总值为3066亿元，同比增长8.9%；财政收入为558亿元，同比增长9%；固定资产投资为3342亿元，同比增长11.2%；社会消费品零售总额为931亿元，同比增长12.4%；进出口额为63.8亿美元，同比增长12.3%。

二、2017年仓储配送业发展情况

（一）仓储配送业发展稳中有升

仓储配送业实现营业收入405亿元，同比增长13.7%；现代物流企业实现营业收入210.16亿元，其中营业收入超亿元企业为39户，占现代物流业的81.6%，同比增长15.2%，对现代物流业收入增长贡献率达103.9%。港口货物吞吐量累计完成1.28亿吨；完成集装箱量70.40万标箱，同比增长16.9%。新增省级服务业集聚区3家，新增省级物流示范园区1家。

（二）产业空间布局日臻完善

依托港口、铁路、高速公路等交通基础设施，结合城镇、产业发展需求，推进7大物流园区、10个物流中心和14个配送节点建设，形成层级分明、功能完善的仓储物流空间体系。**7大物流园区**分别为：芜湖综合保税区（南北2区）、朱家桥综合港口物流园、三山生产性及循环经济物流园、沈巷二坝综合物流园、白茆轻型物流园、芜湖县空港物流园和土桥生产资料及农产品物流园。**10个物流中心**分别为：经开区物流中心、塔桥铁路物流中心、博览城物流中心、高新区物流中心、湾沚物流中心、繁阳物流中心、籍山物流中心、无成物流中心、高沟物流中心和城东物流中心。**14个配送节点**分别为：

孙村、荻港、许镇、花桥、芜湖县城南、石涧、六郎、弋江、三里、土桥、福渡镇配送节点，三山农副产品配送节点，鸠江区医药物流节点，峨桥镇农产品配送节点。

（三）重点聚焦三大发展任务

一是依托雄厚的产业基础和良好的区位优势，夯实多式联运基础设施建设。主要是：做好6大港口、公路、铁路及物流园区基础设施建设，推动形成多层复合、多式联运、多业联动、信息互通的高效物流运营模式；构建现代物流体系，推进空港物流、铁路物流、港口物流、电商物流、保税物流、农产品冷链物流和“互联网+”高效物流建设；推进转变物流发展方式，加快推进现代物流标准化，大力发展绿色物流。

（四）产业特色更加突现

经过近年来的努力，芜湖的仓储配送业已形成了自有特色，主要表现在以下几个方面：

1. 龙头企业引领。有5A级物流企业安得物流；同时，拥有皖江物流、海洋物流、中外运、招商物流、运泰物流等10家4A级物流企业；以快递业龙头“三通一达”为代表的20多家快递企业联合布局的皖南快递产业园发展势头迅猛，该快递产业园2017年被列入省现代服务业集聚区；当年，芜湖快递业务量已达1.03亿件，业务收入超10亿，居中部地区非省会城市之首。

2. 标准化试点先行。2015年7月，财政部、商务部、国家标准委批准芜湖为全国物流标准化试点城市，是安徽省首个获批城市。经过2年的试点运行，芜湖已经初步构建起以企业为主体的托盘循环共用体系，形成了以格勒物流设备公司为代表的第三方托盘租赁服务模式、以宏春木业公司和创新绿色包装公司为代表的“生产+服务”模式、以九州通医药公司为代表的集团内循环共用模式，全市新增使用标准托盘20多万片，新增租赁标准托盘50多万片，中国（芜湖）托盘指数研发成功。

3. 信息平台有效整合。芜湖市物流信息化平台建设全省领先，主要有安得“基于物联网技术的可视化智能物流管理平台”“直通宝”、安徽共生物流“物流公共信息平台”等，可为物流企业提供供应链可视化管理服务，为物流需求方、物流企业、车主提供具有价值的各种业务服务，提升了各方与平台的黏度，创建了为全产业链服务的物流生态圈平台。

4. 天然良港有力支撑。芜湖港是长江溯水而上最后一个万吨级深水良港，是长江水运第五大港、煤炭能源输出第一港和安徽省最大的货运、外贸、集装箱中转港；目前，芜湖港已与国内最大的港口企业上港集团成功进行战略合作，共同打造安徽省国际集装箱枢纽港和上海洋山港重要的喂给港。

5. 产业链条日臻完善。芜湖已形成汽车及零部件、电子电器等4大支柱产业，产业基础雄厚，为仓储配送业发展提供了有力支撑；在电子商务快速发展下，芜湖快递业发展迅猛，快递业总量全省第二、增速全省第一，皖南快递分拨中心已经形成；公、铁、水、空联运具备较好基础，全市高速公路总里程达206公里，铁路通车里程429公里，内河高等级航道里程297公里，芜宣机场建设正全力推进。

6. 政策扶持精准到位。自2013年以来，市政府现后出台《芜湖市现代物流业发展规划》《芜湖市贯彻安徽省物流业“十三五”发展规划的实施意见》《芜湖市现代物流业“小巨人”培育计划》《芜湖市物流标准化试点工作方案》《芜湖市物流标准化试点项目管理办法》《芜湖市物流标准化试点专项资金管理办法》等一系列物流仓储配送业政策；2017年，进一步修订完善相关政策，出台了《芜湖现代物流业扶持政策》，从固定资产投资、信息平台建设、企业品牌培育、示范引领等方面对物流仓储配送业进行扶持。

三、2018年仓储配送业发展思路

（一）认真研究仓储配送业行业发展规律，破解发展瓶颈，因地制宜进行产业政策顶层设计，出台2.0版《芜湖现代物流业扶持政策》。

（二）继续在仓储配送聚集区上发力，加快聚集区物流基础设施和配套设施建设，形成若干个特色鲜明、错位发展的仓储配送基地，力争把皖南快递产业园打造成国家级示范园。

（三）统筹规划，建设城乡一体化的高效配送体系。在电子商务进农村全覆盖和农产品骨干网络建设的工作基础上，整合商务、邮政、供销系统的城乡网络资源，提高配送效率，让“最后一公里”不成问题。

（四）重视物流技术进步，让现代仓储配送业更加智慧。政府顺势而为，围绕构建智慧物流的3个体系，即智慧思维（大数据运筹、云计算、人工智能等）、智慧执行系统（无人机、无人车、无人仓等硬件以及传导系统、感知系统等物联网和互联网类软件）以及共享服务（众包物流、众配等）和共享设施设备，引导企业创新创造。

（五）引导并大力支持仓储配送企业进行供应链模式建构与创新，支持仓储配送企业融入工商企业供应链管理之中，协助工商企业全方位管理库存，从而提高规模效益、节约物流成本。争取引导1～2个仓配企业进入国家供应链试点企业名录。

（六）践行绿色发展理念，在仓储配送行业绿色发展方面进行研究，特别是在电商蓬勃发展的趋势下，组织专家智库对区域快递碳排放、碳足迹的测算和全链条碳排放等方面进行研究。同时按照《全国仓储配送与包装绿色发展指引》的要求，落实相关工作。

查永红

从企业到产业，从一体化到一体化开放

——京东物流2017年发展报告

经过十几年自建物流体系，京东物流在仓储建设、配送服务能力、智能化应用及智慧供应链运营等方面都取得了丰硕成果。为更好地向全社会输出京东物流的专业能力，帮助产业链上下游的合作伙伴降低供应链成本，提升流通效率，共同打造极致的客户体验，京东于2017年4月25日正式组建京东物流子集团，以品牌化运营的方式全面对社会开放，为商家提供线上线下、多平台、全渠道、全生命周期、全供应链一体化的服务。

2017年是京东物流飞速发展的一年，在仓储设施建设、智慧物流、开放创新等方面取得了很大的进展和突破，正逐步完成由企业到产业、由一体化到一体化开放的服务转变。

一、仓储智能化水平成为业内标杆

京东物流是全球唯一拥有中小件、大件、冷链、B2B、跨境及众包六大物流网络的企业。截至2017年底，京东物流在全国范围内拥有486个大型物流中心，占地面积约1000万平方米，较上年度增长440万平方米。通过整合专业社会资源，京东物流的服务运营线路已超过611万条，物流服务人员（含众包）超过500万人，物流服务车辆超过25万辆，分布在全国的末端自提及服务中心超过30万个，57%自营订单可在6小时内完成交易，95%可在24小时内完成交易。

京东大件物流在2016年底完成了对中国大陆地区100%个行政区县及近60万个行政村覆盖，同时在广袤的农村地区全部实现了“送装一体服务”。2017年9月，京东物流首次在城市地区大范围推行“送装一体”服务，覆盖北京、天津、上海，杭州、南京、广州、深圳、成都、武汉、西安等十大城市的核心城区，让消费者享受到以大家电为主的大件商品“送货、验机、安装、调试”四位一体服务，大大提升了用户体验。

2017年，京东物流填补了中小件物流网络和大件物流网络全国县级配送区域的空白，两大网络实现了中国大陆地区行政区县的全覆盖。京东物流跨境网络也已全面开放，包含了十余个跨境口岸、110多个海外仓、近千条全球运输链路以及中国全境的配送网络，覆盖全球224个国家（地区）。

京东“亚洲一号”作为业内标杆，2017年建成并投入使用5个“亚洲一号”，使得在全国范围内运营的“亚洲一号”增至13个。以上海“亚洲一号”为例，90%以上的操作已实现自动化，机器人拣货效率比人工拣货提高3～5倍；仓储单位面积坪效提升了5倍；人员投入比例减少了近70%；货损率接近于0。

2017年8月1日，京东物流昆山无人分拣中心正式启用，这也是全球首个正式落成并运营成功的全程无人分拣中心。昆山无人分拣中心的运行，标志着京东物流配送中的分拣环节进入了全场无人化、智能化阶段，代表着京东仓储智能化的又一次加速。该分拣中心最大的特点是从供包到装车全流程无人操作，分拣能力已经达到9000件/小时。据测算，在同等场地规模和分拣货量的前提下，每个场地可以节省人员180人。同时，一线设备的操作效率和运营质量也得到了显著提升，对比传统供包能力，自动供包台的效率最高可达到传统效率的4倍多。2017年10月，京东全球首个顶配奢侈品仓正式启用，顶尖材料构建商品适宜保存环境，博物馆级别安保措施全面保证安全，专门生产流程确保商品快速出仓。

二、大数据推动智慧物流体系全面升级

随着京东在各地物流项目的投入不断加大，京东在库管理的SKU数量已经超过500万个，全球除了京东之外只有亚马逊能够做到。亚马逊物流的做法是自建仓储中心，配送交给联邦快递等成熟的快递公司，而京东选择的是仓配一体，将每个物品都有组织、有管理、有序地流动起来，形成一条为产业服务的完整数据链和供应链，实现全面的智慧物流升级。

京东物流大数据在仓储配送相关方面的应用，主要体现在智能建站、仓储布局、拣货路径优化、智能排产、路网规划等环节。**一是智能建站。**在选择新建配送站的地址时，京东“智能建站”系统可以进行大数据决策，其中包含综合评价、成本最优、站点数量最少等模型，帮助选择最佳建站位置，更好地保证时效服务。**二是智能仓储布局。**随着京东SKU和仓库面积的不断增长，有关联性销售的商品如果分别放在不同区域的仓库，订单生产成本就会提高。因此，京东大数据通过对未来商品销量进行预测，基于亿级订单的商品关联度，通过应用遗传算法，研发出了一套科学的库房布局，商品放在哪个仓库及仓库的哪个位置，都是靠大数据来确定的。**三是智能路径优化。**通过应用大

数据进行系统研发，已经让京东仓库里的拣货员平均每天少走15公里。**四是智能排产**。通过大数据预测订单来调度每一个生产岗位配备人员的数量，形成智能调度数据，实现从订单进入仓库、货送到客户手里等全程的系统管理。**五是智能路网规划**。在配送员取件后，系统会根据取件时间进行路网规划，制定出最优的路由路径，并按照最优路径进行实效考核。一旦某环节发生延误，路由会自动调整，在下一个环节寻找到最近的班次，重新规划最优路径。

通过京东物流的智慧分仓布局，顺势推出了“京准达”服务并在2017年不断升级，在“快”和“准”的双重标准上创新性地再度树立了行业标杆。目前，“京准达”服务已全面升级，不仅将预约送达时间由2小时缩短至30分钟，覆盖范围也拓展到259个城市，包括北京在内的19个城市可精确到30分钟内。此外，2017年6月，京东物流推出专属定制化高端配送服务——京尊达，提供专人、专车、专线的顶级配送服务。

三、构建一体化开放共享新生态

将京东物流的仓储物流能力、系统能力以及大数据分析能力一体化开放给社会，是京东一直以来坚持的发展理念与创新方向。在京东物流独立运营后，来自第三方的订单占比有明显的提升，2017年京东“双11全球好物节”期间，京东物流开放订单同比增长200%，在“双11”大促的巨大的挑战下，京东物流85%的订单实现了当天出库，雀巢、格力、OPPO、蓝月亮等品牌商一致给予肯定。京东物流计划在五年内让来自于对外开放给第三方商家的订单数量要占到所有订单量的一半以上。

此外，京东跨境网络也已全面开放，为商家提供一站式跨境供应链服务，目前京东跨境物流的时效已经处于行业领先水平，国内一、二线城市100%可以实现当日达或次日达，最快履约1.5小时。在军民融合领域，依靠全国最大B2C电商平台和京东智慧物流体系，京东着眼于为军方提供“采购+物流”的一体化解决方案，更好地服务军民融合发展的国家战略。

京东物流除了传统的物流配送之外，还通过大数据和技术创新，不断完善供应链的各项产品和服务，为合作伙伴创造更大的价值。

一是京东云仓。京东云仓是京东物流推出的仓储服务模式，通过与符合京东物流服务要求的三方仓储资源商强强联手，输出京东强大的库内管理系统和库内操作标准，以更多的仓储资源选择，为商家提供一体化的物流解决方案。其中，产地仓项目是京东物流服务区域优势产业，在当地合作建设垂直品类仓，与前端业务互联互通的创新运营模式。2017年5月，首个产地仓项目在江苏南通开仓，商家可以就近送货入仓，缩短了商品周转周期，大大降低了运输仓配成本。京东物流未来计划以南通仓为中心，打通家纺自营和 POP 商家库存，实现 VMI，并在南通设立 TC 转运中心，实现以南通为中心铺货全国的模式，解决商家供应链及库存周转问题。

二是物流云。物流云就是基于云计算、大数据、物联网、人工智能等先进信息技术，结合物流行业服务特性设计研发的“物流 + 互联网 + 大数据”的一体化生态平台，将过去 10 年在物流行业的技术云端化，提供一个全链条的产品供商家使用，实现统一库存、统一配送，全程监管，全程溯源等功能，全面向合作伙伴输出。

三是供应链服务。京东物流通过提供线上线下、多平台、全渠道、全生命周期的供应链一体化物流解决方案，帮助合作伙伴将产地仓和销地仓全方位整合，实现全渠道共享，缩短到货时间，降低整个行业的物流成本。合作商家采用京东物流供应链一体化服务后，库存周转天数平均缩短 8 天，发货时效平均缩短 2 天，销售额平均增长 87%，客户满意度平均提升 113%。以沃尔玛为例，沃尔玛与京东到家合作后，分拣效率提升了 3 倍，原来需要 45 分钟才能拣货完成，现在已经缩短到每批次订单平均 15 分钟。为更好地服务于产业链、价值链，京东物流进一步整合中、后台的商流、物流和信息流，以生产计划为驱动打通生产和零售的供应链全链条，带动原材料供应链管理到智能生产再到零售端的全流程优化，通过这些优化为企业创造更多的利润，提高业务处理弹性和抗风险能力。

2017 年下半年，京东集团董事局主席兼首席执行官刘强东提出第四次零售革命理念，物流作为零售重要的基础设施之一，身处零售变革浪潮之中必将随之创新变革。京东物流提出以“3S”——短链（Short - chain）、智慧（Smartness）、共生（Symbiosis）为特征的新一代物流的发展方向，倡导与客户共生、与行业合作伙伴共生，以及与环境共生，共同推动整个行业、社会共同进步。

京东物流的愿景是，成为最值得信赖的智慧供应链合作伙伴。未来 5 年，京东物流还将把物流中心的面积扩大至超过 5000 万平方米，建设跨区航空物流网络，将现有冷库面积扩大 15 倍，运营超过 20 个自营海外仓并覆盖包括“一带一路”沿线国家在内的 100 多个国家和地区，B2B 物流网络覆盖超过 300 个城市，与达达的众包网络深度协同，形成全国最大的同城配送网络。

随着网络布局和建设的不断完善，5 年后京东物流将有望成为中国供应链解决方案和供应链科技领域的领导者，并成为年收入规模过千亿的物流科技服务商。

京东物流公共事务部 朱玉梅

蜂网：基于 S2B2b2C 的智慧供应链平台服务商

一、企业简介

蜂网供应链管理（上海）有限公司（以下简称“蜂网”）是一家基于 S2B2b2C 模式㊀，提供“一体化智慧供应链系统、B2B2b2C 电商平台㊁、统仓共配运营和供应链金融”等综合服务的专业化第四方供应链基础设施服务商。

在物流业、电商及新零售以及“互联网 +”快速发展的大背景下，蜂网以多流合一、无缝链接、开放共享的 SaaS 化智慧供应链云平台为支撑，通过构建经济、高效、协同、开放、共享的全国统仓共配服务体系，服务传统实体流通行业和物流行业，为国内外众多品牌商、渠道商（各级分销商）、零售商、物流商提供顺应市场发展、成本更低、效率更高、业务场景更加科学合理的供应链一体化解决方案。前期，蜂网以常温快消品行业为切入点，后续持续布局生鲜农产品、冷藏冷冻食品、数码家电、家居建材、汽车配件、服装纺织等行业。目前，蜂网已通过自营和加盟合作的方式在芜湖、重庆、深圳、郑州、潍坊等地开展城市统仓共配业务，南阳、贵阳、保定、太原、成都、济南、哈尔滨等城市正筹备中。至此，蜂网华东、西南、华南、华中、华北、东北六大业务区域格局雏形初步形成。

二、初心与愿景

蜂网致力于解决传统分销模式的诸多行业痛点，为品牌商、渠道商（各级分销商）、零售

㊀ S2B2b2C 模式是一种由供应链平台企业联合供货商赋能于分销商，并通过共同服务于零售终端，进而为客户提供服务的全新供应链共享服务模式。“S”代表供应链平台；“B”代表供货商及渠道分销商，“b”代表数百万甚至千万级的零售终端商，“C”代表顾客。该模式是基于信息技术和数据驱动的协同网络，通过价值赋能 B、b 和深度服务 C，形成一个以 S 为基础设施和底层规则的共生共赢、共享协同的供应链生态系统。通过流通领域供应链协同实现资源整合、供应链架构优化重组、需求拉动式生产（柔性供应链），促进供应链各要素的共享和协同、流通成本降低和社会效率提升，推动供给侧结构性改革。

㊁ B2B2b2C 电商平台即蜂网自主研发的能连接商品流通领域全链路、全角色的电商平台，该平台由 B2B 区域订货平台（即“蜂拥”）、B2b 自有订货平台（即“蜂集”）、b2C 微店（即“蜂邻”）三个子系统组成。第一个“B”代表供货商；第二个“B”代表渠道商（各级分销商）；“b”代表零售终端商；“C”代表顾客。

商、物流商等传统流通领域各参与方提供基于 B2B2b2C 的商流一体化解决方案、基于统仓共配的仓配一体化解决方案、基于商流和物流闭环的供应链金融解决方案、基于供应链全链路无缝衔接的 SaaS 化智慧供应链云系统，助力传统制造企业、实体流通企业和物流企业成功转型。

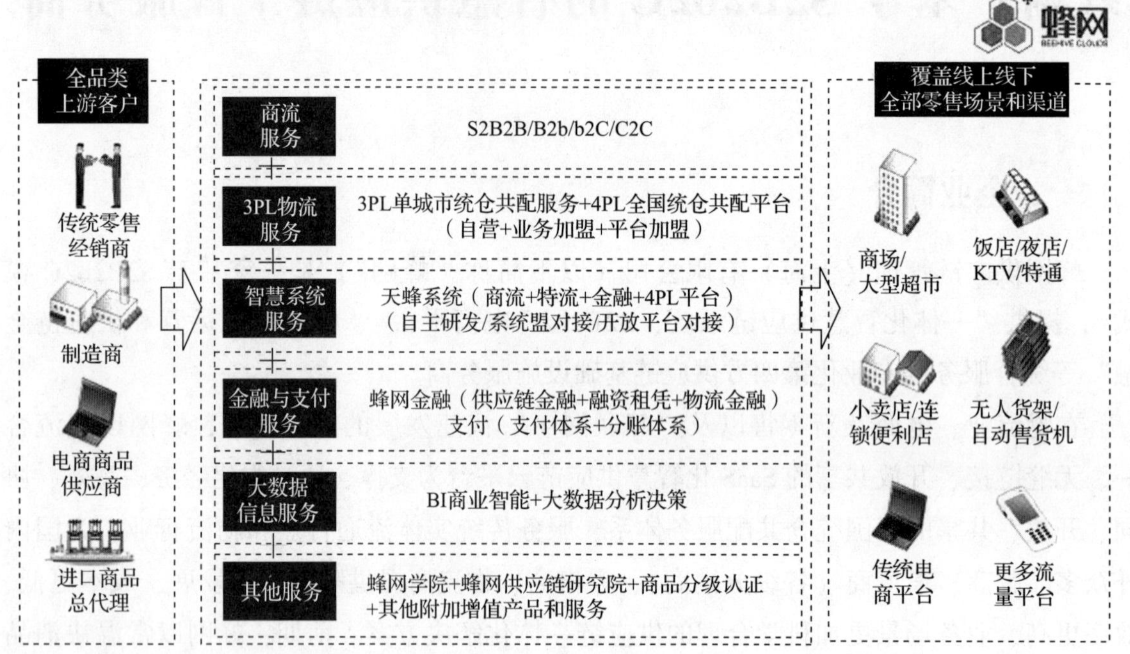

图　蜂网供应链服务场景图

蜂网供应链践行“创新、协调、绿色、开放、共享”的发展理念，通过搭建覆盖单城市[㊀]和全国的统仓共配服务网络及能支持该网络落地的 SaaS 化智慧供应链云平台，助力城乡一体化发展和城市物流基础设施升级，以实际行动降低全社会物流成本，推动供应链组织方式变革，以此促进产业转型升级，切实推动实体流通领域和物流领域供给侧结构性改革。

三、供应链服务体系搭建

（一）基于统仓共配的仓配一体化解决方案

基于 S2B2b2C 服务模式，通过搭建单城市 3PL 城乡统仓共配网络和全国 4PL 物流服务网络，构建服务城市居民生活的物流服务保障体系和服务“品牌商——渠道商——零售终端——消费者”产业供应链全链路的全国 4PL 物流服务保障体系。

通过自营、系统输出、业务加盟、委托管理等多种组合方式，用统一仓储、共同配送的仓配服务模式，吸引多品牌、多货主、全渠道的合作伙伴入驻，搭配 B2B2b 电商平

㊀ 这里的“单城市”是指省、直辖市级以下城市，业务覆盖范围上包括城镇和乡村。

台、供应链金融、车销与访销 APP 等多种服务工具，协助业务伙伴开拓市场，拓展收入增长点、降低物流成本，增强客户黏性，提高资金利用率。

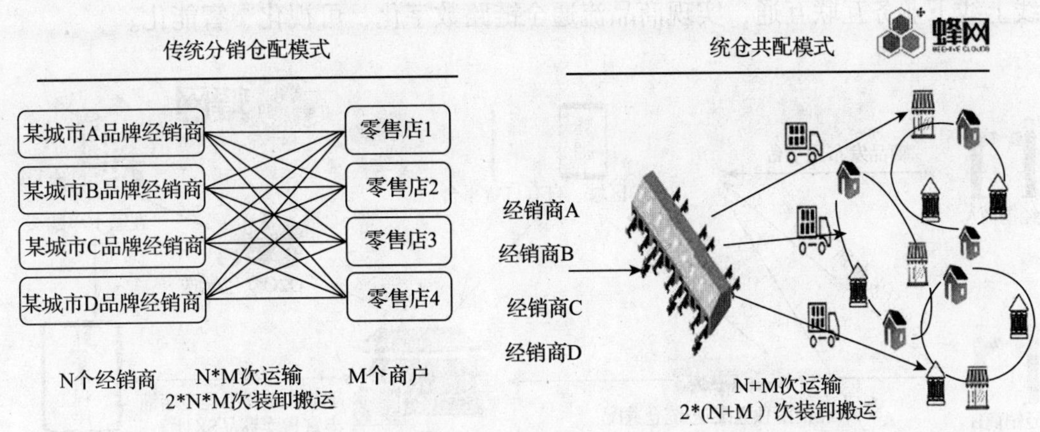

图 单城市传统分销模式与统仓共配模式的仓配服务场景对比图

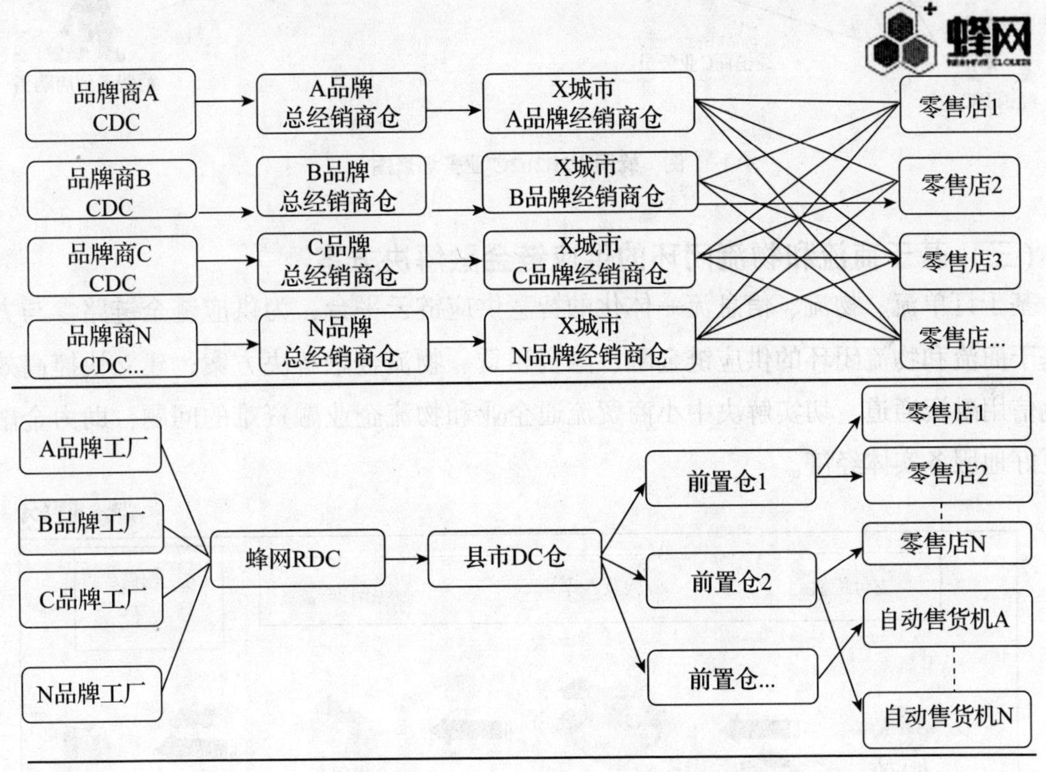

图 品牌商传统分销模式与统仓共配模式的仓配服务场景对比图

（二）基于 B2B2b2C 的商流一体化解决方案

蜂网网上商城是蜂网自主研发的基于 B2B2b2C 模式的一体化系统，包括 B2b 区域订货平台（即“蜂拥”）、B2b 自有订货平台（即“蜂集”）、b2C 微店（即“蜂邻”）三个子系统，使用 PC 端和 APP 端承载。该商城通过 SaaS 架构搭建，能够与各种数据交易平台进行无缝对接，为品牌商、进口商、经销商与零售终端提供海量丰富的商品、品牌促销、商品购买、下单支付、物流等一条龙服务，满足批发、零售等个性化、多样化的服务需求，助力线上线下业务互联互通，实现商品流通全链路数字化、可视化、智能化。

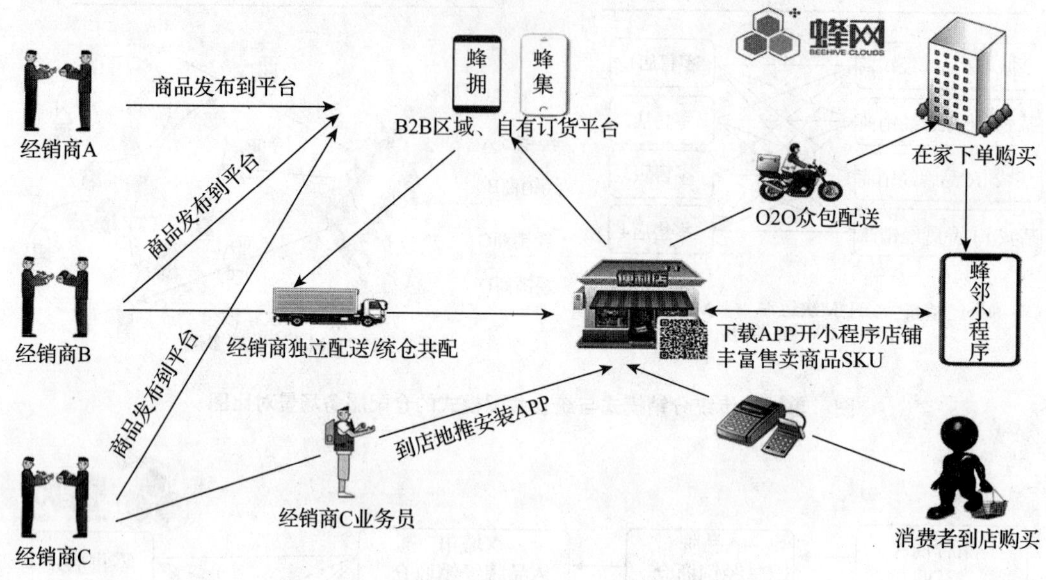

图 蜂网 B2B2b2C 业务场景图

（三）基于商流和物流闭环的供应链金融解决方案

基于订单流、物流、信息流一体化的智慧供应链云平台，为供应链全链路参与方提供基于商流和物流闭环的供应链金融、融资租赁、物流金融解决方案，建立快捷高效的绿色信用融资通道，切实解决中小商贸流通企业和物流企业融资难的问题，助力金融资本更好地服务实体经济。

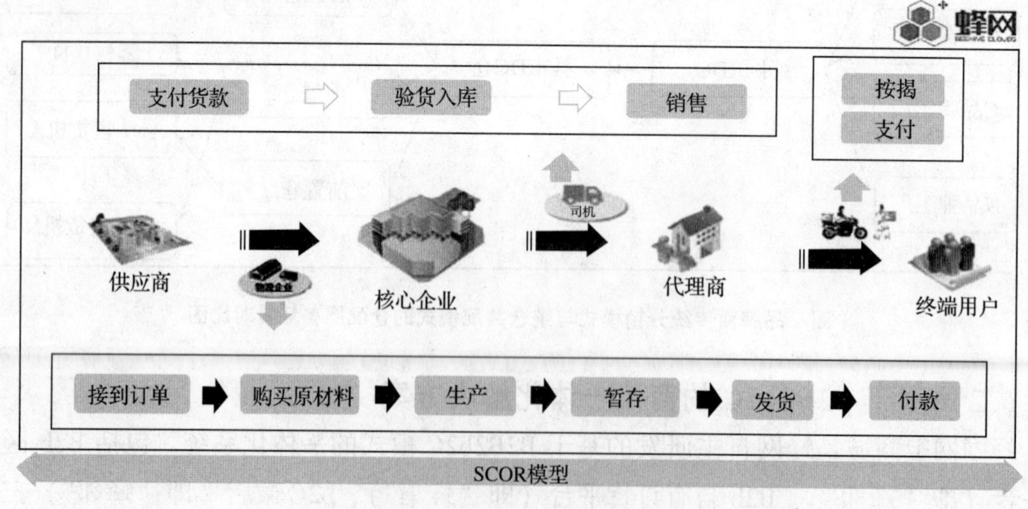

图 蜂网供应链金融流程监控图

（四）全链路无缝链接的智慧供应链系统解决方案

2018年1月，集200余位系统规划设计、研发人员历时10个月40多万个工时精诚打造的天蜂系统V1.0已上线，历经1个月自营仓内测后于2月份正式商用。该版本是多流合一、无缝对接的集成系统，系统为经销商、零售商提供B2B2b的供应链管理系统（SCM），为物流商提供一体化的仓储和配送管理系统（WMS + TMS），并无缝对接网上商城、访销及车销、业务与运营支撑系统（BOSS）、支付等系统，真正做到商品流、订单流、物流、信息流、资金流、客户流全流程打通。

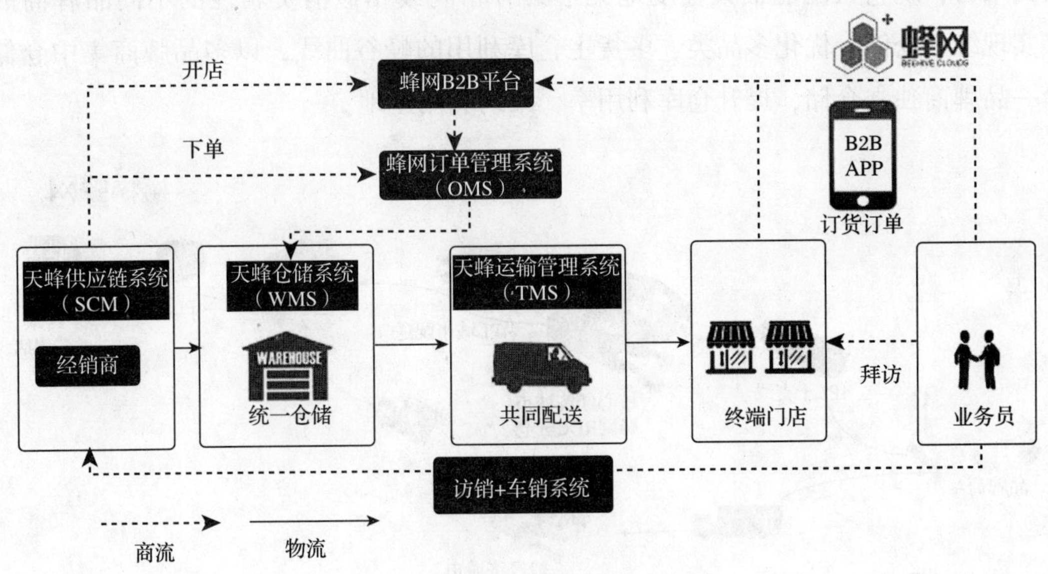

图　蜂网智慧供应链云平台场景图

目前，蜂网正在开发供应链金融、零担干支线运输管理、4PL服务交易平台等系统，并在开放平台与上下游系统对接，最终实现产业供应链全链路信息互联、数据互通、业务共赢。

四、社会效益

基于S2B2b2C的统仓共配物流服务模式不仅能有效直接实现降本增效、节能减排，也能通过产业供应链变革间接推动供给侧结构性改革，推动城市绿色化、智慧化建设。

（一）降本增效，节能减排

统仓共配模式能将单个品牌商、经销商分散的、孤立的仓配服务整合成基于统仓共配模式的集成化物流服务，有效提高仓储和配送效率，减少装卸和搬运的次数，降低货物损耗，从整体上降低物流总成本，从而实现降本增效、节能减排的目标，促进绿色城市建设。

1. 集中统一仓储，集约、节约利用土地资源

蜂网统仓模式可整合优化单一品牌商的纵向供应链和多个品牌商协作的横向供应链，重构消费品领域仓储体系。从纵向来看，统仓共配模式能最大程度地减少单个品牌商品在各级分销商的在不同仓库之间占用和流转，减少库存，以多分销商、多货主、多品类集中仓储取代单一分销商、单一货主的独立仓储，降低仓库占用，节约利用土地。从横向来看，统仓共配能最大程度地集中具有相同或相似消费属性的不同品牌商的商品，实现统一仓储，优化多品类、多货主仓库利用的峰谷曲线，以多品牌商集中仓储取代单一品牌商独立仓储，提升仓库利用率，集约利用土地。

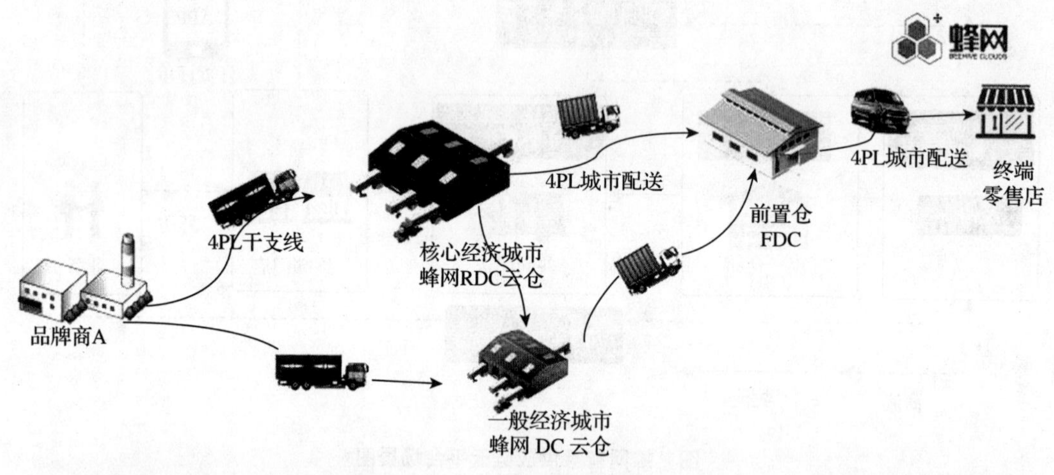

图　蜂网统仓模式业务场景图

根据已采用蜂网统仓共配模式的某城市数据测算，仅在该城市“城市渠道商－零售商”统仓环节，有效节约仓库面积30%以上。若综合考虑多品牌商全国范围的横向优化和全流通环节的纵向优化，预计统仓共配模式能有效节约仓库面积70%以上。

2. 城乡共同配送，降低能耗促进节能减排

共同配送模式致力于将多个分销商的独立配送整合为统一配送，通过对所有分销商的配送网点地址、配送频次、配送时效、配送商品特性、订单数量等因素的智能分析，确定合理的配送车辆数量和型号，制定最优的配送路径，减少重复配送里程和车辆数量，提高车辆装载率，提升配送效率，降低车用能源损耗，促进节能减排。

传统分销模式，独立仓配	统仓共配模式，集中仓配
• N个经销商	• N个经销商
• M个网点/商户	• M个网点/商户
• N个仓库	• 1个或几个仓库
• N*M次运输	• X次共同配送（X远小于N*M）
• N*M*2次装卸搬运	• 2X次装卸搬运

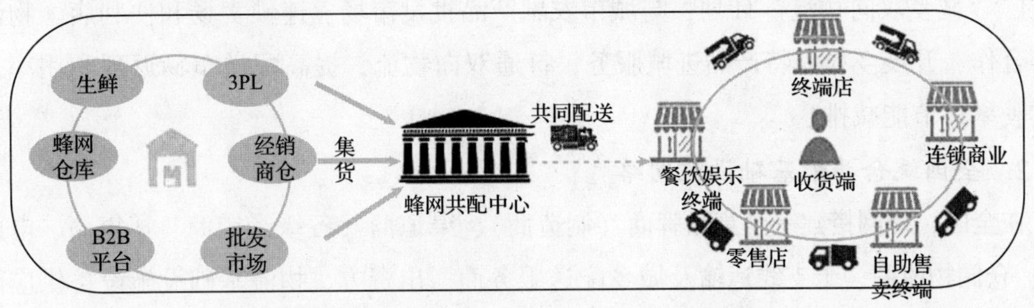

图　蜂网单城市统仓共配模式业务场景图

以某三线城市（2017 年快消品零售额为 140 亿元）为例，实现“渠道商－零售商”环节的共同配送后，保守估算，快消品物流成本占销售额的比例由原来的 5% 下降至 3%，为全社会减少配送车辆 2613 辆，节约能耗 1176 万升，年减少碳排放 7372 吨。单城市统仓共配与分散配送相比，车用能源消耗降幅达 48%，年节约物流费用 2.8 亿元。

（二）整合优化城市物流基础设施网络

蜂网通过整合合规合标的仓库、改造升级闲置及老旧仓库和厂房、托管高空置率的物流园区以及在供需矛盾突出的区域新建园区等方式，搭建单城市 3PL 城乡统仓共配物流体系和全国 4PL 物流服务体系，建设经济、高效、协同、开放、共享的全国统仓共配服务网络，缓解城市仓储设施供需矛盾，协助当地政府逐步优化和完善城市物流基础设施网络。

1. 单城市物流基础设施网络

在单城市，蜂网通过寻找合作伙伴和自营的模式，构建由城市一级经销商、二级经销商、零售终端商、仓储服务商、城市配送物流商等多方参与，以中心仓（城市中心仓、县域中心仓）和前置仓（城区前置仓和县域前置仓）两级架构为核心的城乡统仓共配基础设施服务网络，服务城市末端零售终端，继而促进城市仓配等物流基础设施优化。

统仓共配模式还能推动城乡双向物流发展，助力乡村物流设施整合。以快消品为主的居民生活消费品分销商和农业生产资料分销商是工业品下乡的主要承载主体，蜂网 4PL 开放平台吸引城乡各类物流服务商、经销商、零售商入驻，整合乡村销售终端（小卖铺、农家店、便民店等）、快递网点、电商服务站、邮政场所、交通客货运站、农资服务站等资源，通过系统对接，实现信息互联互通和业务联动，整合优化乡村各类物流基础设施，提升设施利用率，促进集约、集聚发展。

蜂网统仓共配模式通过服务县域快消品经销商分销网络，深入服务其所辖乡镇零售终端，通过为几百万家乡镇“小卖铺”提供共同配送服务形成了工业品下乡的城乡共同配送体系。未来，工业品下乡的配送品类将逐步拓展到所有生活消费品及农业生产资料领域。在搭建工业品下乡的城乡共同配送体系后，为扶持乡村经济发展，蜂网计划开展并推广“城乡双向物流”计划，与城市农副产品批发市场、连锁卖场和便利店、物流中心等合作，开展乡村农特产品进城服务，打通双向物流，提高配送车辆返程利用率，降低空驶率，节能减排。

2. 全国统仓共配基础设施网络

在全国，蜂网搭建一个集品牌商（制造商）、渠道商（各级经销商、零售商、电商平台）、仓储物流商、干支线运输及城乡配送服务商、出资方、物流基础设施设备供应商等多方参与的全国4PL仓配物流服务网络。在SaaS化智慧供应链云系统的支撑下，以单城市为节点，以点串线，以线带面，形成一个横向覆盖全国2000多个城市、纵向深入居民消费品领域重点企业供应链全链路的4PL仓配物流服务体系，协助品牌商低成本、高效地搭建全国仓配网络；协助单城市业务伙伴便捷、高效地拓展全国业务，继而推动仓储设施群、干支线运输及配送资源、货源在全国范围内整合；促进物流领域供给侧结构性改革，切实实现资源集约节约，降本增效，助力城乡物流基础设施整合和升级。

（三）助力供给侧结构性改革，推进产业供应链变革

蜂网模式将城市内小规模、零散化的仓配需求进行有效整合，推动仓配需求由分散在城市各处的独立仓储、独立配送转化至集中仓储、统一配送的物流园区或配送中心，推动资源集约化和产业集聚化发展。同时，有效地将物流功能从商贸流通企业核心功能中剥离，有助于城市商贸流通领域和物流领域的产业结构优化和重组。

蜂网SaaS化智慧供应链云平台（天蜂系统）能实现从品牌商（制造商）直到消费终端的数据共享，通过与国内部分快消品的品牌商合作，为品牌商提供一整套系统的供应链解决方案，助力品牌商掌控消费终端数据，把握终端需求动向，促进制造商由“生产驱动”向“消费驱动”的订单拉动型产业组织方式变革，以促使其根据市场需求安排生产，优化产品结构，合理安排产量降低库存，制定区域性、差异化的市场布局和策略。

（四）利益本地化，本地特产卖向全国

相比于目前行业内主流的直营B2B模式，蜂网基于开放、协同和共享原则的平台模式能够更好地帮助当地政府，扶持当地商贸、零售、物流等企业的本地化发展，为当地

政府带来GDP、税收的保护和增长。同时，蜂网通过SaaS化智慧供应链云平台、基于第四方的共享和协同原则，将所有服务城市连接融合，实现城市内本地特产以更低的成本、更高的效率卖向全国。

（五）助力打造新零售时代下的智慧城市

蜂网通过对日用百货、生鲜果蔬、医药医疗、服装纺织、数码家电、汽车配件等多个行业进行整合、优化和升级，借助适应全行业、全渠道、多角色、全链路的SaaS化智慧供应链云平台，以及区块链、大数据、人工智能、物联网、云计算等技术手段，打造新零售时代下的智慧城市。

1. 大数据助力城市精准决策

智慧供应链云平台BI商业智能及大数据分析功能，助力城市精准分析消费群体的区域分布、消费品类、流量和流向、配送时效要求，科学分析城市分拨中心及前置仓的位置、精准预测仓库规模、配送路径，助力政府精准规划物流园区、城市配送设施等物流基础设施，精准优化城市配送交通组织，精准管理城市配送车辆，精准制定商贸流通和物流等相关领域政策。

2. 智慧化、自动化物流装备助力智慧物流基地建设

蜂网将自动化、智慧化系统与智能设施设备深度融合，综合运用物联网、大数据等技术，改变传统物流园区单层仓库、传统机械化仓储作业、传统公路港货代信息部等业态，从智能存储、智能分拣、智能配送、智慧园区、智慧车货仓撮合交易平台等多方面打造智慧物流基地，从而全面提升物流效率，建设智慧物流基地。

五、案例实践

蜂网自2017年6月在某城市开展统仓共配业务，经过两个月的筹备，8月底自营仓开仓运营，现已运营9个多月。目前，该城市已有24个入仓客户（其中15个一级经销商，9个二级经销商），涉及酒水、饮料、米面粮油、调味品、日化等100多个品牌的3000多个SKU，年出库总货值为5亿元，占城区快消品份额的4.3%。共同配送范围覆盖整个城区，覆盖餐饮、休闲娱乐场所、大型超市、便利店、农贸市场、夫妻店、学校食堂、自助售货机等3000多个终端渠道。预计到2018年底，服务的总货值将超过20亿元，占城区快消品的比重达20%左右，管理SKU超万个，实现城区八大终端渠道[㊀]5000

㊀ 八大终端渠道：现代渠道、传统渠道、教育渠道、休闲娱乐渠道、酒店餐饮渠道、批发商渠道、交通运输渠道、无人售卖渠道。

余个零售终端的配送全覆盖。

（一）已实现的业务场景

目前，该仓已实现如下业务场景：

1. 已搭建完成“1个自营中心仓+1个加盟中心仓+1个托管仓（前置仓）的”仓储网络体系，该城市仓网架构初步形成。

2. 由多货主独立仓储、分散管理转变为蜂网统一仓储、集中管理，实现多品牌、多货主统一仓储。

3. 由各货主独立配送、终端重叠转变为整合终端、优化路径的集中配送，实现多货主、多品牌、全渠道共同配送。

4. 某品牌上下游客户（一级经销商和二级经销商）共用同一仓。

5. 该城市休闲娱乐场所渠道占80%以上市场份额的两个啤酒品牌，由蜂网按特定时间完成配送。

（二）经济和社会效益

1. 集约利用仓库、节约仓租：统一仓储解决不同经销商受销售波峰波谷影响而造成的仓库面积空置；大面积整租议价能力提升，降低了仓租单价。

2. 减少重复路径、降低配送成本：直接减少重叠终端路径；整合、减少配送车辆，提升车辆利用率。

3. 减少冗员，降低员工成本：仓库管理人员集约利用；配送人员集约利用；标准、规范化管理直接提升从业人员技能。

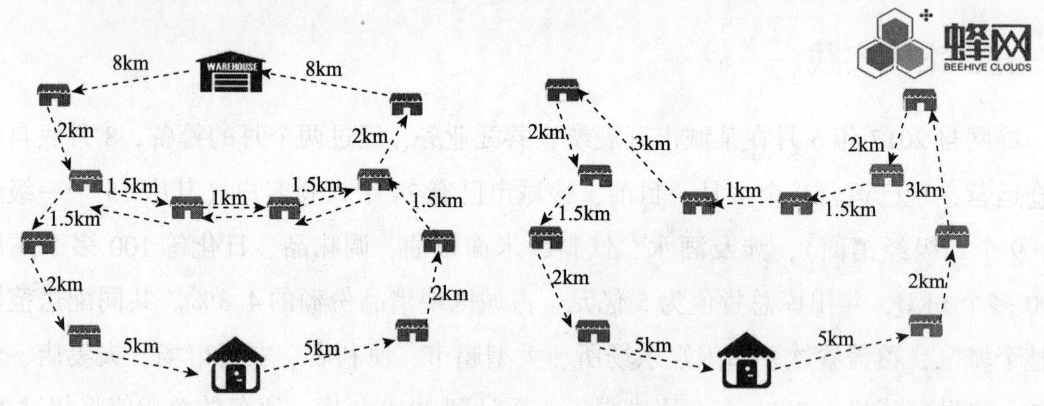

图　蜂网自营仓统仓共配后某配送车的行驶路径对比图（以某两个经销商某车货为例）

表　某两个经销商某一车货统仓共配前后对比表

	统仓共配前	统仓共配后	对比
仓数（个）	2	1	缩减50%

（续）

	统仓共配前	统仓共配后	对比
仓面积（平方米）	2000	1400	降低 30%
仓利用率（%）	80%	100%	提升 20%
配送网点数（个）	14	10	减少 29%
配送车辆（个）	2	1	减少 50%
配送里程（公里）	45	28	减少 38%

4. 优化供应链全链路、直接减少物流环节：上下游客户共用同一仓库，直接仓库不需要短倒、库内作业和配送，在库内实现货权转移，直接省掉两次装卸搬运和一次配送作业，优化供应链链路，直接降低物流成本；同时，下游经销商无需长时间压货，减少资金占用，提高资金周转效率。

蜂网供应链管理（上海）有限公司　解决方案部　常朝晖
市场部　贺　岩

以担保存货管理为核心的全产业链服务解决方案

——全国担保存货管理公共信息平台：基于存货全生命周期管理的统一仓单管理和仓单融资体系

一、全国担保存货管理公共信息平台的基础服务

（一）平台的发起及定位

全国担保存货管理公共信息平台（以下简称“平台”）由中国仓储与配送协会监制，按照国家标准《担保存货第三方管理规范》的要求，运用互联网及大数据等技术手段，对担保存货相关信息进行动态的、持续的、统一的记录与展示，为供应链管理提供全过程的风控辅助方案。服务对象主要为贷款人、担保存货第三方管理企业、借款人等。

平台的定位是“基于存货全生命周期管理的统一仓单管理和仓单融资体系”，通过提取产业中存货、仓单、运单等信息对接到人行征信中心动产融资统一登记系统。平台网址：www. 全国担保存货管理公共信息平台 . com。

（二）平台的基本功能介绍

全国担保存货管理公共信息平台共有 5 个操作模块（借款人远程协同、仓储管理、

担保存货管理、现货仓单管理、担保存货与现货仓单大数据管理）、1个查询模块（担保存货与现货仓单大数据查询）、1个信息浏览模块（担保存货第三方管理企业资质评价）、2个对接模块（动产融资、物联网监控）。通过上述功能的互联互通，对担保存货相关信息进行动态的、持续的、统一的记录与展示，打造基于存货全生命周期管理的统一仓单管理和仓单融资体系，为供应链管理提供全过程的风控辅助方案；并通过提取产业中担保存货、现货仓单等信息对接到人行征信中心动产融资统一登记公示系统。

（三）平台的最新改版内容

平台在改版过程中最大的创新就是“担保存货管理”模块。根据国家标准《担保存货第三方管理规范》中对“监管”“监控”业务的定义，改版后的“担保存货管理”将操作平台划分为“仓单监管业务平台”“存货监管业务平台”“监控业务平台”，担保存货第三方管理企业可根据业务模式选择相应的功能进行操作并实现监管、监控项目进度可视化；同时辅以“物联网监控”模块，与市面上大部分物联网厂商软、硬件进行集成、对接，在线实时查看物联网设备数据，实现监管货物与监管环境的动态监测。

存货监管业务平台界面图：

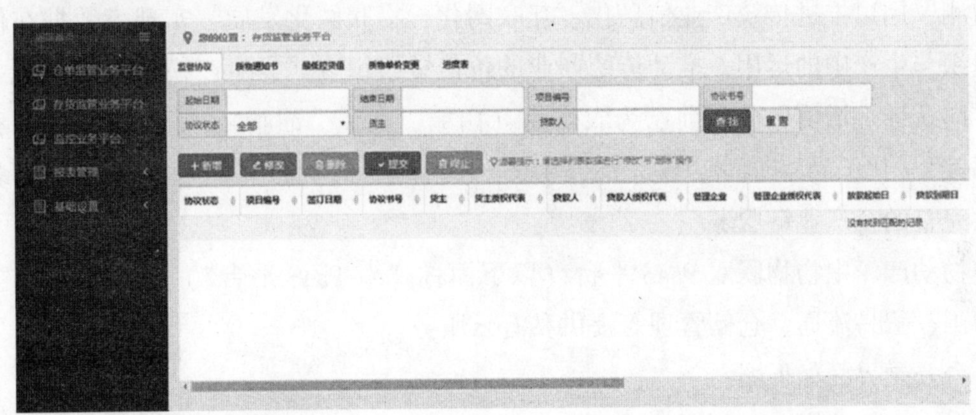

仓单监管业务平台界面图：

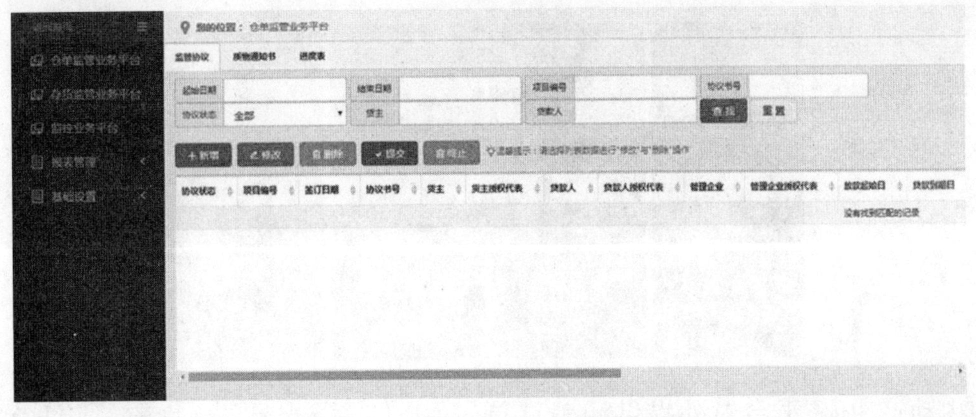

监控业务平台界面图：

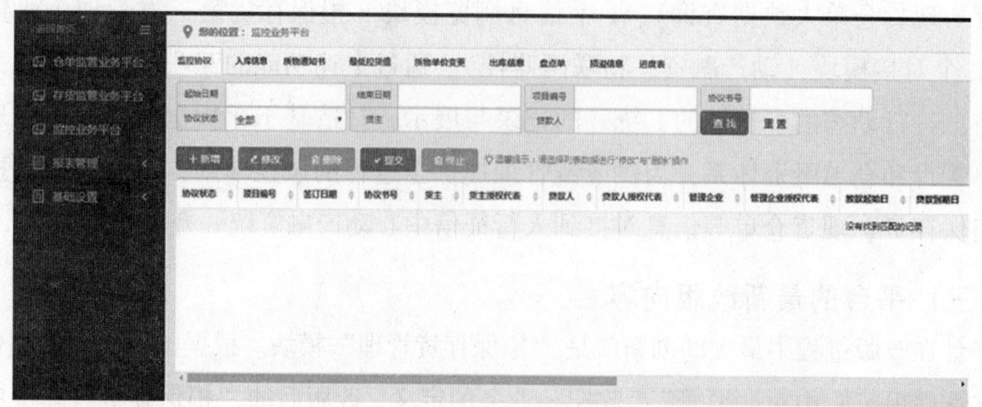

二、全国担保存货管理公共信息平台的增值服务：全产业链私有云服务

平台为大宗商品产业链上的各参与企业提供涵盖订单——仓储——交易——物流——结算——支付——融资增值服务，具体表现为为大宗商品产业链提供全生命周期的现货仓单管理及产业基金服务。增值服务旨在实现存货全生命周期管理的动产监管、动态监测，用以推进传统产业信息化、互联网化、物联网化发展，实现大数据在传统产业中组织与生产中的运用，推动传统产业的价值链组织方式、生产模式向信息化、智能化的方向跃迁。增值服务目前已为农产品（白糖、大豆、油脂）、工业品（铁矿石、焦煤、铝锭）、化工品（原油、成品油、甲醇、塑料）、消费品（白酒、冻品）等多个产业提供完整的全产业链服务。

中物动产 + 中物物联双 PaaS 平台（以下简称“双 PaaS 平台”）立足于产业链中的生产加工、贸易流通、仓储管理等提供私有云服务。

平台登录界面如下图：

中物动产 PaaS 平台对外提供涵盖订单——仓储——交易——物流——结算——支

付——融资的现货仓单管理及产业基金服务，实现存货全生命周期管理的动产监管、动态监测。用以推进传统产业信息化、互联网化、物联网化发展，实现大数据在传统产业中组织与生产中的运用，推动传统产业的价值链组织方式、生产模式向信息化、智能化的方向跃迁。

中物物联 PaaS 平台以物联网传感技术为核心，通过全产业链中各种信息的透彻感知、度量、泛在接入、互联、智能分析和共享，借助与订单——仓储——交易——物流——结算——支付——融资各 SaaS 应用系统的协同联动，提供一条全产业链物联网服务，为各个领域的应用和服务提供有效支撑，构建产业集群的物联网生态圈。通过对动产进行动态监测，实时监控的管理，为生态圈提供全过程的动产管理及动产金融服务。

双 PaaS 平台采用当前国际上最先进的物联网通讯技术，如：低功耗广域物联网 LPWAN（Low Power Wide Area Network）通信技术中的 NB－IoT（Narrow Band Internet of Things）及 LoRa（Long Range），以及 Sigfox/Emtc/Esim 等窄带物联网通信技术，专为低带宽、低功耗、远距离、大连接的物联网应用而设计。

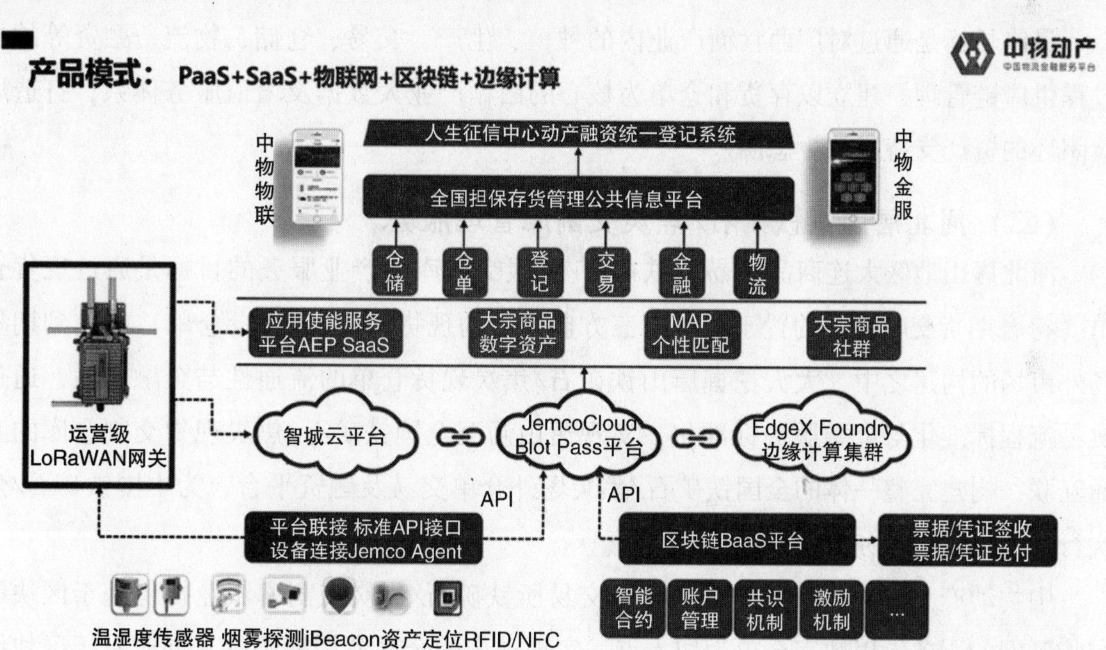

双 PaaS 平台目前已为农产品（白糖、大豆、油脂）、工业品（铁矿石、焦煤、铝锭）、化工品（原油、成品油、甲醇、塑料）、消费品（白酒、冻品）等多个产业提供完整的全产业链服务。

三、服务案例

（一）郑州商品交易所白糖交割库管理

我国糖业目前存在粗放生产和人口红利消失，以及机械化、自动化程度低等问题，这导致各环节成本居高不下，产品及企业普遍存在标准化程度低、成本高、低利润、融资难等痛点。广西是中国第一大蔗糖产区，全国每年60%以上的国产白糖供应来自这里。

广西食糖产业的核心企业主要从事白糖行业仓储管理和贸易服务，其在广西省内共有5个大型白糖仓储园区，白糖储量占广西省70%，占全国30%，这里也是国储糖和郑商所交割糖的主要仓储地。

依托于自身仓储资源和广西白糖产业资源进行产业转型升级，中物动产提供了基于存货全生命周期管理为基础的动产金融基础设施，包括：动产管理+物联网+动产金融的PaaS/SaaS平台的部署及“全国担保存货管理公共信息平台”，同时依托其现有的仓库网点部署物联网终端设备，将形成全国范围内的，以白糖产业集群为基础的动产信息大数据、现货仓单统一管理体系、现货、仓单融资的一体化运行体系，以及配套以白糖产业相关的行业规范制定及实施等的标准化服务体系。

最终目标是通过对广西食糖产业内的种植、生产、交易、仓储、物流、融资等的全过程供应链管理，建立以存货和仓单为核心的白糖产业大数据及增值服务体系，打造风险闭环的资产支持贷款生态圈。

（二）河北唐山港铁矿石/焦炭交割库管理服务

河北唐山地区大连商品交易所铁矿石/焦炭交割库的产业服务的目标是通过现货仓单（符合期货交收标准的置于合格第三方监管下的现货铁矿石/焦炭仓单）纳入到期货场外市场的构建之中，大大挖掘唐山铁矿石/焦炭现货仓单的流通性与金融属性，通过贸易流程标准化与金融服务标准化，实现唐山乃至全国铁矿石/焦炭现货交割仓库的互通互联，构建完整一体的全国铁矿石/焦炭场外仓单交易及融资平台，为中国铁矿石/焦炭行业的供应链服务实现整体转型升级。

中物动产为河北唐山地区大连商品交易所铁矿石/焦炭交割库产业提供基于区块链与物联网的服务，以数字仓单为切入点，实现动产的全生命周期管理，同时基于区块链实现仓单的数字化，增强动产的可信度，提高动产的融资能力。通过期货服务实体经济的场景化现货金融服务平台，最终形成并建立以存货/仓单为核心的动产大数据信用体系。

四、中物动产信息服务股份有限公司介绍

（一）公司简介

中物动产信息服务股份有限公司（以下简称“中物动产”）成立于2014年7月，是

一家是由中国物流与采购联合会、中国仓储与配送协会等共同参股的、以存货全生命周期管理为核心的、基于大宗商品物权溯源和仓单管理的产业服务平台。

中物动产自创立之初，即与商务部、人民银行、银监会、北京市商务委员会、中国仓储与配送协会、中国物流与采购联合会、中国银行业协会等部门共同筹划并共建动产金融基础服务设施；全程参与了动产金融国家标准《担保存货第三方管理规范》制定和实施，同步开发并运营了国标的配套系统“全国担保存货管理公共信息平台”。该平台将存货/仓单大数据通过该平台对接到中国人民银行征信中心动产融资统一登记系统，以促进我国动产融资的持续健康发展。

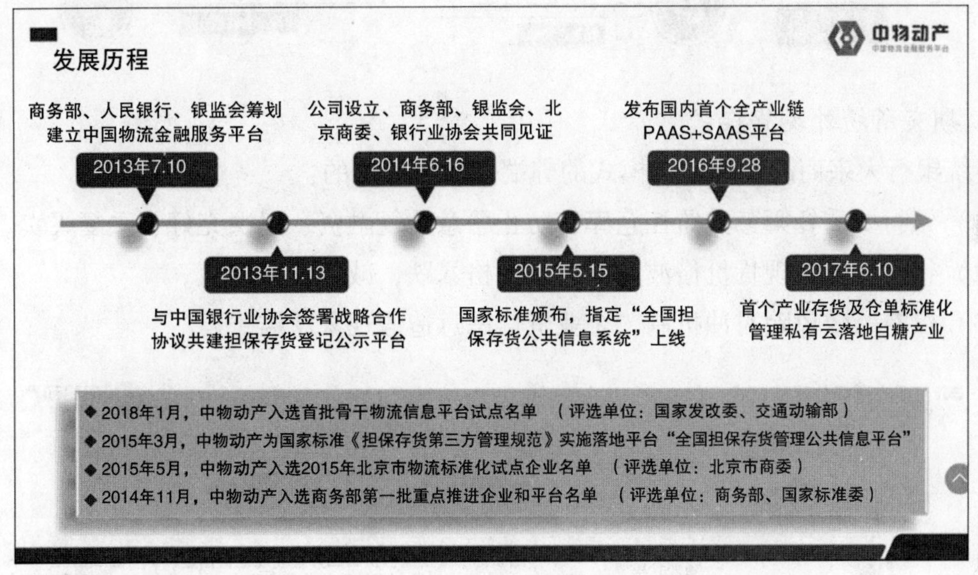

（二）主要业务模式

1. 制造型产业园区模式

传统制造业的趋势是调整产业结构，尤其是重化工产值在产业结构中占比过高的情况，大力发展现代生产性服务业，传统制造业可以有足够空间进行转型升级。在发达国家，服务业占 GDP 比重超过了 70%，其中生产性服务业又占服务业的 70%，由此可见，生产性服务业已经占发达国家 GDP 的一半左右。这个现代生产性服务业，是我们主要服务的目标领域。

该业务模式的主要服务对象是供应链管理公司，服务方式是提供两大基础设施服务：物权溯源和仓单管理。这两项基础设施服务经过平台的标准化整合，可以为所有供应链管理公司提供通用的标准的服务。业务模式如下图：

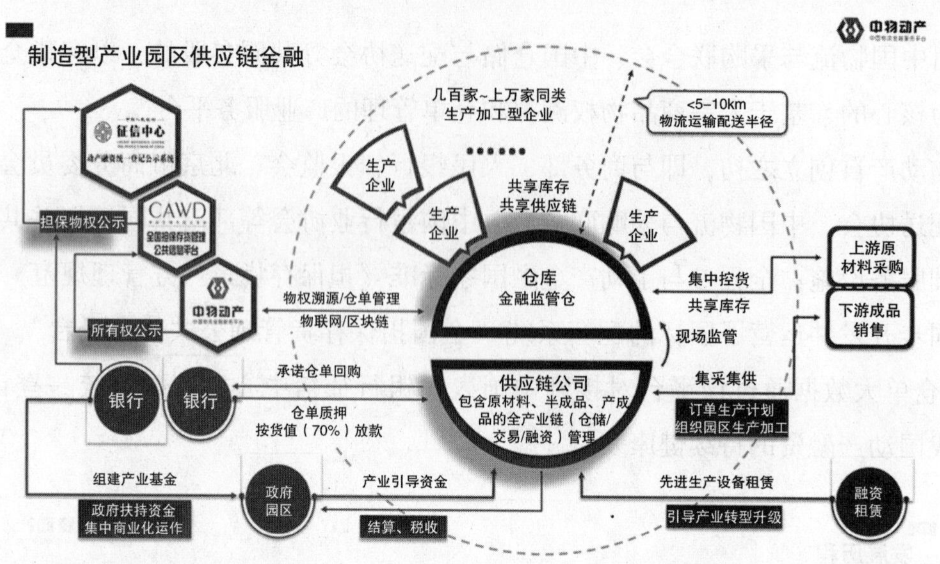

2. 期交所场外现货模式

传统银行大宗商品现货融资模式的弊端是显而易见的：

（1）银行要委托第三方监控仓库，防止恶意重复融资、以次充好、重复买卖。

（2）银行要监督现货价格波动，防止价格暴跌，减记货物价值。

（3）没有有效风险对冲机制，企业资信恶意造假现象泛滥。

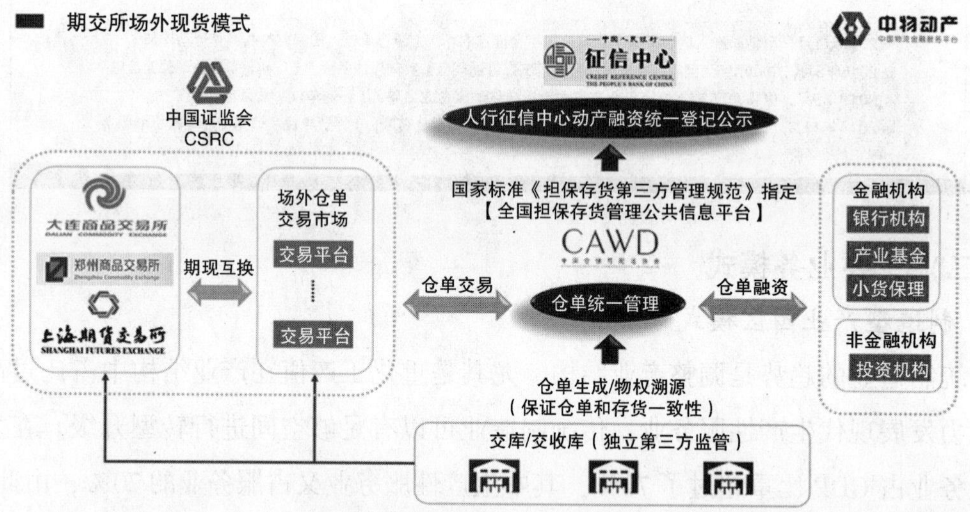

基于三大期货交易所的场外仓单融资模式的创新在于：

（1）锁定价格风险（通过场外策略组合）。

（2）监管场外仓单（委托第三方监管及物流外包）。

（3）统一管理发票（集中发票开具及收取）。

（4）保障仓单变现（通过场外交易平台）。

中物动产信息服务股份有限公司

行 业 政 策

国务院办公厅关于加快发展冷链物流保障食品安全促进消费升级的意见

国办发〔2017〕29号

各省、自治区、直辖市人民政府，国务院各部委、各直属机构：

随着我国经济社会发展和人民群众生活水平不断提高，冷链物流需求日趋旺盛，市场规模不断扩大，冷链物流行业实现了较快发展。但由于起步较晚、基础薄弱，冷链物流行业还存在标准体系不完善、基础设施相对落后、专业化水平不高、有效监管不足等问题。为推动冷链物流行业健康规范发展，保障生鲜农产品和食品消费安全，根据食品安全法、农产品质量安全法和《物流业发展中长期规划（2014 — 2020年）》等，经国务院同意，提出以下意见。

一、总体要求

（一）指导思想

全面贯彻党的十八大和十八届三中、四中、五中、六中全会精神，深入贯彻习近平总书记系列重要讲话精神，认真落实党中央、国务院决策部署，紧紧围绕统筹推进“五位一体”总体布局和协调推进“四个全面”战略布局，牢固树立和贯彻落实创新、协调、绿色、开放、共享的发展理念，深入推进供给侧结构性改革，充分发挥市场在资源配置中的决定性作用，以体制机制创新为动力，以先进技术和管理手段应用为支撑，以规范有效监管为保障，着力构建符合我国国情的“全链条、网络化、严标准、可追溯、新模式、高效率”的现代化冷链物流体系，满足居民消费升级需要，促进农民增收，保障食品消费安全。

（二）基本原则

市场为主，政府引导。强化企业市场主体地位，激发市场活力和企业创新动力。发挥政府部门在规划、标准、政策等方面的引导、扶持和监管作用，为冷链物流行业发展创造良好环境。

问题导向，补齐短板。聚焦农产品产地“最先一公里”和城市配送“最后一公里”等突出问题，抓两头、带中间，因地制宜、分类指导，形成贯通一、二、三产业的冷链物流产业体系。

创新驱动，提高效率。大力推广现代冷链物流理念，深入推进大众创业、万众创新，鼓励企业利用现代信息手段，创新经营模式，发展供应链等新型产业组织形态，全面提高冷链物流行业运行效率和服务水平。

完善标准，规范发展。加快完善冷链物流标准和服务规范体系，制修订一批冷链物流强制性标准。加强守信联合激励和失信联合惩戒，推动企业优胜劣汰，促进行业健康有序发展。

（三）发展目标

到2020年，初步形成布局合理、覆盖广泛、衔接顺畅的冷链基础设施网络，基本建立“全程温控、标准健全、绿色安全、应用广泛”的冷链物流服务体系，培育一批具有核心竞争力、综合服务能力强的冷链物流企业，冷链物流信息化、标准化水平大幅提升，普遍实现冷链服务全程可视、可追溯，生鲜农产品和易腐食品冷链流通率、冷藏运输率显著提高，腐损率明显降低，食品质量安全得到有效保障。

二、健全冷链物流标准和服务规范体系

按照科学合理、便于操作的原则系统梳理和修订完善现行冷链物流各类标准，加强不同标准间以及与国际标准的衔接，科学确定冷藏温度带标准，形成覆盖全链条的冷链物流技术标准和温度控制要求。依据食品安全法、农产品质量安全法和标准化法，率先研究制定对鲜肉、水产品、乳及乳制品、冷冻食品等易腐食品温度控制的强制性标准并尽快实施。（国家卫生计生委、食品药品监管总局、农业部、国家标准委、国家发展改革委、商务部、国家邮政局负责）积极发挥行业协会和骨干龙头企业作用，大力发展团体标准，并将部分具有推广价值的标准上升为国家或行业标准。鼓励大型商贸流通、农产品加工等企业制定高于国家和行业标准的企业标准。（国家标准委、商务部、国家发展改革委、国家卫生计生委、工业和信息化部、国家邮政局负责）研究发布冷藏运输车辆温度监测装置技术标准和检验方法，在相关国家标准修订中明确冷藏运输车辆温度监测装置要求，为冷藏运输车辆的温度监测性能评测和检验提供依据。（工业和信息化部、交通运输部负责）针对重要管理环节研究建立冷链物流服务管理规范。建立冷链物流全程温度记录制度，相关记录保存时间要超过产品保质期六个月以上。（食品药品监管总局、国家卫生计生委、农业部负责）组织开展冷链物流企业标准化示范工程，加强冷链物流标准宣传和推广实施。（国家标准委、相关行业协会负责）

三、完善冷链物流基础设施网络

加强对冷链物流基础设施建设的统筹规划，逐步构建覆盖全国主要产地和消费地的冷链物流基础设施网络。鼓励农产品产地和部分田头市场建设规模适度的预冷、贮藏保鲜等初加工冷链设施，加强先进冷链设备应用，加快补齐农产品产地“最先一公里”短板。鼓励全国性、区域性农产品批发市场建设冷藏冷冻、流通加工冷链设施。在重要物流节点和大中型城市改造升级或适度新建一批冷链物流园区，推动冷链物流行业集聚发展。加强面向城市消费的低温加工处理中心和冷链配送设施建设，发展城市“最后一公里”低温配送。健全冷链物流标准化设施设备和监控设施体系，鼓励适应市场需求的冷藏库、产地冷库、流通型冷库建设，推广应用多温层冷藏车等设施设备。鼓励大型食品生产经营企业和连锁经营企业建设完善停靠接卸冷链设施，鼓励商场超市等零售终端网点配备冷链设备，推广使用冷藏箱等便利化、标准化冷链运输单元。（国家发展改革委、财政部、商务部、交通运输部、农业部、食品药品监管总局、国家邮政局、国家标准委按职责分工负责）

四、鼓励冷链物流企业经营创新

大力推广先进的冷链物流理念与技术，加快培育一批技术先进、运作规范、核心竞争力强的专业化规模化冷链物流企业。鼓励有条件的冷链物流企业与农产品生产、加工、流通企业加强基础设施、生产能力、设计研发等方面的资源共享，优化冷链流通组织，推动冷链物流服务由基础服务向增值服务延伸。（国家发展改革委、交通运输部、农业部、商务部、国家邮政局负责）鼓励连锁经营企业、大型批发企业和冷链物流企业利用自有设施提供社会化的冷链物流服务，开展冷链共同配送、“生鲜电商＋冷链宅配”“中央厨房＋食材冷链配送”等经营模式创新，完善相关技术、标准和设施，提高城市冷链配送集约化、现代化水平。（国家发展改革委、商务部、食品药品监管总局、国家邮政局、国家标准委负责）鼓励冷链物流平台企业充分发挥资源整合优势，与小微企业、农业合作社等深度合作，为小型市场主体创业创新创造条件。（国家发展改革委、商务部、供销合作总社负责）充分发挥铁路长距离、大规模运输和航空快捷运输的优势，与公路冷链物流形成互补协同的发展格局。积极支持中欧班列开展国际冷链运输业务。（相关省级人民政府，国家铁路局、中国民航局、中国铁路总公司负责）

五、提升冷链物流信息化水平

鼓励企业加强卫星定位、物联网、移动互联等先进信息技术应用，按照规范化标准化要求配备车辆定位跟踪以及全程温度自动监测、记录和控制系统，积极使用仓储管理、运输管理、订单管理等信息化管理系统，按照冷链物流全程温控和高时效性要求，整合各作业环节。鼓励相关企业建立冷链物流数据信息收集、处理和发布系统，逐步实现冷链物流全过程的信息化、数据化、透明化、可视化，加强对冷链物流大数据的分析和利用。大力发展“互联网+”冷链物流，整合产品、冷库、冷藏运输车辆等资源，构建“产品+冷链设施+服务”信息平台，实现市场需求和冷链资源之间的高效匹配对接，提高冷链资源综合利用率。推动构建全国性、区域性冷链物流公共信息服务和质量安全追溯平台，并逐步与国家交通运输物流公共信息平台对接，促进区域间、政企间、企业间的数据交换和信息共享。（国家发展改革委、交通运输部、商务部、农业部、工业和信息化部负责）

六、加快冷链物流技术装备创新和应用

加强生鲜农产品、易腐食品物流品质劣变和腐损的生物学原理及其与物流环境之间耦合效应等基础性研究，夯实冷链物流发展的科技基础。鼓励企业向国际低能耗标准看齐，利用绿色、环境友好的自然工质，使用安全环保节能的制冷剂和制冷工艺，发展新型蓄冷材料，采用先进的节能和蓄能设备。（科技部、工业和信息化部负责）加大科技创新力度，加强对延缓产品品质劣变和减少腐损的核心技术工艺、绿色防腐技术与产品、新型保鲜减震包装材料、移动式等新型分级预冷装置、多温区陈列销售设备、大容量冷却冷冻机械、节能环保多温层冷链运输工具等的自主研发。（科技部负责）冷链物流企业要从正规厂商采购或租赁标准化、专业化的设施设备和运输工具。加速淘汰不规范、高能耗的冷库和冷藏运输车辆，取缔非法改装的冷藏运输车辆。鼓励第三方认证机构从运行状况、能效水平、绿色环保等方面对冷链物流设施设备开展认证。结合冷链物流行业发展趋势，积极推动冷链物流设施和技术装备标准化，提高冷藏运输车辆专业化、轻量化水平，推广标准冷藏集装箱，促进冷链物流各作业环节以及不同交通方式间的有序衔接。（交通运输部、商务部、工业和信息化部、中国民航局、国家铁路局、国家邮政局、中国铁路总公司按职责分工负责）

七、加大行业监管力度

有关部门要依据相关法律法规、强制性标准和操作规范，健全冷链物流监管体系，在生产和贮藏环节重点监督保质期、温度控制等，在销售终端重点监督冷藏、冷冻设施和贮存温度控制等，探索建立对运输环节制冷和温控记录设备合规合法使用的监管机制，将从源头至终端的冷链物流全链条纳入监管范围。加强对冷链各环节温控记录和产品品质的监督和不定期抽查。（食品药品监管总局、质检总局、交通运输部、农业部负责）研究将配备温度监测装置作为冷藏运输车辆出厂的强制性要求，在车辆进入营运市场、年度审验等环节加强监督管理。（工业和信息化部、交通运输部按职责分工负责）充分发挥行业协会、第三方征信机构和各类现有信息平台的作用，完善冷链物流企业服务评价和信用评价体系，并研究将全程温控情况等技术性指标纳入信用评价体系。各有关部门要根据监管职责建立冷链物流企业信用记录，并加强信用信息共享和应用，将企业信用信息归集至全国信用信息共享平台，通过“信用中国”网站和国家企业信用信息公示系统依法向社会及时公开。探索对严重违法失信企业开展联合惩戒。（国家发展改革委、交通运输部、商务部、民政部、食品药品监管总局、质检总局、工商总局、国家邮政局等按职责分工负责）

八、创新管理体制机制

国务院各有关部门要系统梳理冷链物流领域相关管理规定和政策法规，按照简政放权、放管结合、优化服务的要求，在确保行业有序发展、市场规范运行的基础上，进一步简化冷链物流企业设立和开展业务的行政审批事项办理程序，加快推行“五证合一、一照一码”“先照后证”和承诺制，加快实现不同区域、不同领域之间管理规定的协调统一，加快建设开放统一的全国性冷链物流市场。地方各级人民政府要加强组织领导，强化部门间信息互通和协同联动，统筹抓好涉及本区域的相关管理规定清理等工作。结合冷链产品特点，积极推进国际贸易“单一窗口”建设，优化查验流程，提高通关效率。利用信息化手段完善现有监管方式，发挥大数据在冷链物流监管体系建设运行中的作用，通过数据收集、分析和管理完善事中事后监管。（各省级人民政府，国家发展改革委、交通运输部、公安部、商务部、食品药品监管总局、国家卫生计生委、工商总局、海关总署、质检总局、国家邮政局、中国民航局、国家铁路局按职责分工负责）

九、完善政策支持体系

要加强调查研究和政策协调衔接，加大对冷链物流理念和重要性的宣传力度，提高公众对全程冷链生鲜农产品质量的认知度。（国家发展改革委、农业部、商务部、食品药品监管总局、国家卫生计生委负责）拓宽冷链物流企业的投融资渠道，引导金融机构对符合条件的冷链物流企业加大投融资支持，创新配套金融服务。（人民银行、银监会、证监会、保监会、国家开发银行负责）大中型城市要根据冷链物流等设施的用地需求，分级做好物流基础设施的布局规划，并与城市总体规划、土地利用总体规划做好衔接。永久性农产品产地预冷设施用地按建设用地管理，在用地安排上给予积极支持。（国土资源部、住房城乡建设部负责）针对制约冷链物流行业发展的突出短板，探索鼓励社会资本通过设立产业发展基金等多种方式参与投资建设。（国家发展改革委、商务部、农业部负责）冷链物流企业用水、用电、用气价格与工业同价。（国家发展改革委负责）加强城市配送冷藏运输车辆的标识管理。（交通运输部、商务部负责）指导完善和优化城市配送冷藏运输车辆的通行和停靠管理措施。（公安部、交通运输部、商务部负责）继续执行鲜活农产品“绿色通道”政策。（交通运输部、国家发展改革委负责）对技术先进、管理规范、运行高效的冷链物流园区优先考虑列入示范物流园区，发挥示范引领作用。（国家发展改革委、国土资源部、住房城乡建设部负责）加强冷链物流人才培养，支持高等学校设置冷链物流相关专业和课程，发展职业教育和继续教育，形成多层次的教育、培训体系。（教育部负责）

十、加强组织领导

各地区、各有关部门要充分认识冷链物流对保障食品质量安全、促进农民增收、推动相关产业发展、促进居民消费升级的重要作用，加强对冷链物流行业的指导、管理和服务，把推动冷链物流行业发展作为稳增长、促消费、惠民生的一项重要工作抓紧抓好。国家发展改革委要会同有关部门建立工作协调机制，及时研究解决冷链物流发展中的突出矛盾和重大问题，加强业务指导和督促检查，确保各项政策措施的贯彻落实。

国务院办公厅

2017 年 4 月 13 日

国务院办公厅关于进一步推进物流降本增效促进实体经济发展的意见

国办发〔2017〕73号

各省、自治区、直辖市人民政府，国务院各部委、各直属机构：

物流业贯穿一二三产业，衔接生产与消费，涉及领域广、发展潜力大、带动作用强。推动物流降本增效对促进产业结构调整和区域协调发展、培育经济发展新动能、提升国民经济整体运行效率具有重要意义。按照党中央、国务院关于深入推进供给侧结构性改革、降低实体经济企业成本的决策部署，为进一步推进物流降本增效，着力营造物流业良好发展环境，提升物流业发展水平，促进实体经济健康发展，经国务院同意，现提出以下意见：

一、深化“放管服”改革，激发物流运营主体活力

（一）优化道路运输通行管理。2017年年内实现跨省大件运输并联许可全国联网，由起运地省份统一受理，沿途省份限时并联审批，一地办证、全线通行。参照国际规则，优化部分低危气体道路运输管理，促进安全便利运输。（交通运输部负责）完善城市配送车辆通行管理政策，统筹优化交通安全和通行管控措施。鼓励商贸、物流企业协同开展共同配送、夜间配送。（公安部、交通运输部、商务部负责）

（二）规范公路货运执法行为。推动依托公路超限检测站，由交通部门公路管理机构负责监督消除违法行为、公安交管部门单独实施处罚记分的治超联合执法模式常态化、制度化，避免重复罚款，并尽快制定可操作的实施方案，在全国范围内强化督促落实。原则上所有对货车超限超载违法行为的现场检查处罚一律引导至经省级人民政府批准设立的公路超限检测站进行，货车应主动配合进站接受检查。各地公路超限检测站设置要科学合理，符合治理工作实际。（交通运输部、公安部、各省级人民政府负责）公路货运罚款按照国库集中收缴制度的有关规定缴入国库，落实罚缴分离。（财政部会同交通运输部、公安部负责）依据法律法规，抓紧制定公路货运处罚事项清单，明确处罚

标准并向社会公布。严格落实重点货运源头监管、“一超四罚”依法追责、高速公路入口称重劝返等措施。严格货运车辆执法程序，执法人员现场执法时须持合法证件和执法监督设备。（交通运输部、公安部、各省级人民政府按职责分工负责）完善公路货运执法财政经费保障机制。（财政部会同交通运输部、公安部、各省级人民政府负责）完善全国公路执法监督举报平台，畅通投诉举报渠道。（交通运输部、公安部负责）

（三）完善道路货运证照考核和车辆相关检验检测制度。进一步完善道路货运驾驶员从业资格与信用管理制度，运用信息化手段推进违法失信计分与处理，积极推进年审结果签注网上办理和网上查询，在部分省份探索实行车辆道路运输证异地年审。（交通运输部负责）2017 年年内将货运车辆年检（安全技术检验）和年审（综合性能检测）依据法律法规进行合并，并允许普通道路货运车辆异地办理，减轻检验检测费用负担。（交通运输部、公安部会同质检总局负责）

（四）精简快递企业分支机构、末端网点备案手续。指导地方开展快递领域工商登记“一照多址”改革。（工商总局、国家邮政局负责）进一步简化快递企业设立分支机构备案手续，完善末端网点备案制度。严格落实快递业务员职业技能确认与快递业务经营许可脱钩政策。（国家邮政局负责）

（五）深化货运通关改革。2017 年年内实现全国通关一体化，将货物通关时间压缩三分之一。加快制定和推广国际贸易“单一窗口”标准版，实现一点接入、共享共用、免费申报。（海关总署、质检总局、公安部、交通运输部负责）

二、加大降税清费力度，切实减轻企业负担

（六）完善物流领域相关税收政策。结合增值税立法，统筹研究统一物流各环节增值税税率。加大工作力度，2017 年年内完善交通运输业个体纳税人异地代开增值税发票管理制度。全面落实物流企业大宗商品仓储设施用地城镇土地使用税减半征收优惠政策。（财政部、税务总局负责）

（七）科学合理确定车辆通行收费水平。选择部分高速公路开展分时段差异化收费试点。省级人民政府可根据本地区实际，对使用电子不停车收费系统（ETC）非现金支付卡并符合相关要求的货运车辆给予适当通行费优惠。严格做好甘肃、青海、内蒙古、宁夏四省（区）取消政府还贷二级公路收费工作。落实好鲜活农产品运输“绿色通道”政策。（交通运输部、国家发展改革委、各省级人民政府负责）

（八）做好收费公路通行费营改增相关工作。2017 年年内出台完善收费公路通行费营改增工作实施方案，年底前建成全国统一的收费公路通行费发票服务平台，完成

部、省两级高速公路联网收费系统改造，推进税务系统与公路收费系统对接，依托平台开具高速公路通行费增值税电子发票。（交通运输部、税务总局、财政部负责）

（九）加强物流领域收费清理。开展物流领域收费专项检查，着力解决“乱收费、乱罚款”等问题。（国家发展改革委、交通运输部负责）全面严格落实取消营运车辆二级维护强制性检测政策。（交通运输部负责）完善港口服务价格形成机制，改革拖轮计费方式，修订发布《港口收费计费办法》。（交通运输部、国家发展改革委负责）清理规范铁路运输企业收取的杂费、专用线代运营代维护费用、企业自备车检修费用等，以及地方政府附加收费、专用线产权或经营单位收费、与铁路运输密切相关的短驳等两端收费。（国家铁路局、中国铁路总公司、各省级人民政府负责）

三、加强重点领域和薄弱环节建设，提升物流综合服务能力

（十）加强对物流发展的规划和用地支持。研究制定指导意见，进一步发挥城乡规划对物流业发展的支持和保障作用。（住房城乡建设部负责）在土地利用总体规划、城市总体规划中综合考虑物流发展用地，统筹安排物流及配套公共服务设施用地选址和布局，在综合交通枢纽、产业集聚区等物流集散地布局和完善一批物流园区、配送中心等，确保规划和物流用地落实，禁止随意变更。对纳入国家和省级示范的物流园区新增物流仓储用地给予重点保障。鼓励通过“先租后让”“租让结合”等多种方式向物流企业供应土地。对利用工业企业旧厂房、仓库和存量土地资源建设物流设施或提供物流服务，涉及原划拨土地使用权转让或租赁的，经批准可采取协议方式办理土地有偿使用手续。各地要研究建立重点物流基础设施建设用地审批绿色通道，提高审批效率。（各省级人民政府、国土资源部、住房城乡建设部负责）

（十一）布局和完善一批国家级物流枢纽。加强与交通基础设施配套衔接的物流基础设施建设。结合编制国家级物流枢纽布局和建设规划，布局和完善一批具有多式联运功能、支撑保障区域和产业经济发展的综合物流枢纽，并在规划和用地上给予重点保障。（国家发展改革委、交通运输部、住房城乡建设部、国土资源部负责）

（十二）加强重要节点集疏运设施建设。统筹考虑安全监管要求，加强铁路、公路、水运、民航、邮政等基础设施建设衔接。统筹利用车购税等相关资金支持港口集疏运铁路、公路建设，畅通港站枢纽“微循环”。（国家发展改革委、交通运输部、财政部、中国民航局、国家铁路局、国家邮政局、中国铁路总公司按职责分工负责）

（十三）提升铁路物流服务水平。着力推进铁路货运市场化改革，发挥铁路长距离干线运输优势，进一步提高铁路货运量占全国货运总量的比重。探索发展高铁快运物

流，支持高铁、快递联动发展。支持铁路运输企业与港口、园区、大型制造企业、物流企业等开展合资合作，按需开行货物列车。加快一级和二级铁路物流基地建设，重点加强进厂、进园、进港铁路专用线建设，推动解决铁路运输“最后一公里”问题。鼓励企业自备载运工具的共管共用，提高企业自备载运工具的运用效率。大力推进物联网、无线射频识别（RFID）等信息技术在铁路物流服务中的应用。（中国铁路总公司、交通运输部、国家铁路局、国家邮政局负责）

（十四）推动多式联运、甩挂运输发展取得突破。做好第二批多式联运示范工作，大力推广集装箱多式联运，积极发展厢式半挂车多式联运，有序发展驮背运输，力争2017年年内开通驮背多式联运试验线路。大力发展公路甩挂运输。完善铁路货运相关信息系统，以铁水联运、中欧班列为重点，加强多式联运信息交换。（交通运输部、国家发展改革委、国家铁路局、中国铁路总公司负责）

（十五）完善城乡物流网络节点。支持地方建设城市共同配送中心、智能快件箱、智能信包箱等，缓解通行压力，提高配送效率。加强配送车辆停靠作业管理，结合实际设置专用临时停车位等停靠作业区域。加强交通运输、商贸流通、供销、邮政等相关单位物流资源与电商、快递等企业的物流服务网络和设施共享衔接，逐步完善县乡村三级物流节点基础设施网络，鼓励多站合一、资源共享。加强物流渠道的安全监管能力建设，实现对寄递物流活动全过程跟踪和实时查询。（商务部、交通运输部、公安部、国家邮政局、供销合作总社、各省级人民政府按职责分工负责）

（十六）拓展物流企业融资渠道。支持符合条件的国有企业、金融机构、大型物流企业集团等设立现代物流产业发展投资基金，按照市场化原则运作，加强重要节点物流基础设施建设，支持应用新技术新模式的轻资产物流企业发展。（国家发展改革委、财政部、国务院国资委负责）鼓励银行业金融机构开发支持物流业发展的供应链金融产品和融资服务方案，通过完善供应链信息系统研发，实现对供应链上下游客户的内外部信用评级、综合金融服务、系统性风险管理。支持银行依法探索扩大与物流公司的电子化系统合作。（国家发展改革委、银监会、人民银行、商务部负责）

四、加快推进物流仓储信息化标准化智能化，提高运行效率

（十七）推广应用高效便捷物流新模式。依托互联网、大数据、云计算等先进信息技术，大力发展“互联网+”车货匹配、“互联网+”运力优化、“互联网+”运输协同、“互联网+”仓储交易等新业态、新模式。加大政策支持力度，培育一批骨干龙头企业，深入推进无车承运人试点工作，通过搭建互联网平台，创新物流资源配置方

式，扩大资源配置范围，实现货运供需信息实时共享和智能匹配，减少迂回、空驶运输和物流资源闲置。（国家发展改革委、交通运输部、商务部、工业和信息化部负责）

（十八）**开展仓储智能化试点示范**。结合国家智能化仓储物流基地示范工作，推广应用先进信息技术及装备，加快智能化发展步伐，提升仓储、运输、分拣、包装等作业效率和仓储管理水平，降低仓储管理成本。（国家发展改革委、商务部负责）

（十九）**加强物流装载单元化建设**。加强物流标准的配套衔接。推广1200mm×1000mm标准托盘和600mm×400mm包装基础模数，从商贸领域向制造业领域延伸，促进包装箱、托盘、周转箱、集装箱等上下游设施设备的标准化，推动标准装载单元器具的循环共用，做好与相关运输工具的衔接，提升物流效率，降低包装、搬倒等成本。（商务部、工业和信息化部、国家发展改革委、国家邮政局、中国铁路总公司、国家标准委负责）

（二十）**推进物流车辆标准化**。加大车辆运输车治理工作力度，2017 年年内完成60%的不合规车辆运输车更新淘汰。保持治理超限超载运输工作的延续性，合理确定过渡期和实施步骤，适时启动不合规平板半挂车等车型专项治理工作，分阶段有序推进车型替代和分批退出，保护合法运输主体的正当权益，促进道路运输市场公平有序竞争。推广使用中置轴汽车列车等先进车型，促进货运车辆标准化、轻量化。（交通运输部、公安部、工业和信息化部、各省级人民政府负责）

五、深化联动融合，促进产业协同发展

（二十一）**推动物流业与制造业联动发展**。研究制定推进物流业与制造业融合发展的政策措施，大力支持第三方物流发展，对接制造业转型升级需求，提供精细化、专业化物流服务，提高企业运营效率。鼓励大型生产制造企业将自营物流面向社会提供公共物流服务。（国家发展改革委、工业和信息化部、国家邮政局负责）

（二十二）**加强物流核心技术和装备研发**。结合智能制造专项和试点示范项目，推动关键物流技术装备产业化，推广应用智能物流装备。鼓励物流机器人、自动分拣设备等新型装备研发创新和推广应用。（工业和信息化部、国家发展改革委负责）支持具备条件的物流企业申报高新技术企业。（科技部负责）

（二十三）**提升制造业物流管理水平**。建立制造业物流成本核算制度，分行业逐步建立物流成本对标体系，引导企业对物流成本进行精细化管理，提高物流管理水平。（国家发展改革委、工业和信息化部负责）

六、打通信息互联渠道，发挥信息共享效用

（二十四）**加强物流数据开放共享**。推进公路、铁路、航空、水运、邮政及公安、

工商、海关、质检等领域相关物流数据开放共享，向社会公开相关数据资源，依托国家交通运输物流公共信息平台等，为行业企业查询和组织开展物流活动提供便利。结合大数据应用专项，开展物流大数据应用示范，为提升物流资源配置效率提供基础支撑。结合物流园区标准的修订，推动各物流园区之间实现信息联通兼容。（各有关部门按职责分工负责）

（二十五）推动物流活动信息化、数据化。依托部门、行业大数据应用平台，推动跨地区、跨行业物流信息互联共享。推广应用电子运单、电子仓单、电子面单等电子化单证。积极支持基于大数据的运输配载、跟踪监测、库存监控等第三方物流信息平台创新发展。（国家发展改革委、交通运输部会同有关部门负责）

（二十六）建立健全物流行业信用体系。研究制定对运输物流行业严重违法失信市场主体及有关人员实施联合惩戒的合作备忘录，对失信企业在行政审批、资质认定、银行贷款、工程招投标、债券发行等方面依法予以限制，构建守信激励和失信惩戒机制。（国家发展改革委会同相关部门、行业协会负责）

七、推进体制机制改革，营造优良营商环境

（二十七）探索开展物流领域综合改革试点。顺应物流业创新发展趋势，选取部分省市开展物流降本增效综合改革试点，深入推进物流领域大众创业、万众创新，打破地方保护和行业垄断，破除制约物流降本增效和创新发展的体制机制障碍。探索建立物流领域审批事项的“单一窗口”，降低制度性交易成本。强化科技创新、管理创新、机制创新，促进物流新业态、新模式发展，形成可复制、可推广的发展经验。（国家发展改革委、交通运输部会同有关部门负责）

各地区、各有关部门要认真贯彻落实党中央、国务院的决策部署，充分认识物流降本增效对深化供给侧结构性改革、促进实体经济发展的重要意义，加强组织领导，明确任务分工，结合本地区、本部门实际，深入落实本意见和《国务院办公厅关于转发国家发展改革委营造良好市场环境推动交通物流融合发展实施方案的通知》（国办发〔2016〕43号）、《国务院办公厅关于转发国家发展改革委物流业降本增效专项行动方案（2016—2018年）的通知》（国办发〔2016〕69号）明确的各项政策措施，完善相关实施细则，扎实推进工作。要充分发挥全国现代物流工作部际联席会议作用，加强工作指导和督促检查，及时协调解决政策实施中存在的问题，确保各项政策措施的贯彻落实。

国务院办公厅

2017年8月7日

国务院办公厅关于积极推进供应链创新与应用的指导意见

国办发〔2017〕84号

各省、自治区、直辖市人民政府，国务院各部委、各直属机构：

供应链是以客户需求为导向，以提高质量和效率为目标，以整合资源为手段，实现产品设计、采购、生产、销售、服务等全过程高效协同的组织形态。随着信息技术的发展，供应链已发展到与互联网、物联网深度融合的智慧供应链新阶段。为加快供应链创新与应用，促进产业组织方式、商业模式和政府治理方式创新，推进供给侧结构性改革，经国务院同意，现提出以下意见。

一、重要意义

（一）落实新发展理念的重要举措。供应链具有创新、协同、共赢、开放、绿色等特征，推进供应链创新发展，有利于加速产业融合、深化社会分工、提高集成创新能力，有利于建立供应链上下游企业合作共赢的协同发展机制，有利于建立覆盖设计、生产、流通、消费、回收等各环节的绿色产业体系。

（二）供给侧结构性改革的重要抓手。供应链通过资源整合和流程优化，促进产业跨界和协同发展，有利于加强从生产到消费等各环节的有效对接，降低企业经营和交易成本，促进供需精准匹配和产业转型升级，全面提高产品和服务质量。供应链金融的规范发展，有利于拓宽中小微企业的融资渠道，确保资金流向实体经济。

（三）引领全球化提升竞争力的重要载体。推进供应链全球布局，加强与伙伴国家和地区之间的合作共赢，有利于我国企业更深更广融入全球供给体系，推进“一带一路”建设落地，打造全球利益共同体和命运共同体。建立基于供应链的全球贸易新规则，有利于提高我国在全球经济治理中的话语权，保障我国资源能源安全和产业安全。

二、总体要求

（一）指导思想。全面贯彻党的十八大和十八届三中、四中、五中、六中全会精神，深入贯彻习近平总书记系列重要讲话精神和治国理政新理念新思想新战略，认真落实党中央、国务院决策部署，统筹推进“五位一体”总体布局和协调推进“四个全面”战略布局，坚持以人民为中心的发展思想，坚持稳中求进工作总基调，牢固树立和贯彻落实创新、协调、绿色、开放、共享的发展理念，以提高发展质量和效益为中心，以供应链与互联网、物联网深度融合为路径，以信息化、标准化、信用体系建设和人才培养为支撑，创新发展供应链新理念、新技术、新模式，高效整合各类资源和要素，提升产业集成和协同水平，打造大数据支撑、网络化共享、智能化协作的智慧供应链体系，推进供给侧结构性改革，提升我国经济全球竞争力。

（二）发展目标。到2020年，形成一批适合我国国情的供应链发展新技术和新模式，基本形成覆盖我国重点产业的智慧供应链体系。供应链在促进降本增效、供需匹配和产业升级中的作用显著增强，成为供给侧结构性改革的重要支撑。培育100家左右的全球供应链领先企业，重点产业的供应链竞争力进入世界前列，中国成为全球供应链创新与应用的重要中心。

三、重点任务

（一）推进农村一二三产业融合发展

1. 创新农业产业组织体系。鼓励家庭农场、农民合作社、农业产业化龙头企业、农业社会化服务组织等合作建立集农产品生产、加工、流通和服务等于一体的农业供应链体系，发展种养加、产供销、内外贸一体化的现代农业。鼓励承包农户采用土地流转、股份合作、农业生产托管等方式融入农业供应链体系，完善利益联结机制，促进多种形式的农业适度规模经营，把农业生产引入现代农业发展轨道。（农业部、商务部等负责）

2. 提高农业生产科学化水平。推动建设农业供应链信息平台，集成农业生产经营各环节的大数据，共享政策、市场、科技、金融、保险等信息服务，提高农业生产科技化和精准化水平。加强产销衔接，优化种养结构，促进农业生产向消费导向型转变，增加绿色优质农产品供给。鼓励发展农业生产性服务业，开拓农业供应链金融服务，支持订单农户参加农业保险。（农业部、科技部、商务部、银监会、保监会等负责）

3. 提高质量安全追溯能力。加强农产品和食品冷链设施及标准化建设，降低流通成本和损耗。建立基于供应链的重要产品质量安全追溯机制，针对肉类、蔬菜、水产品、中药材等食用农产品，婴幼儿配方食品、肉制品、乳制品、食用植物油、白酒等食品，农药、兽药、饲料、肥料、种子等农业生产资料，将供应链上下游企业全部纳入追溯体系，构建来源可查、去向可追、责任可究的全链条可追溯体系，提高消费安全水平。（商务部、

国家发展改革委、科技部、农业部、质检总局、食品药品监管总局等负责)

(二)促进制造协同化、服务化、智能化

1. 推进供应链协同制造。推动制造企业应用精益供应链等管理技术，完善从研发设计、生产制造到售后服务的全链条供应链体系。推动供应链上下游企业实现协同采购、协同制造、协同物流，促进大中小企业专业化分工协作，快速响应客户需求，缩短生产周期和新品上市时间，降低生产经营和交易成本。(工业和信息化部、国家发展改革委、科技部、商务部等负责)

2. 发展服务型制造。建设一批服务型制造公共服务平台，发展基于供应链的生产性服务业。鼓励相关企业向供应链上游拓展协同研发、众包设计、解决方案等专业服务，向供应链下游延伸远程诊断、维护检修、仓储物流、技术培训、融资租赁、消费信贷等增值服务，推动制造供应链向产业服务供应链转型，提升制造产业价值链。(工业和信息化部、国家发展改革委、科技部、商务部、人民银行、银监会等负责)

3. 促进制造供应链可视化和智能化。推动感知技术在制造供应链关键节点的应用，促进全链条信息共享，实现供应链可视化。推进机械、航空、船舶、汽车、轻工、纺织、食品、电子等行业供应链体系的智能化，加快人机智能交互、工业机器人、智能工厂、智慧物流等技术和装备的应用，提高敏捷制造能力。(工业和信息化部、国家发展改革委、科技部、商务部等负责)

(三)提高流通现代化水平

1. 推动流通创新转型。应用供应链理念和技术，大力发展智慧商店、智慧商圈、智慧物流，提升流通供应链智能化水平。鼓励批发、零售、物流企业整合供应链资源，构建采购、分销、仓储、配送供应链协同平台。鼓励住宿、餐饮、养老、文化、体育、旅游等行业建设供应链综合服务和交易平台，完善供应链体系，提升服务供给质量和效率。(商务部、国家发展改革委、科技部、质检总局等负责)

2. 推进流通与生产深度融合。鼓励流通企业与生产企业合作，建设供应链协同平台，准确及时传导需求信息，实现需求、库存和物流信息的实时共享，引导生产端优化配置生产资源，加速技术和产品创新，按需组织生产，合理安排库存。实施内外销产品“同线同标同质”等一批示范工程，提高供给质量。(商务部、工业和信息化部、农业部、质检总局等负责)

3. 提升供应链服务水平。引导传统流通企业向供应链服务企业转型，大力培育新型供应链服务企业。推动建立供应链综合服务平台，拓展质量管理、追溯服务、金融服务、研发设计等功能，提供采购执行、物流服务、分销执行、融资结算、商检报关等

一体化服务。(商务部、人民银行、银监会等负责)

(四) 积极稳妥发展供应链金融

1. **推动供应链金融服务实体经济**。推动全国和地方信用信息共享平台、商业银行、供应链核心企业等开放共享信息。鼓励商业银行、供应链核心企业等建立供应链金融服务平台,为供应链上下游中小微企业提供高效便捷的融资渠道。鼓励供应链核心企业、金融机构与人民银行征信中心建设的应收账款融资服务平台对接,发展线上应收账款融资等供应链金融模式。(人民银行、国家发展改革委、商务部、银监会、保监会等负责)

2. **有效防范供应链金融风险**。推动金融机构、供应链核心企业建立债项评级和主体评级相结合的风险控制体系,加强供应链大数据分析和应用,确保借贷资金基于真实交易。加强对供应链金融的风险监控,提高金融机构事中事后风险管理水平,确保资金流向实体经济。健全供应链金融担保、抵押、质押机制,鼓励依托人民银行征信中心建设的动产融资统一登记系统开展应收账款及其他动产融资质押和转让登记,防止重复质押和空单质押,推动供应链金融健康稳定发展。(人民银行、商务部、银监会、保监会等负责)

(五) 积极倡导绿色供应链

1. **大力倡导绿色制造**。推行产品全生命周期绿色管理,在汽车、电器电子、通信、大型成套装备及机械等行业开展绿色供应链管理示范。强化供应链的绿色监管,探索建立统一的绿色产品标准、认证、标识体系,鼓励采购绿色产品和服务,积极扶植绿色产业,推动形成绿色制造供应链体系。(国家发展改革委、工业和信息化部、环境保护部、商务部、质检总局等按职责分工负责)

2. **积极推行绿色流通**。积极倡导绿色消费理念,培育绿色消费市场。鼓励流通环节推广节能技术,加快节能设施设备的升级改造,培育一批集节能改造和节能产品销售于一体的绿色流通企业。加强绿色物流新技术和设备的研究与应用,贯彻执行运输、装卸、仓储等环节的绿色标准,开发应用绿色包装材料,建立绿色物流体系。(商务部、国家发展改革委、环境保护部等负责)

3. **建立逆向物流体系**。鼓励建立基于供应链的废旧资源回收利用平台,建设线上废弃物和再生资源交易市场。落实生产者责任延伸制度,重点针对电器电子、汽车产品、轮胎、蓄电池和包装物等产品,优化供应链逆向物流网点布局,促进产品回收和再制造发展。(国家发展改革委、工业和信息化部、商务部等按职责分工负责)

(六) 努力构建全球供应链

1. **积极融入全球供应链网络**。加强交通枢纽、物流通道、信息平台等基础设施建设,推进与“一带一路”沿线国家互联互通。推动国际产能和装备制造合作,推进边境经济合作区、跨境经济合作区、境外经贸合作区建设，鼓励企业深化对外投资合作，设立境外分销和服务网络、物流配送中心、海外仓等，建立本地化的供应链体系。（商务部、国家发展改革委、交通运输部等负责）

2. **提高全球供应链安全水平。**鼓励企业建立重要资源和产品全球供应链风险预警系统，利用两个市场两种资源，提高全球供应链风险管理水平。制定和实施国家供应链安全计划，建立全球供应链风险预警评价指标体系，完善全球供应链风险预警机制，提升全球供应链风险防控能力。（国家发展改革委、商务部等按职责分工负责）

3. **参与全球供应链规则制定。**依托全球供应链体系，促进不同国家和地区包容共享发展，形成全球利益共同体和命运共同体。在人员流动、资格互认、标准互通、认可认证、知识产权等方面加强与主要贸易国家和“一带一路”沿线国家的磋商与合作，推动建立有利于完善供应链利益联结机制的全球经贸新规则。（商务部、国家发展改革委、人力资源社会保障部、质检总局等负责）

四、保障措施

（一）营造良好的供应链创新与应用政策环境

鼓励构建以企业为主导、产学研用合作的供应链创新网络，建设跨界交叉领域的创新服务平台，提供技术研发、品牌培育、市场开拓、标准化服务、检验检测认证等服务。鼓励社会资本设立供应链创新产业投资基金，统筹结合现有资金、基金渠道，为企业开展供应链创新与应用提供融资支持。（科技部、工业和信息化部、财政部、商务部、人民银行、质检总局等按职责分工负责）研究依托国务院相关部门成立供应链专家委员会，建设供应链研究院。鼓励有条件的地方建设供应链科创研发中心。支持建设供应链创新与应用的政府监管、公共服务和信息共享平台，建立行业指数、经济运行、社会预警等指标体系。（科技部、商务部等按职责分工负责）研究供应链服务企业在国民经济中的行业分类，理顺行业管理。符合条件的供应链相关企业经认定为国家高新技术企业后，可按规定享受相关优惠政策。符合外贸企业转型升级、服务外包相关政策条件的供应链服务企业，按现行规定享受相应支持政策。（国家发展改革委、科技部、工业和信息化部、财政部、商务部、国家统计局等按职责分工负责）

（二）积极开展供应链创新与应用试点示范

开展供应链创新与应用示范城市试点，鼓励试点城市制定供应链发展的支持政策，完善本地重点产业供应链体系。培育一批供应链创新与应用示范企业，建设一批跨行业、跨领域的供应链协同、交易和服务示范平台。（商务部、工业和信息化部、农业部、

人民银行、银监会等负责）

（三）加强供应链信用和监管服务体系建设

完善全国信用信息共享平台、国家企业信用信息公示系统和“信用中国”网站，健全政府部门信用信息共享机制，促进商务、海关、质检、工商、银行等部门和机构之间公共数据资源的互联互通。研究利用区块链、人工智能等新兴技术，建立基于供应链的信用评价机制。推进各类供应链平台有机对接，加强对信用评级、信用记录、风险预警、违法失信行为等信息的披露和共享。创新供应链监管机制，整合供应链各环节涉及的市场准入、海关、质检等政策，加强供应链风险管控，促进供应链健康稳定发展。（国家发展改革委、交通运输部、商务部、人民银行、海关总署、税务总局、工商总局、质检总局、食品药品监管总局等按职责分工负责）

（四）推进供应链标准体系建设

加快制定供应链产品信息、数据采集、指标口径、交换接口、数据交易等关键共性标准，加强行业间数据信息标准的兼容，促进供应链数据高效传输和交互。推动企业提高供应链管理流程标准化水平，推进供应链服务标准化，提高供应链系统集成和资源整合能力。积极参与全球供应链标准制定，推进供应链标准国际化进程。（质检总局、国家发展改革委、工业和信息化部、商务部等负责）

（五）加快培养多层次供应链人才

支持高等院校和职业学校设置供应链相关专业和课程，培养供应链专业人才。鼓励相关企业和专业机构加强供应链人才培训。创新供应链人才激励机制，加强国际化的人才流动与管理，吸引和聚集世界优秀供应链人才。（教育部、人力资源社会保障部、商务部等按职责分工负责）

（六）加强供应链行业组织建设

推动供应链行业组织建设供应链公共服务平台，加强行业研究、数据统计、标准制修订和国际交流，提供供应链咨询、人才培训等服务。加强行业自律，促进行业健康有序发展。加强与国外供应链行业组织的交流合作，推动供应链专业资质相互认证，促进我国供应链发展与国际接轨。（国家发展改革委、工业和信息化部、人力资源社会保障部、商务部、质检总局等按职责分工负责）

国务院办公厅

2017 年 10 月 5 日

商务部等5部门关于印发《商贸物流发展“十三五”规划》的通知

各省、自治区、直辖市、计划单列市及新疆生产建设兵团商务、发展改革、国土资源、交通运输、邮政部门：

为进一步推动我国商贸物流业健康发展，降低物流成本，提高流通效率，根据《国民经济和社会发展第十三个五年规划纲要》、《物流业发展中长期规划（2014－2020年)》，商务部、发展改革委、国土资源部、交通运输部、国家邮政局制定了《商贸物流发展“十三五”规划》，现印发给你们，请认真贯彻执行，并加强对规划实施情况的跟踪问效和监督检查。

商务部

发展改革委

国土资源部

交通运输部

国家邮政局

2017年1月19日

商贸物流发展“十三五”规划

商贸物流是指与批发、零售、住宿、餐饮、居民服务等商贸服务业及进出口贸易相关的物流服务活动。加快发展商贸物流业，有利于提高流通效率，降低物流成本，引导生产，扩大消费。根据《国民经济和社会发展第十三个五年规划纲要》《物流业发展中长期规划（2014－2020年)》，制定本规划。规划期为2016～2020年。

一、发展基础

“十二五”期间，商贸物流业取得长足发展，主要指标达到或超过规划目标水平，为推动国民经济提质增效升级和平稳较快发展提供了有力支撑。

物流需求持续扩大。2015 年社会消费品零售总额达到 30.1 万亿元，“十二五”年均增长达 13.9%；货物进出口总额达 24.6 万亿元，年均增长 4%；电子商务交易总额达 20.8 万亿元，年均增长 35.8%；单位与居民物品物流总额达 5078 亿元，年均增长 20.8%；快递业务量达 206.7 亿件，年均增长 54.61%；生产资料销售总额达 57.9 万亿元，年均增长 10.0%。批发、零售、住宿、餐饮、居民服务等商贸服务业及货物贸易迅速发展，对商贸物流服务需求不断扩大。

物流运行效率提升。“十二五”期间，商贸企业物流费用率呈下降趋势，2014 年我国批发零售企业物流费用率为 7.7%，较 2008 年下降 0.6 个百分点。受益于共同配送等新模式发展，大型连锁企业物流成本持续降低，配送效率不断提升。2011～2015 年，规模以上连锁超市商品统一配送率由 63.4% 提高到 76.6%。

物流服务水平快速提高。商贸物流网络加快向中小城市延伸，向农村乡镇下沉，向居民社区拓展，服务能力不断增强。仓储分拣、装卸搬运、包装加工、运输配送等专用设施设备和条形码、智能标签、无线射频识别、可视化及跟踪追溯系统、全球定位系统、地理信息系统等先进技术加速应用，云计算、大数据、物联网、移动互联网等新一代信息技术日益推广。商贸物流服务更加高效便捷，“及时送”“定时达”等个性化服务以及“门到门”等一站式服务更加普及。

物流模式创新发展。商贸物流企业加快推动平台建设，形成了公共信息服务平台、资源整合交易平台、跨境电子商务平台等物流平台发展模式。适应连锁经营发展需要，形成了供应商直接配送、连锁企业自营配送、社会化配送及共同配送等物流配送模式。企业着眼于供应链管理，形成了商贸物流全产业链集成发展、互联网引领物流发展、商贸业和制造业联动发展等融合发展新模式。商贸物流企业积极推动全过程标准化管理，形成了供应链上下游企业“结对子”协同推进标准化、组建联盟创新推进标准化、大型企业集团在系统内部推进标准化、以标准托盘应用为依托推进商业流程标准化、以标准周转箱应用为依托推进农产品物流标准化等标准化推进模式。

国际化发展取得突破。“十二五”期间，交通运输、仓储和邮政业实际利用外资金额累计达 195.3 亿美元，年均增长 13.3%。自由贸易试验区试点放宽国际航运服务领域外资准入限制，外贸进出口集装箱在国内沿海港口和自贸试验区内港口之间的沿海捎带业务有序开展。商贸物流企业加快推动国际区域物流合作，积极参与“一带一路”物流通道建设，稳步推进跨境电子商务海外仓建设，拓展国际货运代理业务范围，国际合作水平明显提高。

发展环境持续优化。“十二五”期间，国家高度重视商贸物流发展，出台了一系列扶持政策，相关规划和标准体系不断完善。地方政府积极落实土地、资金、税费、交通管理等政策，并出台相关配套措施。商贸物流诚信体系建设有序推进，市场秩序逐步规范。城市共同配送、商贸物流标准化、电子商务与物流快递协同发展等综合示范试点工作成效显著。

商贸物流业在取得重大成就的同时，仍然存在一些突出问题。主要表现在：商贸物流网络不完善，基础设施供给不均衡；企业竞争力偏弱，市场集中度较低；专业化、社会化、现代化程度不高；标准化、信息化、集约化水平有待提升。

二、面临形势

“十三五”时期是我国全面建成小康社会的决胜阶段，也是推进供给侧结构性改革的重要时期，商贸物流发展面临重大机遇：居民消费规模进一步扩大，服务需求更加多元，为商贸物流业发展提供了广阔市场。随着“一带一路”建设、京津冀协同发展、长江经济带发展的推进实施，物流基础设施加快建设，为商贸物流区域协调发展奠定基础。新型城镇化和农业现代化有利于实现城乡融合，提高城市和农村间物流基础设施衔接和配套水平，为商贸物流发展提供支撑。云计算、大数据、物联网、移动互联网等新一代信息技术普及应用，有利于高效整合物流资源，为商贸物流转型升级和创新发展创造条件。内外贸一体化进程加快、跨境电子商务等新型贸易方式兴起，为商贸物流国际化发展拓展空间。法治化营商环境持续改善，有利于促进商贸物流主体公平竞争，为行业规范发展提供保障。

“十三五”时期，商贸物流发展也面临诸多挑战：资源环境约束强化，人工、租金成本刚性上升，标准化、信息化、集约化、绿色化发展任务艰巨。居民消费结构升级，对商贸物流服务向精细化、个性化、专业化发展提出更高要求。随着经济全球化、区域经济一体化进程加快，商贸物流企业在创新服务模式、提高经营效率等方面面临更加激烈的国际竞争。商业新技术、新业态、新模式给传统商贸物流发展带来新的挑战。

总体来看，商贸物流发展仍处于大有可为的重要战略机遇期，必须准确把握战略机遇期内涵和条件的深刻变化，着力在优化商贸物流结构、增强内生动力、补齐发展短板上取得突破，切实转变发展方式，不断提高商贸物流发展水平。

三、总体思路

（一）指导思想

全面贯彻党的十八大和十八届三中、四中、五中、六中全会精神，深入贯彻习近平总书记系列重要讲话精神，紧紧围绕统筹推进“五位一体”总体布局和协调推进“四个全面”战略布局，牢固树立和贯彻落实新发展理念，充分发挥市场在资源配置中的决定性作用和更好发挥政府作用，按照推进供给侧结构性改革的总体要求，以体制机制改革为动力，以技术应用为支撑，以模式创新为引领，聚焦重点领域和关键环节，完善商贸物流服务体系，提升商贸物流发展水平，降低物流成本，提高流通效率，为经济社会发展提供物流服务保障，为全面建成小康社会做出贡献。

（二）基本原则

1. **市场驱动、创新发展**。强化企业的市场主体地位，创新商贸物流发展方式，鼓励技术创新、模式创新和业态创新。创新商贸物流管理方式，提高政府公共服务、市场监管和宏观调控能力。

2. **加强统筹、协调发展**。统筹规划重大物流基础设施建设，推动商贸物流城乡合理布局和区域协同发展。优化供应链管理，推进商贸物流与商贸流通业融合发展，加快商贸物流与农业、制造业、金融业等产业协调发展。

3. **生态环保、绿色发展**。鼓励应用节能降耗技术，减少对环境的污染和资源的损耗。推广使用绿色物流设施设备和绿色包装，推进物流设施设备的循环共用，创新绿色物流运作模式，提高能源资源使用效率。

4. **国际合作、开放发展**。坚持扩大开放，深化国际合作，积极引进国外先进技术、资金、人才、管理等要素资源，提升商贸物流国际竞争力。积极构建国际营销和物流网络，为国内企业“走出去”和跨境电子商务发展提供保障。

5. **整合优化、共享发展**。鼓励应用现代信息技术，发挥信息平台的资源整合优势，推进物流设施、技术装备、数据信息等资源共享。大力推广租赁制、交换制等循环共用方式，提高物流效率，降低物流成本。

（三）发展目标

“十三五”期间，基本形成城乡协调、区域协同、国内外有效衔接的商贸物流网络；商贸物流标准化、信息化、集约化和国际化水平显著提高，商贸流通领域托盘标准化水平大幅提升，标准托盘使用率达到30%左右，先进信息技术应用取得明显成效，商贸物流企业竞争力持续增强；商贸物流成本明显下降，批发零售企业物流费用率降低到7%左右，服务质量和效率明显提升；政府管理与服务方式更加优化，法治化营商环境更趋完善；基本建立起高效集约、协同共享、融合开放、绿色环保的商贸物流体系。

四、主要任务

（一）构建多层次商贸物流网络

服务于“一带一路”建设、京津冀协同发展、长江经济带发展等国家战略，构建具有国际竞争力、区域带动力的全国性商贸物流节点城市和具有地区辐射能力的区域性商贸物流节点城市。以满足消费升级、产业转型和城市发展为目标，加快构建物流分拨中心、专业配送中心、末端配送网点三级网络为主的城市配送体系。加强农村物流网络体系建设，支持建设县、乡镇综合性物流配送中心和末端配送网点。畅通城乡商贸物流通道，促进城市物流和农村物流的高效衔接。加大对老少边穷地区的支持，完善商贸物流服务网络，打通特色产品销售渠道。

专栏1　商贸物流节点城市名单

全国性商贸物流节点城市：北京、天津、石家庄、唐山、太原、呼和浩特、包头、沈阳、大连、长春、哈尔滨、上海、南京、苏州、杭州、宁波、合肥、福州、厦门、南昌、济南、青岛、郑州、武汉、长沙、广州、深圳、南宁、海口、重庆、成都、贵阳、昆明、拉萨、西安、兰州、西宁、银川、乌鲁木齐。

区域性商贸物流节点城市：保定、秦皇岛、邯郸、大同、临汾、呼伦贝尔、鄂尔多斯、锦州、丹东、延边、吉林、牡丹江、大庆、徐州、南通、连云港、无锡、舟山、金华、温州、阜阳、芜湖、泉州、漳州、九江、赣州、潍坊、烟台、临沂、洛阳、商丘、南阳、宜昌、襄阳、荆州、衡阳、娄底、株洲、东莞、佛山、桂林、柳州、钦州、防城港、绵阳、达州、南充、宜宾、遵义、六盘水、曲靖、红河、咸阳、榆林、天水、酒泉、海西、海东、石嘴山、喀什、伊犁、博尔塔拉、巴音郭楞、日喀则。

（二）加强商贸物流基础设施建设

推进物流园区转型升级，加强园区水、电、路、网络、通信、热力等基础设施建设，提升仓储、运输、配送、信息等公共服务水平，通过信息平台引导线上、线下对接，拓展物流园区增值服务功能。加强城市配送中心建设，支持具有公益性的城市配送公共服务设施建设，推动位于城市或城乡结合部的货运场站转型为社会化配送中心。加强末端配送网点建设，提升末端配送网点覆盖率，完善配送停靠和装卸设施。

（三）加强商贸物流标准化建设

重点完善基础类、服务类商贸物流标准，加快形成覆盖仓储、运输、装卸、搬运、包装、分拣、配送等环节的商贸物流标准体系。鼓励和引导企业主动应用国家标准，支持行业协会、科研机构和企业参与物流标准的制订和宣贯工作。以“互联网+”为驱动，推动适应电子商务、连锁经营、共同配送等现代流通方式发展的商贸物流设施设备标准化、服务标准化和信息标准化。发展单元化物流，以标准托盘（1200mm×1000mm）循环共用为切入点，推广包装基础模数（600mm×400mm）和集装器具，带动上下游物流标准化水平提高。

（四）加强商贸物流信息化建设

深入实施“互联网+”高效物流行动，构建多层次物流信息服务平台，发展经营范围广、辐射能力强的综合信息平台、公共数据平台和信息交易平台。运用市场化方式，提升商贸物流园区、仓储配送中心、末端配送站点信息化、智能化水平。推广应用物联网、云计算、大数据、人工智能、机器人、无线射频识别等先进技术，促进从上游供应商到下游销售商的全流程信息共享，提高供应链精益化管理水平。鼓励有条件的地区开展政府物流信息共享平台建设，将交通运输、海关、税务、工商等部门可公开的电子政务信息进行整合后向社会公开，实现便民利企。顺应流通全渠道变革和平台经济发展趋势，探索发展与生产制造、商贸流通、信贷金融等产业协调联动的智慧物流生态体系。

（五）推动商贸物流集约化发展

大力提升商贸物流企业组织化程度，鼓励商贸物流企业进行资产重组、业务融合和流程再造，形成一批技术水平先进、主营业务突出、核心竞争力强的大型现代物流企业集团。鼓励中小企业通过联盟、联合等多种方式，实现资源整合优化，提升集约化发展水平。鼓励大企业通过平台集聚带动中小企业的组织化和信息化水平提高。打破地区和行业界限，按照物流需求规模及增长潜力，整合需求不足和同质化竞争严重的物流园区，推动各类分散仓储配送资源与大型物流园区衔接配套，引导企业自用仓储配送设施对外开放。支持第三方物流发展，拓展物流方案设计、智能包装、设备租赁等增值服务，着力提升第三方物流服务水平。

（六）推动商贸物流专业化发展

重点推动电子商务、冷链、医药、生产资料等专业物流发展。大力发展电子商务物流，引导向中小城市以及县、乡镇延伸服务网络，形成“结构优化、功能强大、运作高效、服务优质”的电子商务物流体系。发展冷链物流，加强多温层节能冷库、加工配送中心、末端冷链设施建设，鼓励应用专业冷藏运输、全程温湿度监控等先进技术设备，建设标准健全、功能完善、上下游有效衔接的冷链物流服务体系。加快发展医药物流，推进医药物流资源集中配置，鼓励大型医药批发企业提供社会化医药物流服务，提升专业化医药物流水平。鼓励生产资料流通企业强化物流服务功能，拓展仓储、加工、配送、追溯、展示等配套服务，推进生产资料物流企业向供应链集成服务商转型发展。

（七）推动商贸物流国际化发展

推动国际物流发展，支持在“一带一路”国际大通道、沿线中心城市、重点港口、重点境外经贸合作区建设物流中心，发展商贸物流型境外经贸合作区。以跨境电子商务发展为重点，引导和鼓励有条件的企业科学规划、有序建设海外物流基础设施，打造具有较强辐射能力的公共海外仓。支持行业协会开展国际合作，建设仓储资源信息平台，促进国内外仓储资源共享。鼓励国内商贸物流企业与外商投资企业加强合作，提升商业创新水平和现代服务理念，实现结构升级和服务能力提升。

（八）促进商贸物流绿色化转型

引导企业创新绿色物流运作模式，通过信息技术优化物流资源配置和仓储配送管理，实现节能降耗。推动物流企业建设能源管理体系，建立绿色节能低碳运营管理流程和机制，加快淘汰落后用能设备。发展绿色仓储，建设绿色物流园区，加强仓库建筑创新与节能减排技术应用。推广节油技术和绿色节能运输设备，鼓励配送企业使用新能源汽车、经济型节油车、轻量化起重搬运设备。积极研发和推广可循环利用、可降解的新型包装材料，鼓励使用绿色循环低碳产品。推动流通企业、电子商务企业、物流企业等利用销售配送网络，建立逆向物流回收体系，利用大数据、云计算等技术优化逆向物流网点布局，提高运营效率。

（九）建设商贸物流信用体系

建立科学合理的商贸物流信用评价体系，研究制定规范统一的信用评价办法，建立信用评价长效机制。将物流企业行政许可、行政处罚、经营异常目录和严重违法失信企业名单（黑名单）、抽查检测结果等信息，通过全国信用信息共享平台和国家企业信用信息公示系统进行归集公示。引导物流园区、物流信息平台、电子商务物流企业等建立对入驻商户和上下游企业的信用评价机制，倡导企业诚信经营。充分发挥行业组织作用，为商贸物流企业和从业人员提供政策、法律、咨询、市场信息等配套服务，增强商贸物流企业和从业人员的诚信意识和风险防范意识。

五、重点工程

（一）城乡物流网络建设工程

依托商贸物流节点城市，支持建设改造一批综合型和专业型的物流分拨中心，以龙头企业为主体打通全国物流主干网。完善城市配送网络，建设改造一批集公共仓储、加工分拣、区域配送、信息管理等服务功能于一体的社会化配送中心。加快物流配送渠道下沉，重点完善末端配送网络体系，加快建设商业设施、社区服务机构、写字楼、机关事业单位、大学校园配送场地，完善配送自助提货柜等设施布局，畅通配送末端“毛细血管”。支持全国性物流龙头企业与区域性物流企业加强合作，共建城乡一体化物流网络。

（二）商贸物流标准化工程

加强物流关键技术标准研制，加快完善贯通物流一体化运作的商贸物流标准体系。结合物流标准化试点，以标准托盘（1200mm×1000mm）及其循环共用为切入点，推广使用符合国家标准《联运通用平托盘主要尺寸及公差》（GB/T2934－2007）、《联运通用平托盘性能要求和试验选择》（GB/T4995－2014）的托盘，大力提高标准托盘普及率。加快标准托盘循环共用体系建设，培育市场主体，提升专业化服务能力。大力发展单元化物流，推广包装基础模数（600mm×400mm）和集装器具，推动带托盘运输和免验货交接，提高供应链效率。贯彻《汽车、挂车及汽车列车外廓尺寸、轴荷及质量限值》（GB1589－2016）国家标准，支持运输车辆的标准化改造。

（三）商贸物流平台建设工程

构建多层次商贸物流信息平台。加快建设物流配送公共服务平台，拓展交易撮合、信息发布、跟踪追溯、信用评价等综合性服务功能，提升采购、交易、运作、管理、结算等全流程服务能力。支持建立智慧化共同配送分拨调配平台，提供路径优化等公共服务，实现供应商、门店、用户和配送车辆等各环节的精准对接，提高物流园区、仓储中心、配送中心的物流供需匹配度。鼓励建设供应链集成平台，推动供应链上下游企业信息互联互通，提高供应链响应能力，促进物流企业与生产制造企业、商贸流通企业融合发展。整合现有物流信息平台资源，促进商贸物流平台与各类专业平台的互联互通，促进数据对接和信息共享。

（四）商贸物流园区功能提升工程

加强物流园区公共基础设施建设，完善多式联运和集疏运体系，提高仓储、中转及配送能力。加强物流园区经营管理，建立以市场化运作为主，规划引导、依法监管、协调服务相结合的园区开发建设模式。支持物流园区拓展服务功能，提供供应链设计、设备租赁、法律咨询、信用评价等商务服务，引进工商、税务、报关、报检等政务服务，提升服务水平。加强物流园区与外部交通网络的有效连接，鼓励物流园区之间、物流园区与产业园区、商品市场、公共平台之间加强合作，实现联动发展。

（五）电子商务物流工程

依托铁路、公路、水运、航空、邮政、供销合作网络，完善电子商务物流布局，构建连接城乡、覆盖全国、面向国际的电子商务物流体系。加快电子商务物流服务、作业、技术、包装、单据、信息等标准建设，提升揽收、仓储、运输、分拣、配送、投递等环节处理能力，开发专业化、个性化服务，满足差异化需求，提升用户体验。支持探索产品源头的物流包装解决方案，减少二次包装，推广使用可降解的胶带、环保填充物，可再生纸张和环保油墨印刷的封装物品等物料辅料，推进包裹包装箱的可循环技术创新和循环再利用管理模式创新，完善包裹包装回收体系，实现包装减量化、绿色化和可循环利用。支持具备条件的第三方机构开展面向消费者的电子商务物流信用评价。

（六）商贸物流创新发展工程

推广使用自动识别、电子数据交换、货物跟踪、智能交通、物联网等先进技术装备，探索区块链技术在商贸物流领域的应用，大力发展智慧物流。推广网订店取、自助提取、代收服务等末端配送模式，探索线上线下融合的物流服务管理模式。大力推进仓配一体化，推动物流企业一体化运作、网络化经营，促进商贸物流转型升级。拓展集中采购、订单管理、流通加工、物流金融、售后维修等增值服务，支持供应链集成创新。

（七）商贸物流绿色发展工程

鼓励企业全面推进绿色仓储设施设备与技术应用，推动大型商贸企业实施绿色供应链管理，重点推动冷库提升节能技术水平，仓储设施利用太阳能等清洁能源，广泛应用电动叉车、智能穿梭车与密集型货架系统，推广新能源配送车辆，实现绿色仓储与配送可持续发展。全面推进绿色物流包装，在商品仓储、运输、配送、分拣、加工的全过程推进可循环包装、减量包装和可降解包装。

六、保障措施

（一）完善管理机制

健全部门联动机制，加强商务主管部门与发展改革、财政、国土资源、交通运输、海关、邮政管理、供销合作等部门和单位之间，各级商务主管部门之间的统筹协调。完善跨区域协同机制，健全工作联席会议制度，逐步统一各区域商贸物流管理制度。

深化行政审批制度改革，积极推进“先照后证”改革。深化商事制度改革，持续推动住所（经营场所）登记制度改革，落实物流企业设立非法人分支机构等相关政策。进一步放开商贸物流领域外资准入限制。发挥行业协会作用，探索建立“市场主导、政府规范、社会协同”的商贸物流治理模式。

（二）优化发展环境

健全法律法规体系，加快制定商贸物流相关法规制度。完善商贸物流市场监管体系，清理和废除行业领域内妨碍全国统一市场和公平竞争的规定和做法，推动建立区域合作协调机制，推进全国高速公路电子不停车收费联网工作。以城市配送车辆通行管理等重点领域为切入点，健全监管执法体制机制，统一执法标准，提高商贸物流综合执法水平。完善商贸物流企业信息披露制度，支持设立商贸物流统一信用信息平台，建立健全失信联合惩戒机制。

（三）加大政策支持

加大财政金融支持力度。鼓励地方政府加大财政资金支持，引导社会资本投入冷链物流、城乡配送网络、公共信息平台等项目建设。研究制定包装分类回收利用支持政策，提高包装循环利用率。鼓励社会资本探索设立商贸物流产业基金。扩大融资渠道，推广供应链金融。鼓励商贸物流企业通过股权投资、债券融资等方式直接融资。引导金融机构探索适合商贸物流发展特点的信贷产品和服务方式。

落实减税降费政策。通过全面推开营改增改革试点，进一步消除重复征税，扩大交通运输业的进项税抵扣范围，降低企业税收负担。抓好清理和规范商贸物流领域行政事业性收费政策落实。

落实商贸物流业用地政策。将商贸物流设施用地纳入土地利用总体规划和城市规划，保障商贸物流业发展用地，支持商贸物流新业态、新模式发展用地。适度提高物流项目建设用地容积率。

（四）加强人才培养

支持高等教育机构、商会、协会和企业加强合作，推动学科建设，完善商贸物流理论体系。着力完善专业人才培养体系，通过学历教育、职业教育、继续教育、社会培训等多种方式培养市场急需的商贸物流管理人才和技术操作人才。加强校企合作，积极开展职业培训，职业院校可采取“订单式”人才培养模式，与企业共同研究制定人才培养方案，校企共同组织针对性教学，确保学以致用，全面提高物流从业人员业务素质。积极推进产学研用结合。以提高实践能力为重点，开展物流标准化、电子商务物流、冷链物流等重点领域技能培训，提高管理和操作能力。

（五）强化规划引领

加快地方商贸物流规划编制工作，加强与国家战略、城市规划和相关规划衔接。支持政策创新，鼓励地级以上城市在公共服务、用地保障、企业融资、人才培养等方面开展试验试点。建立规划年度考核、中期评估和终期检查制度。加强规划政策宣传，提高社会认知度，推动商贸物流健康持续发展。

商务部办公厅　财政部办公厅
关于开展供应链体系建设工作的通知

商办流通发〔2017〕337号

天津、辽宁、吉林、黑龙江、上海、江苏、浙江、福建、山东、河南、湖南、广东、重庆、四川、陕西省（市）商务、财政主管部门：

为贯彻《国民经济和社会发展十三五规划》及中央经济工作会议关于推进供给侧结构性改革、供应链物流链创新的精神，提高流通标准化、信息化、集约化水平，2017年商务部、财政部将在天津、上海、重庆、深圳、青岛、大连、宁波、沈阳、长春、哈尔滨、济南、郑州、苏州、福州、长沙、成都、西安市（以下称首批重点城市）开展供应链体系建设。现将有关事项通知如下：

一、总体思路和目标

供应链体系建设，要按照“市场主导、政策引导、聚焦链条、协同推进”原则，重点围绕物流标准化、供应链平台、重要产品追溯，打基础、促协同、推融合；从1200mm×1000mm标准托盘和全球统一编码标识（GS1）商品条码切入，提高物流链标准化、信息化水平，推动供应链各环节设施设备和信息数据的高效对接；以供应链平台为载体，推动上下游协同发展，资源整合、共享共用，促进供应链发展提质增效；以物流链为渠道，利用物联网、对象标识符（OID）等先进技术设备，推动产品从产地、集散地到销地的全链条追溯，促进追溯链与物流链融合。

围绕建设标准规格统一、追溯运行顺畅、链条衔接贯通的供应链体系，重点企业标准托盘使用率达到80%，装卸货效率提高2倍，货损率降低20%，综合物流成本降低10%；形成一批模式先进、协同性强、辐射力广的供应链平台，供应链平台交易额提高20%，供应链交易管理成本下降10%；建成并运行重要产品追溯管理平台，供应链项目支持的重点企业肉菜、中药材、乳制品等重要产品追溯覆盖率达到80%，流通标准化、信息化、集约化水平显著提升。

二、主要任务

供应链体系建设的首批重点城市应积极发挥辐射带动周边的作用，形成城市间联动互动的局面，提高区域供应链标准化、信息化、协同化水平，促进提质、增效、降本。主要任务如下：

（一）推广物流标准化，促进供应链上下游相衔接。以标准托盘及其循环共用为主线，重点在快消品、农产品、药品、电商等领域，推动物流链的单元化、标准化。**一是加快标准托盘应用。**鼓励使用符合国家标准1200mm×1000mm规格和质量要求的标准托盘，支持托盘租赁、交换（不支持用户自购）；推广“集团整体推进”“供应链协同推进”“社会化服务推进”“平台整合推进”等成熟模式，引导商贸连锁、分销批发、生产制造、第三方物流、托盘运营、平台服务等企业合作开展带托运输；推广“回购返租”模式，加速非标托盘转换。**二是建立社会化托盘循环共用体系。**扩大托盘循环共用规模，完善运营服务网络，由托盘向周转箱、包装等单元器具循环共用延伸；推动“物联网+托盘”平台建设，拓展“配托+配货”服务，鼓励“带托运输+共同配送”“带托运输+多式联运”；探索托盘交易、租赁、交换、回收可自由转换的市场流通机制。**三是支持与标准托盘相衔接的设施设备和服务流程标准化。**支持仓库、配送中心、商超、便利店等配送设施的标准化改造，以及存储、装卸、搬运、包装、分拣设备和公路货运车辆（外廓2550mm）等标准化更新；鼓励以标准托盘和周转箱（符合600mm×400mm包装模数系列尺寸）为单元进行订货、计费、收发货和免验货，促进物流链全程“不倒托”“不倒箱”；推动利用配送渠道、押金制等对标准包装物进行回收使用；探索标准托盘箱替代快递三轮车箱体，以循环共用推动分拣前置、环节减少。**四是支持物流链数据单元的信息标准化。**支持探索基于全球统一编码标识（GS1）的托盘条码与商品条码、箱码、物流单元代码关联衔接，推动托盘、周转箱由包装单元向数据单元和数据节点发展，促进供应链和平台相关方信息数据传输交互顺畅；探索用数据单元优化生产、流通、销售管理，转化为商业价值，促进降本增效，满足不同商品的不同用户需求和服务体验。

（二）建设和完善各类供应链平台，提高供应链协同效率。以平台为核心完善供应链体系，增强供应链协同和整合能力，创新流通组织方式，提高流通集约化水平。**一是建设流通与生产衔接的供应链协同平台。**支持供应链核心企业建设连接个性化需求与柔性化生产的智能制造供应链协同平台，促进流通与生产的深度融合，实现大规模个性化定制，促进降本增效；支持流通企业与供应商实现系统对接，打造供应链采购协同平台，实现需求、库存和物流信息的实时共享，提高协同计划、自动预测和补货能力。**二是建设资源高效整合的供应链交易平台**。支持建设商品现货交易类平台，聚集供需信息，提供信息发布、支付结算、仓储物流、质量追溯等综合服务，提高资源配置效率，降低交易和物流成本；支持传统实体商品交易市场转型升级，打造线上线下融合的供应链交易平台，延伸提供物流、结算、报关等供应链服务，促进商品交易市场与产业融合发展。**三是建设专业化的供应链综合服务平台**。支持供应链服务型企业建设供应链综合服务平台，提供研发设计、集中采购、组织生产、物流分销、终端管理、品牌营销等供应链服务，融通物流、商流、信息流、资金流；通过平台直接服务需求终端，减少流通环节和成本，构建跨界融合、共享共生的供应链商业生态圈。**四是建设供应链公共服务平台**。支持有条件的地方建设供应链公共服务平台和供应链科创中心，完善供应链公共服务，提供政策咨询、信息聚集、经济预警、研发支持和人才培训等服务，加强供应链创新发展的协同监管和治理。同时，鼓励供应链核心企业牵头制定相关产品、技术、管理、数据、指标等关键共性标准，提高供应链协同和整合效率，服务于产业供应链体系。

（三）建设重要产品追溯体系，提高供应链产品质量保障能力。一是建设城市重要产品追溯管理平台。优化提升原有肉菜、中药材流通追溯管理平台，推进现有各类重要产品追溯体系统一接入重要产品追溯管理平台；应用对象标识符（OID）技术实现不同编码体系的兼容与交互，实现跨部门、跨区域追溯信息的互联互通，以及与重要产品追溯管理平台实时对接；鼓励第三方追溯平台建设，建立追溯数据对接评价或认证机制；强化追溯数据分析与成果应用，增强追溯体系对供应链产品质量安全管理和问题事件应急处置能力。**二是扩大供应链产品追溯覆盖范围**。在完善原有肉菜、中药材追溯体系建设的基础上，进一步扩大重要产品追溯覆盖范围，提高肉菜等预包装产品的追溯覆盖率，肉类产品力争实现全覆盖；扩大节点企业覆盖面，供应链上下游企业全部纳入追溯体系；延伸追溯链条，将相关种植养殖、生产加工、仓储物流、终端消费等环节纳入追溯体系。**三是支持供应链核心企业追溯系统创新升级**。重点推进二维码、无线射频识别（RFID）、视频识别、区块链、GS1、对象标识符（OID）、电子结算和第三方支付等应用，推动追溯系统创新升级；推动大中型批发市场及大型商超、物流企业等开展信息化改造，鼓励商超利用 GS1 进行结算实现追溯功能，将产品追溯融入现有 ERP 系统，实现企业信息系统与追溯系统的对接；鼓励供应链核心企业线上线下融合发展，形成全渠道整合、线上线下无缝衔接的追溯网络。

三、财政资金重点支持方向和方式

中央服务业发展专项资金支持供应链体系建设，主要立足于弥补市场失灵，做好基础性、公共性工作，发挥中央财政资金对社会资本的引导作用，支持供应链体系中薄弱环节和关键领域建设。

中央财政资金拨付地方后，有关城市应结合本地产业实际情况选择任务方向，统筹使用、加快执行，可采用以奖代补、财政补助、贷款贴息、购买服务等支持方式，完成期限为2年；同时，鼓励有条件的地区创新财政政策，支持跨区域联动项目，对在外地注册法人但在本地有实体的非法人机构，及在本地注册法人但在周边地区建设实体的机构，可在本地申报项目，促进辐射带动周边地区。各地要严格加强资金管理，中央财政资金不得用于楼堂馆所等建设和工作经费；不得支持有金融风险、发展模式不成熟的平台。

四、有关要求

（一）加强组织领导。省级主管部门要高度重视供应链体系建设工作，加强对实施城市的对口业务指导和工作检查，严格奖惩，及时上报工作进度，建设完成后要对城市进行绩效评价。实施城市是供应链体系建设的责任主体，要加强顶层设计，建立工作协调机制，科学编制方案，完善管理制度和配套政策，明确责任分工和时间节点，保证工作顺利开展。

（二）尽快编报方案。省级主管部门，应及时指导有关城市编报供应链体系建设方案，城市可结合实际情况，自主选择实施方向（物流标准化、供应链平台、重要产品追溯）。未完成商务部肉菜、中药材流通追溯试点任务的地区，不得申报新的追溯体系建设项目。方案编制应立足辐射带动周边地区，围绕促进供应链标准化、信息化、协同化，实现提质、增效、降本目标，做到思路清晰、目标明确、措施有效、责任明确、数字详实，具体应包含：工作基础、思路目标、任务内容、资金安排、组织实施、管理要求、时间安排及责任人、保障措施。

（三）规范管理项目。城市主管部门要制定项目与资金管理规定，严格组织实施，对项目要统一申报、统一评审、统一验收，规范程序手续，不搞资金拆分，分管责任处室要抓好分类指导、过程检查，做到项目建设与模式推广、效益效果并重。项目承担企业应签订《供应链体系建设项目责任承诺书》，建立工作进度档案，优先鼓励供应链核心企业申报融合多方向的综合性项目以及供应链合作企业联合申报协同性较强的项目。

（四）加强资金监管。有关省市财政部门要按照《财政部关于印发<中央财政服务业发展专项资金管理办法>的通知》（财建〔2015〕256号）要求，加强资金管理，专款专用，专账核算。

（五）夯实工作基础。鼓励发挥行业协会、联盟机构优势作用，制定并推广团体标准；加强业务培训和标准宣贯，开展相关统计分析，监测效益、成本等指标，反映工作成效；总结推广机制创新、政策创新、模式创新等经验成果，加大典型案例宣传和推广力度。

商务部办公厅

财政部办公厅

2017年8月11日

附件1　重点实施的部分国家标准目录

1.《联运通用平托盘主要尺寸及公差》（GB/T2934－2007）符合1200mm×1000mm规格。

2.《联运通用平托盘性能要求和试验选择》（GB/T 4995－2014）。

3.《托盘编码及条码表示》（GB/T 31005－2014）。

4.《商贸托盘射频识别标签应用规范》（GB/T 33456－2016）。

5.《托盘共用系统运营管理规范》（SB/T11153－2016）。

6.《托盘租赁企业服务规范》（SB/T11152－2016）。

7.《共用系统托盘质量验收规范》（SB/T11154－2016）。

8.《硬质直方体运输包装尺寸系列》（GB/T4892－2008）符合600 mm×400mm模数系列规格。

9.《汽车、挂车及汽车列车外廓尺寸、轴荷及质量限值》（GB1589－2016）强制性国家标准，《系列2集装箱》国家标准（近期发布），普通厢体外廓2550mm、冷藏厢体外廓2600mm，与标准托盘匹配。

10.《通用仓库及库区规划设计参数》（GB/T28581－2012）。

11.《商品条码 零售商品编码与条码表示》（GB12904－2008）强制性国家标准。

12.《商品条码 储运包装商品编码与条码表示》（GB/T16830－2008）。

13.《商品条码 物流单元编码与条码表示》（GB/T18127－2008）。

14.《商品条码 店内条码》（GB/T18283－2008）。

15.《快递封装用品 第2部分：包装箱》（GB/T16606.2－2017）符合600mm×

400mm 模数系列规格。

16.《信息技术 开放系统互连 OID 的国家编号体系和注册规程》(GB/T 26231－2015)。

17. 肉类蔬菜流通追溯体系编码规则（SB/T10680－2012）。

18. 肉类蔬菜流通追溯体系管理平台技术要求（SB/T10683－2012)。

19. 肉类蔬菜流通追溯体系信息处理技术要求（SB/T10684－2012)。

20. 中药材流通追溯体系专用术语规范（SB/T 11038－2013)。

商务部 公安部 交通运输部 国家邮政局 供销合作总社关于印发《城乡高效配送专项行动计划（2017－2020年）》的通知

商流通函〔2017〕917号

各省、自治区、直辖市、计划单列市及新疆生产建设兵团商务、公安、交通运输、邮政、供销合作部门：

为深入贯彻落实《国务院办公厅关于进一步推进物流降本增效促进实体经济发展的意见》（国办发〔2017〕73号）、《商贸物流发展“十三五”规划》（商流通发〔2017〕29号）等文件精神，完善城乡物流网络节点，降低物流配送成本，提高物流配送效率，商务部、公安部、交通运输部、国家邮政局、供销合作总社联合制定了《城乡高效配送专项行动计划（2017－2020年）》，现印发给你们，请结合本地区、本部门实际，认真组织实施。

城乡高效配送专项行动计划（2017－2020年）

为贯彻落实《国务院办公厅关于进一步推进物流降本增效促进实体经济发展的意见》（国办发〔2017〕73号）、《商贸物流发展“十三五”规划》（商流通发〔2017〕29号）等文件精神，完善城乡物流网络节点，降低物流配送成本，提高物流配送效率，商务部、公安部、交通运输部、国家邮政局、供销合作总社拟在全国范围开展城乡高效配送专项行动。

一、总体要求

（一）指导思想

全面贯彻党的十九大精神，牢固树立新发展理念，认真落实党中央、国务院关于深入推进供给侧结构性改革、降低实体经济成本的决策部署，充分发挥市场在资源配置中的决定性作用，更好地发挥政府作用，以体制机制改革为动力，以网络构建为基础，以模式创新为引领，以技术应用为支撑，以共享协同为重点，切实破解制约城乡配送发展的突出问题，推进城乡配送网络化、集约化、标准化，便利居民消费，促进城乡双向流通。

（二）基本原则

坚持市场主导与政府引导相结合。依托市场机制有效配置资源；发挥政府统筹作用，引导城乡配送高效集约。

坚持问题导向与重点突破相结合。聚焦突出问题，着力破解制约城乡配送发展的瓶颈和障碍。

坚持因地施策与注重实效相结合。综合考量各地基础条件和配送需求，因地制宜，务求实效。

坚持试点示范与以点带面相结合。通过引方向、促改革、立标杆等方式，将成熟经验向全国推广。

（三）主要目标

到2020年，初步建立起高效集约、协同共享、融合开放、绿色环保的城乡高效配送体系。确定全国城乡高效配送示范城市50个左右、骨干企业100家左右。

——基础设施更加完善。城市配送网络基本健全，农村配送网络基本形成，城乡配送网络基本衔接。

——运行效率显著提高。配送组织方式更加集约，先进技术和通用标准得到广泛应用。配送成本明显下降，商贸企业物流费用率降低到7%左右。

——发展环境更加优化。制约城乡配送发展的体制机制性问题得到有效解决。规划保障更加有力，停靠装卸等配套设施更加完善，配送车辆资源配置更加合理，通行更加顺畅。

二、主要任务

（四）完善城乡配送网络

1. 优化城市配送网络。加快构建以综合物流中心（物流园区）、公共配送（分拨）中心、末端配送网点为支撑的城市配送网络。鼓励根据需求建设集仓储、运输、分拨、配送、信息、交易功能于一体的综合物流中心，强化物流中心的集聚辐射功能。鼓励建设相对集中的公共配送（分拨）中心，支持仓储、零担运输、电商、邮政、快递等各类企业共建共用，提升配送中心的公共属性。加快建设末端配送网点，丰富零售门店的送、取货物功能，完善快递基层服务网点布局，支持邮政综合服务平台建设，发展自助提货设施等末端公共服务点。

2. **完善农村配送网络**。健全以县域物流配送中心、乡（镇）配送节点、村级公共服务点为支撑的农村配送网络，鼓励有条件的地区构建公共配送中心和末端网点直通快捷的农村配送网络。支持县域物流配送中心强化资源整合、集散中转、仓储配送等功能。依托乡镇连锁超市、邮政营业场所、客货运站场、快递网点、农资站等网络资源，建设上接县、下联村的农村配送节点。依托农家店、便民店、村邮站、三农服务站等末端网点，发展农村公共服务点。农产品主产区乡镇重点建设具有农产品集聚、产地预冷、加工配送等功能的公共冷链设施，从产地高起点发展冷链物流网络。

3. **加强城乡配送网络衔接**。发挥区域配送中心衔接城乡的功能优势，形成衔接有效、往返互动的双向流通网络。鼓励跨部门资源共享和跨行业协作联营，推动商贸流通、交通运输、邮政、快递、供销合作、第三方物流等企业向农村延伸服务网络，充分利用农村现有仓配资源，拓展农产品上行物流通道，打造“一点多能、一网多用、深度融合”的城乡配送服务网络。

（五）优化城乡配送组织方式

4. **加快发展集约化配送**。发挥第三方物流企业仓配一体化服务优势，融合供应商、实体零售门店、网络零售的配送需求，发展面向各类终端的共同配送。依托物流园区、批发市场等配送需求集中场所，整合零担长途干线运输“落地配”与城市配送资源，发展面向机关单位、工商企业、学校医院等消费团体的集中配送。扩大零售终端网络，整合供应商配送需求，发展面向连锁超市、百货店、专卖店、专业店等零售门店的统一配送。依托专业大户、家庭农场、农民合作社、农业产业化龙头企业等新型农业经营主体，发展面向电商平台和团体消费的农产品批量配送。结合城市交通状况和配送需求，加强商贸、快递与物流企业的协同协作，因地制宜发展夜间配送、分时段配送。创新发展符合个性化、定制化消费的配送方式。

5. **推动各类配送资源协同共享**。加快发展公用型仓储设施，强化集货、分拨和配送功能，推动各类配送中心对外开放、共享共用，推动供应链各环节库存统一管理。加强实体商业配送网络与电商、快递等物流配送网络的协同共享，探索在分拨中心、配送中心环节加强合作，推动店配与宅配融合发展。加强末端配送资源共享，促进快递、邮政、商超、便利店、物业、社区等末端配送资源的有效组织和统筹利用。鼓励平台型物流企业和无车承运人的发展。加强配送车辆的统筹调配和返程调度，推广循环取货、返程取货等方式，减少车辆空载率。

6. 推动配送与供应链深度融合。拓展配送功能，加强与生产制造、采购销售、农产品生产等环节的协同衔接。重点发展原材料与零部件的代理采购、库存控制与线边服务；推进配送与集中采购、批发分销、网络零售等功能整合，优化网购商品按区域分布式存储，发展集中仓储和共同配送，实现供、销、配、存、运一体化；深入田间地头，发展农产品集约化、标准化的预冷加工、质量检测、包装赋码、仓储配送、质量追溯与代购代销等服务。

（六）强化城乡配送技术标准应用

7. 加强装备技术推广应用。大力推广集装单元、快速分拣、自动识别、智能仓储等技术，提升仓储配送、装卸搬运、分拣包装等装备技术水平。推广应用无线射频识别、综合识别、集成传感等物联网感知技术，鼓励应用货位管理、可视化、路径优化、供应链管理等智能存储配送技术，提高仓储配送效率。支持应用专业冷藏运输、蓄冷板（棒）、全程温湿度监控等先进技术设备，加强末端冷链设施建设，实现冷链不断链、可监控。

8. 加强标准实施应用。完善配送中心、配送站点建设标准和配送车辆选型标准，推动仓储、配送、分拣、包装、装卸、搬运等环节物流标准广泛应用。加快建设托盘、周转箱（筐）循环共用体系，推广应用标准托盘、周转箱（筐）及一贯化作业，探索以托盘、周转箱（筐）作为装载、作业、计量和信息单元，推进农产品流通从田间地头到超市货架全程“不倒筐、零触碰”。推动配送车辆向标准化、厢式化发展，规范管理快递专用车辆。有条件的城市探索城乡配送车辆“统一标识、统一车型、统一管理、统一技术标准”。

9. 加强信息平台建设与互联互通。加快整合城乡配送公共信息平台，保障信息平台汇集配送需求和运力资源的信息服务功能，提升资源整合、交易撮合、订单管理、配载管理等交易服务功能，拓展车辆调度、路径优化、信用评价、车辆监管、运力调控、绩效统计等管理服务功能。促进城乡配送上下游企业和公共信息平台互联互通，推动跨地区、跨行业的仓配信息融合共享。有条件的城市探索配送平台与交通监管平台的数据交互和统筹管理，探索配送业务管理与肉类、蔬果、水产、酒类、药品等重要产品追溯管理的融合发展。

（七）推动城乡配送绿色发展

10. 发展绿色仓储。贯彻实施仓库规划设计、绿色仓库等国家、行业标准，开展绿色仓库评价与评估。合理规划仓库空间布局与功能布局，充分考虑仓储运营的需求，合理配置作业门、可调节月台、移动登车桥等设施，重点推广应用绿色建筑材料、仓库屋顶光伏发电、冷库节能技术、节能灯、电动叉车等新材料、新技术、新设备。

11. **发展绿色运输**。推进货运车辆技术升级，推广应用高效、节能、环保的运输装备，积极推广使用新能源和清洁能源车辆。推动运输组织模式创新，支持发展甩挂运输、多式联运等方式，鼓励开展配送流程再造，合理调度运输车辆，优化路径，减少重复交错运输和运输车辆空载。

12. **发展绿色包装**。开展绿色包装容器与技术研发，支持使用标准化、减量化、可循环利用和可降解的包装材料。鼓励采用清洁包装技术，合理使用包装物品，大力降低原材料和能源消耗。推动包装回收再利用，建立包装生产者、使用者和消费者在内的多方协同回收体系。

（八）提升城乡配送管理水平

13. **加强仓储规划保障**。将城乡配送仓储设施建设纳入土地利用规划和城乡建设规划，并与本地区经济社会发展、交通、商贸流通和物流业发展规划紧密衔接，以规划保障城乡配送网络建设。加强规划实施的监督和评估，强化政策支持措施与规划的衔接配套，引导企业依规、有序建设仓储配送设施。

14. **加强设施衔接配套**。合理设置城市配送所需的公用仓储、配送车辆停靠、装卸、充电等配套设施和场地。完善城市商业区、居住区、高等院校和大型公共活动场地等项目装卸设施、停车场地、充电桩的配套建设并强化实施监督。

15. **加强车辆通行管理**。组织城乡配送需求调查，综合评估城市环保、拥堵与配送实际的客观要求，科学配置进城车辆资源，探索发展城乡配送公交化运行模式。落实企业主体责任，加强对运输、配送等环节的安全管理。进一步完善城市配送车辆通行管理制度，探索建立城市配送车辆分类管理机制，按照保障需求、便利通行、分类管理、适度调控的原则，保障配送车辆的城区通行与停靠需求。

三、重点工程

（九）城乡配送网络建设工程

适应全渠道流通和供应链深度融合的趋势要求，优化仓储配送网点布局，促进地区之间、城乡之间网络衔接。引导仓储、邮政、快递、批发、零售、电商等企业，采取多种方式共建共用社会化配送中心。鼓励地方政府整合利用城市商业网点、快递网点、社区服务机构等设施资源及农村商贸、交通、邮政、快递、供销等网络资源，建设公共末端配送网点。鼓励经营规模大、配送品类全、网点布局广、辐射功能强的骨干企业，联合相关企业建立多种形式的联盟与协同体系，构建城乡一体、上下游衔接、线上线下协

同的物流配送网络。(商务部会同交通运输部、国家邮政局、供销合作总社负责)

(十) 绿色货运配送示范工程

建立交通运输主管部门负责配送运力调控、商贸流通主管部门负责配送需求引导、公安交通管理部门负责通行管理的协同工作机制，推进城乡货运绿色创新发展。在城市中心城区周边、农村县乡等交通便利地区，统筹规划建设具有干支衔接功能并组织共同配送的大型公共货运与配送综合体。完善城市配送车辆便利化通行政策，探索建立城市配送车辆分类管理机制。推动城市配送车辆标准化、专业化发展，推广新能源配送车辆并给予通行便利。推动运输组织方式创新，支持发展多式联运、甩挂运输、带托运输等高效运输模式。在商业街区、大型商圈、居民社区、高等院校等场所合理设置城市配送所需的停靠、充电、装卸、夜间配送交接等设施。推动城乡货运与配送全链条信息交互共享，促进整合各方资源，形成集约高效的城乡货运组织链条。(交通运输部会同公安部、商务部负责)

(十一) 技术与模式创新工程

推动现代物流技术和装备的创新与应用，推广使用标准托盘、周转箱 (筐)、配送车辆等，推动城乡配送各环节高效衔接。推动将绿色包装纳入资源回收政策支持范畴，减少包装物料用量，研发生产可循环使用和可降解的包装材料。大力推进大数据、云计算与物联网等技术在城乡高效配送中的应用，推动智慧仓配网络与平台建设。创新配送模式，发展统一配送、集中配送、共同配送等多种形式的集约化配送，发展共享物流、智慧供应链等新业态，发展夜间配送、分时段配送。(商务部会同交通运输部、国家邮政局、供销合作总社负责)

四、保障措施

(十二) 优化政策环境

落实和完善物流用地政策，合理确定配送中心仓储用地税收贡献指标水平，加大对公共物流设施和农村物流设施的支持。结合物流园区建设、电子商务示范试点、快递发展系列示范工程、鲜活农产品“绿色通道”、新能源汽车等支持政策，优先扶持试点城市和骨干企业发展，对全程全网型企业给予重点扶持。推动建立多元化投融资机制，发挥财政资金、国有资本、产业基金的引导带动作用。进一步深化“放管服”改革，研究制定非机动配送车辆标准，简化货车通行审批程序，为推进城乡配送发展营造良好政策环境。

（十三）完善工作机制

各地要加强对专项行动的组织领导，建立健全组织机构，成立由政府统一领导，商务、公安、交通运输、邮政、供销等部门组成的城乡配送领导小组。明确工作分工，建立部门联席会议等协调推进机制，强化对专项行动的综合协调、督导检查、绩效评估和统计监测，加强部门分工协作与资源共享。发挥专业协会等行业组织作用，强化行业自律，开展统计、咨询、评估等社会化服务。

（十四）开展试点示范

各地结合各行业发展基础与经验，以城市为载体组织开展城乡高效配送试点，通过改革探索和政策支持，实施一批重点项目，对重点行业给予重点扶持。其中，直辖市、计划单列市整体组织试点，各省、自治区自主选择城市组织试点。商务部等五部门共同组织开展城乡高效配送专项行动年度评估工作，编制印发城乡配送评估指南，每年从各地试点中确定一批全国城乡高效配送示范城市，在全国范围确定一批骨干企业。

（十五）加强宣传培训

创新工作方式和手段，组织开展形式多样的宣传活动，提高社会认知度、行业认同度和企业参与的积极性。通过召开现场经验交流会、建立案例库等形式，宣传推广典型经验做法。开展多层次的业务培训，加强物流规划、物流标准化、共同配送等重点领域业务培训，提高企业专业化水平与业务技能。

商务部
公安部
交通运输部
国家邮政局
供销合作总社
2017 年 12 月 13 日

交通运输部办公厅 公安部办公厅 商务部办公厅关于组织开展城市绿色货运配送示范工程的通知

交办运〔2017〕191号

各省、自治区、直辖市、新疆生产建设兵团交通运输厅（局、委）、公安厅（局）、商务主管部门：

为贯彻落实党的十九大精神，推动城市货运配送绿色高效发展，缓解城市交通拥堵，促进物流业降本增效，按照《国务院办公厅关于进一步推进物流业降本增效促进实体经济发展的意见》（国办发〔2017〕73号）、《交通运输部 公安部等十四个部门关于印发促进道路货运行业健康稳定发展行动计划的通知》（交运发〔2017〕141号）以及《商务部公安部交通运输部国家邮政局供销合作总社关于印发<城乡高效配送专项行动计划（2017－2020年）>的通知》（商流通函〔2017〕917号）工作要求，经交通运输部、公安部、商务部同意，决定联合组织开展城市绿色货运配送示范工程。现将有关事项通知如下：

一、总体思路

开展城市绿色货运配送示范工程建设，是支撑国家新型城镇化战略实施的重要举措，是防治大气污染和缓解城市交通拥堵的客观要求，是促进物流降本增效、破解城市配送“三难”问题的有效途径。示范工程将以城市为组织主体，坚持“客货并举、便民高效、综合施策”的原则，整合各方物流资源，完善干支衔接的公共货运枢纽设施，优化城市配送车辆便利通行政策，推广应用新能源城市配送车辆，实现城际干线运输和城市末端配送的有机衔接，形成集约高效的城市货运配送组织链条，提升流通效率，促进节能减排。

二、工作目标和主要任务

（一）工作目标

通过示范，力争在示范城市建成“集约、高效、绿色、智能”的城市货运配送服务体系，为促进城市可持续发展提供有力支撑。

示范城市在示范期结束时应实现以下目标：探索形成一批各具特色的城市绿色货运配送发展模式；建成一批现代化、标准化、集约化的城市货运枢纽，形成若干集聚效应强的干支衔接公共货运枢纽站场；培育一批运作高效、服务规范、开展甩挂运输和实施共同配送的物流企业；更新一批标准化、专业化、环保型运输与物流装备，新能源和清洁能源车辆占营运载货汽车比重大幅提升；打造功能健全、资源集约协同共享的物流信息平台；城市货运配送效率显著提升，物流成本、能耗水平和污染物排放明显降低。

（二）主要任务

1. 统筹规划建设城市货运配送节点网络。在城市周边统筹布局规划和建设一批具有干支衔接并组织共同配送的大型公共货运枢纽，优化城市内末端共同配送节点网络，在城市近郊建设服务于城际货运和城市配送间高效转换的物流园区和大型物流中心，依托工业集中发展区或大型商业网点建设分拨中心、公共配送中心以及各类货物装卸点、公共配送站，推动形成有机衔接、层次分明、功能清晰、协同配套的城市货运配送节点网络体系。

2. 优化完善城市配送车辆便利通行政策。建立“交通运输主管部门负责运力调控，商贸流通主管部门负责配送需求引导，公安交通管理部门负责通行管理”的协同工作机制，健全完善城市货运配送需求调查制度，科学确定并及时向社会公布配送车辆禁止、限制通行的区域和时间；对城市配送车辆依照规定发放通行证，并向社会公布通行证办理的条件和程序；对年度安全管理考核不合格、车辆交通违法行为较多的配送运输企业，收回其车辆通行证，并责令限期整改。探索实施城市配送车辆分时、错时、分类通行和停放措施，合理规划设置中心城区商业区、居住区、生产区、大型公共活动场地等区域专用卸货场地和道路范围内配送车辆的临时停车泊位。

3. 加快标准化新能源城市货运配送车辆推广应用。推动示范城市制定符合国家标准、体现各地发展实际的城市配送车辆选型技术指南，进一步加强对城市配送车辆车型、安全、环保等方面的技术管理，推动城市配送车辆的标准化、专业化发展。加大对新能源城市配送车辆的推广力度，加强政策支持并给予通行便利，健全完善加补气、充电等基础设施建设，引导支持城市配送车辆清洁化发展。

4. 推进城市货运配送全链条信息交互共享。推动示范城市建设城市货运配送基础公共信息服务平台，有效整合城际干线运输、城市配送相关公共信息系统以及城市交通管理信息系统等各类资源，促进各类信息资源的集约利用。支持互联网平台企业利用信息化技术优化公共货运配送服务，打通物流企业、生产制造企业和商贸流通企业信息互联共享链条，提升供应链综合服务水平。

5. 引导和鼓励城市货运配送组织模式创新。支持城市货运配送企业发展多种形式的统一配送、集中配送、共同配送。推动完善夜间配送管理制度，引导商贸流通企业、货运配送企业协同开展夜间配送。支持货运配送企业延展服务链条，推进干线甩挂运输与城市共同配送的一体化运作。推动干线货运与城市配送企业之间、同城配送企业之间建立多种形式的合作联盟，共同开展跨区域货运配送的业务合作、同城共同配送的组织协作。

三、申报条件

申报绿色货运配送示范工程的城市，原则上应当同时满足以下条件：

（一）城市规模。地级及以上城市，优先考虑直辖市、省会城市和计划单列市。

（二）区位条件。优先支持《推进物流大通道建设行动计划（2016—2020年）》确定的国家骨干联运枢纽（城市）、区域重点联运枢纽（城市）和《全国物流园区发展规划（2013—2020年）》确定的一级、二级物流园区布局城市。

（三）物流基础。物流枢纽站场等基础设施条件较好，信息化水平较高，物流需求旺盛，城市配送、甩挂运输、冷链物流等重点领域发展潜力大。

（四）政策环境。城市人民政府及相关管理部门对推动城市物流配送发展、新能源配送车辆便利通行等方面有具体、明确的支持政策。

四、申报程序与时间安排

（一）启动阶段（2018年1月~6月）

1. 城市申报。省级交通运输主管部门组织本省（区、市）各有关城市进行申报。符合申报条件的城市人民政府，按照实施方案编制要点（详见附件1），结合城市发展特点，认真组织编写城市绿色货运配送示范工程实施方案，报送省级交通运输主管部门，抄送省级公安、商务部门。

2. 审查确认。省级交通运输、公安、商务部门应遵循公平、公正、公开的原则，对申报城市材料进行审核，形成审核报告，并按照推荐的优先顺序排序后，填写《XXX省（区、市）申报城市绿色货运示范工程情况汇总表》（详见附件2），于2018年3月31日前将相关材料报交通运输部，申报城市原则上不超过两个。交通运输部会同公安部、商务部组织专家对审核报告和城市申报材料进行综合评价，择优确定城市绿色货运配送示范工程创建城市，并于2018年6月30日前联合发文确认公布。

（二）实施阶段（2018年7月~2020年6月）

1．组织实施。城市人民政府要建立部门协同、分工负责的工作机制，按照批准的实施方案，严格组织执行，落实配套政策，全面推进各项工作。

2．重点督导。省级交通运输主要部门要会同公安、商务部门要加强跟踪督导，及时协调解决示范工程建设中遇到的各种问题。交通运输部将会同公安部、商务部视工作进展情况适时组织督查。

（三）验收总结阶段（2020年7月~12月）

1．评估验收。交通运输部将会同公安部、商务部制定示范工程绩效考核评价指标体系和评估方法，示范工程结束后，各省级交通运输主管部门会同公安、商务部门按照绩效评估办法，对照示范工程实施方案和考核验收目标，对示范工程进行总结评估，出具评估验收意见。交通运输部将会同公安部、商务部视情对验收工作进行抽查。

2．总结推广。相关部门要全面总结示范工程取得成效，梳理典型发展模式和成熟经验，充分发挥标杆项目示范引领作用，推进城市绿色货运配送健康发展。

五、工作要求

（一）加强组织领导

示范城市所在省级交通运输、公安、商务部门要充分认识推进城市绿色货运配送发展的重要意义，对示范工作给予高度重视和大力支持。示范城市人民政府应加强领导和统筹，建立有关部门各负其责、协调配合的工作机制，明确具体职责、工作目标和任务分工，强化示范工作动态监管，为示范工程提供组织保障。

（二）落实配套政策

交通运输部将对纳入城市绿色货运配送示范工程的货运枢纽（物流园区）项目，按照《“十三五”货运枢纽（物流园区）建设方案》和相关管理规定，予以重点考虑、优先支持。公安部、商务部将根据各自职责，加强部门协调和政策推进，支持示范工程建设。交通运输主管部门应积极争取省级和城市的财政资金支持，加大对示范工程中公共基础设施建设、公共信息平台建设、新能源配送车辆更新购置、企业节能减排技术改造项目等方面的支持。

（三）强化市场监管

城市交通运输主管部门要会同公安、商务部门研究制定城市配送企业运营服务规范，健全城市货运配送企业质量信誉考核制度，引导行业规范发展。加强城市配送需求、车辆运力需求的调查统计，科学制定城市配送发展规划和运力投放计划，提高城市配送车辆通行证发放的科学性。进一步加大对城市货运非法营运、交通违法行为的检查和处罚力度，规范城市配送市场和安全秩序。

（四）加强监督指导

各省级交通运输主管部门要会同公安、商务部门，按照示范工程绩效考核评价办法的要求，严格对示范工程的绩效考核。各省级主管部门和城市人民政府应加强对示范工作实施过程的监督管理，建立督查督导工作制度，及时掌握示范工作进展情况，协调解决示范过程中遇到的问题，确保示范工作取得实效。

交通运输部办公厅

公安部办公厅

商务部办公厅

2017 年 12 月 18 日

商务部等10部门关于推广标准托盘发展单元化物流的意见

商流通函〔2017〕968号

各省、自治区、直辖市、计划单列市及新疆生产建设兵团商务、发展改革、工业和信息化、财政、交通运输、统计、邮政、质量技术监督、市场监督管理、铁路部门（集团公司），中国物流与采购联合会、中国仓储与配送协会：

托盘作为物流集装单元器具，广泛应用于生产和流通领域，推广应用标准托盘（以下均指1200mm×1000mm平面尺寸）、发展单元化物流，是降低物流成本、提高流通效率的有效措施。为贯彻党的十九大精神，落实《国务院办公厅关于进一步推进物流降本增效促进实体经济发展的意见》（国办发〔2017〕73号），加快推广标准托盘、发展单元化物流，促进物流提质增效，现提出以下意见。

一、总体要求

（一）基本思路

从标准托盘推广应用切入，促进包装箱、周转箱（筐）、货运车厢、集装箱等物流载具标准衔接，提升物流上下游设施设备和服务标准化水平。以托盘、周转箱（筐）为集装单元、作业单元、计量单元和数据单元，发展单元化物流，推进物流链各环节高效运作，各主体信息顺畅交换。

（二）工作原则

坚持市场主导。发挥市场主体作用，以用户需求为导向，以模式创新为动力，以信息技术为支撑，鼓励标准托盘在适用领域广泛应用。

坚持问题导向。推动解决设施设备不衔接、循环共用体系不完善、物流运作规范不统一、信息数据交互不顺畅等问题，实现物流一体化运作。

坚持协同推进。发挥商贸、生产、物流企业及设备运营商等各方面作用，鼓励联盟合作和区域联动，以点连线、以线联网，协同推进物流标准化。

（三）工作目标

到2020年，**物流标准化水平明显提升**。标准托盘占全国托盘保有量比例由目前的27%提高到32%以上，适用领域占比由目前的65%提高到70%以上。**物流降本增效取得明显进展**。企业装卸成本大幅降低，货损率显著下降，装卸货效率、车辆周转率明显提高。

二、重点任务

（一）加快标准托盘推广应用。重点在快消品、农产品、药品、电商、中小型电器和工业零部件等适用领域，推广规格统一、质量合格的标准托盘。鼓励托盘生产企业从供给端减少一次性托盘、非标托盘的生产与供应。鼓励用户以租赁、转售、交换等形式使用标准托盘，促进托盘沿供应链流转，减少托盘自购自用和静态使用。加快淘汰存量非标托盘，鼓励采用“回购返租”等创新模式实现非标托盘转换。

（二）促进物流链各环节标准化衔接。推动单元化物流载具应用并与标准托盘衔接配套，鼓励产品制造环节采用符合600mm×400mm模数系列的包装箱，鼓励商品流通环节采用600mm×400mm模数系列的周转箱（筐），鼓励物流运输环节推广外廓尺寸为2550mm（冷藏货运车辆外廓2600mm）的货运车辆。推动物流配套设施设备标准化，适应托盘一贯化运作。鼓励对仓库、配送中心、零售门店等物流设施进行标准化建设和改造，对存储、装卸、搬运、分拣、包装等设备进行标准化投入和更新。

（三）推进物流载具循环共用。逐步建立以全国运营为主体、区域运营为补充、相互协同开放的托盘、周转箱（筐）循环共用体系，为发展单元化物流提供保障。鼓励物流载具运营企业做大做强，扩大标准托盘、周转箱（筐）运营规模，通过自建、共建、合作等多种方式拓展公共运营网点，为用户提供托盘、周转箱提取、退还、调拨、维修、数据等便利化、信息化服务。鼓励物流载具生产企业、第三方物流企业、物流园区发挥各自优势，盘活存量标准托盘、周转箱（筐），拓展租赁运营服务。鼓励通过信息技术应用，加强物流载具循环共用线上服务，探索模式创新，整合线下物流资源，提高物流载具循环共用水平。鼓励各类运营主体加强协同合作，实现规则互通、资源共享和网络融合。鼓励开展托盘认证，制定托盘交换规则，探索建立托盘租赁、交换相结合的自由流转机制。

（四）推进物流单元化、一体化运作。以托盘、包装箱、周转箱（筐）、集装箱为单元，推动包装、储存、装卸、搬运、分拣、配送、运输等物流各环节一体化运作。鼓励生产制造企业使用标准托盘、包装箱（600mm×400mm模数系列）将产品整合为规格化、标准化的集装单元，从源头发展单元化物流。鼓励物流企业将标准集装单元与共同配送、集装箱运输、多式联运相结合，推广带托盘运输，提高港口、场站、仓库装卸效率和空间利用率。鼓励批发、零售、电商等流通企业以标准托盘、周转箱（筐）为集装单元和计量单元，进行采购订货、计算运费、收发货和验货，推动流通全过程“不倒托”、“不倒箱”，优化商业流程和流通组织方式，减少流通环节和货物损耗。

（五）提高物流链信息化、智能化水平。拓展标准托盘、周转箱（筐）的信息承载功能，从集装单元提升为数据单元，应用全球统一编码标识（GS1），探索托盘条码与商品条码、箱码、物流单元代码关联衔接，推动物流链上下游企业数据传输交换顺畅。利用大数据、云计算、物联网、区块链、人工智能等先进技术，加强数据分析应用，挖掘商业价值，优化生产、流通、销售及追溯管理，以智能物流载具为节点打造智慧供应链。

（六）推广先进成熟模式。推广“**集团整体推进**”**模式**，鼓励集团型企业整合内部资源，统一托盘采购、租赁、带托盘运输等业务，依托网点优势，实现全国托盘循环共用；推广“**供应链协同推进**”**模式**，鼓励生产企业、连锁商贸企业等供应链上下游企业“结对子”、“建联盟”，开展统一租赁、托盘互换，协同推进托盘标准化；推广“**社会化服务推进**”**模式**，鼓励第三方物流企业、托盘租赁运营企业依托服务供需两端的客户资源优势，引导用户从托盘自购向租赁转变，从仓库内部使用向带托盘运输转变，从企业自用向循环共用转变；推广“**平台整合推进**”**模式**，鼓励平台型企业发挥信息化优势，整合托盘供方、需方、运营方等各类资源，为用户提供开放式循环共用服务，推动标准托盘广泛应用。

三、保障措施

（一）健全标准体系。围绕标准托盘及其循环共用，开展包装箱、周转箱（筐）、托盘、集装箱等集装单元器具标准研究，促进物流链上下游设施设备标准、信息标准、服务标准相衔接。鼓励行业组织制定先进的团体标准，完善带托运输通用规则、货物堆码通用规则、托盘交换规则、诚信交接免验货机制，推进托盘循环共用和单元化物流发展。（国家标准委、商务部、国家发展改革委、工业和信息化部、交通运输部负责）

（二）加大政策扶持。鼓励有条件的地区创新扶持政策，支持跨区域联动、辐射带动周边的项目，对在外地注册法人但在当地有实体的非法人机构，及在当地注册法人但在外地建设实体的机构，均可在当地申报项目，促进大物流、大流通发展。（商务部、财政部、地方有关部门负责）按照《外商投资产业指导目录》，鼓励外商投资托盘及集装箱单元共用系统建设、运营。（发展改革委、商务部负责）鼓励地方因地制宜，出台支持标准托盘应用和单元化物流发展的相关扶持政策。（地方有关部门负责）

（三）营造市场环境。研究成立托盘认证技术委员会，推动有关机构开展托盘质量认证，从供给侧统一托盘规格、标识和质量，形成标准托盘持续增长的长效机制，为托盘交换共用打好基础。（商务部、国家标准委、国家认监委负责）引导电商和物流企业推广标准包装箱、周转箱（筐）和托盘箱（笼），开展绿色包装认证。（商务部、国家邮政局、国家认监委负责）支持港口、场站等发展带托盘运输和多式联运。（交通运输部、中国铁路总公司负责）指导用户企业对以标准托盘、周转箱（筐）为计量单位的合作方，给予优先收货、开辟绿色通道等优惠措施。（商务部、工业和信息化部负责）

（四）加强统计培训。研究建立物流标准化统计制度（国家统计局、商务部、发展改革委负责）发挥有关协会、联盟和研究机构作用，定期开展标准托盘应用情况调查，监测分析相关成本、效率指标，加强标准宣贯和专业培训，加大典型案例推广力度，提高物流标准化认识。（有关协会、联盟、研究机构负责）

商务部

发展改革委

工业和信息化部

财政部

交通运输部

统计局

邮政局

国家认监委

国家标准委

中国铁路总公司

2017 年 12 月 29 日

关于继续实施物流企业大宗商品仓储设施用地城镇土地使用税优惠政策的通知

财税〔2017〕33号

各省、自治区、直辖市、计划单列市财政厅（局）、地方税务局，西藏、宁夏自治区国家税务局，新疆生产建设兵团财务局：

为进一步促进物流业健康发展，现就物流企业大宗商品仓储设施用地城镇土地使用税政策通知如下：

一、自2017年1月1日起至2019年12月31日止，对物流企业自有的（包括自用和出租）大宗商品仓储设施用地，减按所属土地等级适用税额标准的50%计征城镇土地使用税。

二、本通知所称物流企业，是指至少从事仓储或运输一种经营业务，为工农业生产、流通、进出口和居民生活提供仓储、配送等第三方物流服务，实行独立核算、独立承担民事责任，并在工商部门注册登记为物流、仓储或运输的专业物流企业。

三、本通知所称大宗商品仓储设施，是指同一仓储设施占地面积在6000平方米及以上，且主要储存粮食、棉花、油料、糖料、蔬菜、水果、肉类、水产品、化肥、农药、种子、饲料等农产品和农业生产资料，煤炭、焦炭、矿砂、非金属矿产品、原油、成品油、化工原料、木材、橡胶、纸浆及纸制品、钢材、水泥、有色金属、建材、塑料、纺织原料等矿产品和工业原材料的仓储设施。

仓储设施用地，包括仓库库区内的各类仓房（含配送中心）、油罐（池）、货场、晒场（堆场）、罩棚等储存设施和铁路专用线、码头、道路、装卸搬运区域等物流作业配套设施的用地。

四、物流企业的办公、生活区用地及其他非直接从事大宗商品仓储的用地，不属于本通知规定的优惠范围，应按规定征收城镇土地使用税。

五、非物流企业的内部仓库，不属于本通知规定的优惠范围，应按规定征收城镇土地使用税。

六、本通知印发之日前已征的应予减免的税款，在纳税人以后应缴税款中抵减或者予以退还。

七、符合上述减税条件的物流企业需持相关材料向主管税务机关办理备案手续。

请遵照执行。

财政部

税务总局

2017 年 4 月 26 日

国家发展改革委等8部门印发《关于促进分享经济发展的指导性意见》的通知

发改高技〔2017〕1245号

各省、自治区、直辖市人民政府，国务院各部委、各直属机构，各中央管理企业：

大力发展分享经济，有利于提高资源利用效率和经济发展质量，有利于激发创新创业活力和拓展扩大就业空间，对于推进供给侧结构性改革，深入实施创新驱动发展战略，促进大众创业万众创新，培育经济发展新动能和改造提升传统动能，具有重要意义。为进一步营造公平规范的市场环境，促进分享经济更好更快发展，充分发挥分享经济在经济社会发展中的生力军作用，我们研究编制了《关于促进分享经济发展的指导性意见》，经国务院同意，现印发你们，请认真贯彻落实。

国家发展改革委
中央网信办
工业和信息化部
人力资源社会保障部
税务总局
工商总局
质检总局
国家统计局
2017年7月3日

关于促进分享经济发展的指导性意见

分享经济作为全球新一轮科技革命和产业变革下涌现的新业态新模式，正在加快驱动资产权属、组织形态、就业模式和消费方式的革新。推动分享经济发展，将有效提高社会资源利用效率，便利人民群众生活，对推进供给侧结构性改革，落实创新驱动发展战略，进一步促进大众创业万众创新，培育经济发展新动能，具有重要意义。近年来，我国分享经济创新创业活跃，发展迅速，利用“互联网+”，创造众多新业态，化解过剩产能，带动大量就业，显示出巨大发展活力与潜力，已成为推动大众创业万众创新向更广范围、更深程度发展的重要抓手和我国经济社会发展的“生力军”。但是，分享经济发展也面临着认识不统一、制度不适应、保障不健全等诸多问题和挑战。按照深化简政放权、放管结合、优化服务改革的总体要求，为加强预期引导，优化发展环境，促进分享经济发展，现提出以下指导性意见。

一、分享经济在现阶段主要表现为利用网络信息技术，通过互联网平台将分散资源进行优化配置，提高利用效率的新型经济形态。

二、分享经济强调所有权与使用权的相对分离，倡导共享利用、集约发展、灵活创新的先进理念；强调供给侧与需求侧的弹性匹配，实现动态及时、精准高效的供需对接；强调消费使用与生产服务的深度融合，形成人人参与、人人享有的发展模式。

三、促进分享经济更好更快发展，要坚持以推进供给侧结构性改革为主线，以满足经济社会发展需求为目标，以支持创新创业为核心，以满足消费需求和消费意愿为导向，深入推进简政放权、放管结合、优化服务改革，按照“鼓励创新、包容审慎”的原则，发展与监管并重，积极探索推进，加强分类指导，创新监管模式，推进协同治理，健全法律法规，维护公平竞争，强化发展保障，充分发挥地方和部门的积极性、主动性，支持和引导各类市场主体积极探索分享经济新业态新模式。

四、合理界定不同行业领域分享经济的业态属性，分类细化管理。加强部门与地方制定出台准入政策、开展行业指导的衔接协调，避免用旧办法管制新业态，破除行业壁垒和地域限制。清理规范制约分享经济发展的行政许可、商事登记等事项，进一步取消或放宽资源提供者市场准入条件限制，审慎出台新的市场准入政策。拟出台各项市场准入、监管措施，必须事先公开征求公众意见，充分开展咨询评估，提高政策透明度。坚持底线思维，增强安全意识，对于与人民生命财产安全、社会稳定、文化安全、金融风险等密切相关的业态和模式，严格规范准入条件。

五、坚持包容审慎的监管原则，探索建立政府、平台企业、行业协会以及资源提供者和消费者共同参与的分享经济多方协同治理机制。强化地方政府自主权和创造性，做好与现有社会治理体系和管理制度的衔接，完善分享经济发展行业指导和事中事后监管。充分利用云计算、物联网、大数据等技术，创新网络业务监管手段。加快网络交易监管服务平台建设，实施线上线下一体化管理。平台企业要加强内部治理和安全保障，强化社会责任担当，严格规范经营。行业协会等有关社会组织要推动出台行业服务标准和自律公约，完善社会监督。资源提供者和消费者要强化道德约束，实现共享共治，促进分享经济以文明方式发展。

六、根据分享经济的不同形态和特点，科学合理界定平台企业、资源提供者和消费者的权利、责任及义务，明确追责标准和履责范围，研究建立平台企业履职尽责与依法获得责任豁免的联动协调机制，促进行业规范发展。平台企业应建立相应规则，严格落实网络主体资格审查，保护消费者合法权益，积极协助政府监督执法和权利人维权。资源提供者应履行信息公示义务，积极配合相关调查。消费者应依法合规使用分享资源。

七、引导平台企业建立健全消费者投诉和纠纷解决机制，鼓励行业组织依法合规探索设立分享经济用户投诉和维权的第三方平台。依法严厉打击泄露和滥用用户个人信息等损害消费者权益行为。加强对分享经济发展涉及的专利、版权、商标等知识产权的保护、创造、运用和服务。鼓励金融机构结合分享经济需求，创新金融产品和服务。研究制定适应分享经济特点的保险政策，积极利用保险等市场机制保障资源提供者和消费者的合法权益。

八、鼓励和引导分享经济企业开展有效有序竞争。切实加强对分享经济领域平台企业垄断行为的监管与防范，维护消费者利益和社会公共利益，营造新旧业态、各类市场主体公平竞争的环境。严禁以违法手段开展竞争，严厉打击扰乱正常的生产经营秩序的行为。

九、积极发挥全国信用信息共享平台、国家企业信用信息公示系统和金融信用信息基础数据库作用，依法推进各类信用信息平台无缝对接，打破信息孤岛，建立政府和企业互动的信息共享合作机制，充分利用互联网信用数据，对现有征信体系进行补充完善，并向征信机构提供服务。积极引导平台企业利用大数据监测、用户双向评价、第三方认证、第三方信用评级等手段和机制，健全相关主体信用记录，强化对资源提供者的身份认证、信用评级和信用管理，提升源头治理能力。依法加强信用记录、风险预警、违法失信行为等信息在线披露，大力推动守信联合激励和失信联合惩戒。平台企业要健全信用信息保全机制，承担协查义务，并协同有关部门实施失信联合惩戒措施。

十、鼓励和支持具有竞争优势的分享经济平台企业有序“走出去”，加强对外交流与合作，积极开拓国际市场，构建跨境产业体系，打造国际知名品牌，培育具有全球影响力的分享经济平台企业。

十一、大力推动政府部门数据共享、公共数据资源开放、公共服务资源分享，增加公共服务供给，提升服务效率，降低服务成本。完善相关配套政策，加大政府部门对分享经济产品和服务的购买力度，扩大公共服务需求。在城乡用地布局和公共基础设施规划建设中，充分考虑分享经济发展需求。鼓励企业、高校、科研机构分享人才智力、仪器设备、实验平台、科研成果等创新资源与生产能力。

十二、积极发挥分享经济促进就业的作用，研究完善适应分享经济特点的灵活就业人员社会保险参保缴费措施，切实加强劳动者权益保障。加大宣传力度，提升劳动者的自我保护意识。对与从业者签订劳动合同的平台企业，以及依托平台企业灵活就业、自主创业的人员，按规定落实相关就业创业扶持政策。

十三、研究完善适合分享经济特点的税收征管措施。依法加强对平台企业涉税信息的采集和税收风险分析工作，加快推进线上线下一体化管理。推广应用电子发票，不断提高分享经济纳税服务的信息化水平，持续增强分享经济纳税服务能力。

十四、建立健全反映分享经济的统计调查指标和评价指标。充分运用大数据等信息技术手段，创新统计调查方法，推动部门统计信息共享，多渠道收集相关数据并建立数据库，完善统计核算，科学准确评估分享经济在经济发展、改善民生、促进就业和增加居民收入、扩大国内消费等方面的贡献。

十五、加强释法、修法工作，按程序及时调整不适应分享经济发展和管理的法律法规与政策规定，不断优化法律服务。在相关立法工作中，根据国家有关战略部署和分享经济发展特点进行设计，加强制度与监管的适应性。根据需要及时研究制定分行业分领域分享经济管理办法。

十六、各地区、各部门要担起责任，主动作为，切实加强对分享经济的深入研究，因地制宜，不断完善发展环境，创造良好社会预期，务实推进分享经济健康快速发展。鼓励有条件的行业和地区先行先试，充分发挥专业化众创空间、科技孵化器的支撑作用和双创示范基地的示范作用，不断提升服务能力，积极开展相关探索实践。“互联网+”行动部际联席会议要加强对分享经济发展的统筹协调和政策解读，条件成熟时推动成立分享经济专家咨询委员会，为政府决策提供重要支撑。

资 料 汇 编

2017年中国仓储配送行业十件大事

2017年是实施“十三五”规划的重要一年，也是供给侧结构性改革的深化之年。一年来，党和国家出台了一系列促进仓储物流发展的重要文件，仓配行业也发生了许多对优化行业结构、提升运行质量、有着长远发展意义的大事。经中国仓储与配送协会研究、并由2017全国仓配行业企业家年会代表评选出以下10件大事。

一、十九大报告将物流作为国民经济基础设施，有利于仓储网络化发展与完善配送节点布局

10月18日，习近平总书记在十九大工作报告中提出，“加强水利、铁路、公路、水运、航空、管道、电网、信息、物流等基础设施网络建设”。这是党中央第一次把物流与水利、铁路、公路、水运、航空、管道、电网、信息并列，纳入国家优先发展和加快发展的基础设施范畴，这说明党中央在规划新时代经济体系建设中，赋予了新时代物流的基础设施战略定位，明确了其先行性、基础性、公共性的特征，是物流业战略定位的重大提升，对于加强我国物流基础设施规划建设、完善物流节点布局、推动物流网络化发展具有划时代的意义。

根据“物流”在报告中的语境，这一战略定位的含义至少有3个：一是我国物流业虽然已经高速发展近20年，但到目前为止物流的供给结构仍然是不完善的，需要调整、改革、创新；二是既然与“公、铁、水、空”等基础设施并列，就说明这里的“物流”不是一般意义上的运输设施与运输通路，而应该理解为仓储设施、配送节点、配送车辆、装卸机具、机械化自动化设施、信息平台等；三是作为基础设施的“物流”发展方向是网络化，既包括仓储配送节点的网络化、城市配送网点、农村配送网点、城乡一体化配送体系，也包括物流管理的信息化、网络化、平台化。

二、国务院出台多项政策意见，推动仓配业快速健康发展

4月13日，国务院办公厅印发《关于加快发展冷链物流保障食品安全促进消费升级的意见》，确定了到2020年初步形成布局合理、覆盖广泛、衔接顺畅的冷链基础设施网

络，基本建立“全程温控、标准健全、绿色安全、应用广泛”的冷链物流服务体系，普遍实现冷链服务全程可视、可追溯，生鲜农产品和易腐食品冷链流通率、冷藏运输率显著提高，腐损率明显降低的目标任务，提出了健全冷链物流标准和服务规范体系、完善冷链物流基础设施网络、鼓励冷链物流企业经营创新、提升冷链物流信息化水平、加快冷链物流技术装备创新和应用等工作意见。据此，中国仓储与配送协会、中国畜牧业协会、全国工商联水产业商会、中国果品流通协会、中国蔬菜流通协会暨全国冷链运营联盟联合发布冷链领域首个团体标准《冷链运营管理规范》及《全国冷链运营标准化评价管理办法》，启动首批冷链企业标准化评价工作，主导开发并上线运行“全国冷链运营公共管理平台”，引导青海等地区首批食品加工经营与冷链企业上线运营，标志着“全链条、网络化、严标准、可追溯、新模式、高效率”的现代化冷链物流体系建设迈开第一步。

8月7日，国务院办公厅印发《关于进一步推进物流降本增效促进实体经济发展的意见》，要求加强对物流发展的规划和用地支持，在土地利用总体规划、城市总体规划中综合考虑物流发展用地，统筹安排物流及配套公共服务设施用地选址和布局，鼓励通过“先租后让”“租让结合”等多种方式向物流企业供应土地；要完善城乡物流网络节点，加强配送车辆停靠作业管理，加强交通运输、商贸流通、供销、邮政等相关单位物流资源与电商、快递等企业的物流服务网络和设施共享衔接，逐步完善县、乡、村三级物流节点基础设施网络；要开展仓储智能化试点示范，推广应用先进信息技术及装备，加快智能化发展步伐，提升仓储、运输、分拣、包装等作业效率和仓储管理水平，降低仓储管理成本。

10月5日，国务院办公厅印发《关于积极推进供应链创新与应用的指导意见》，明确提出了“推进农村一二三产业融合发展，促进制造协同化、服务化和智能化，提高流通现代化水平，积极稳妥发展供应链金融，积极倡导绿色供应链，努力构建全球供应链”6个方面的重点任务。《意见》要求“加强农产品和食品冷链设施及标准化建设”，“将供应链上下游企业全部纳入追溯体系”；鼓励依托人民银行征信中心建设的动产融资统一登记系统开展应收账款及其他动产融资质押和转让登记。专家认为，仓储配送企业应当以存货管理为核心，以中小企业为服务对象，开展代理采购、存货融资与分销配送，逐步切入或转型供应链服务，在农村产业发展、制造业协同发展与全球供应链中应当发挥支撑作用，在流通现代化、供应链金融、绿色供应链中应当发挥核心作用。

与此同时，商务部组织17个城市开展了供应链体系建设试点，有三条线：以托盘循环为核心的物流标准化、以冷链为核心的供应链平台、以流通追溯为核心的供应链。

三、商务部等部门先后印发《商贸物流发展“十三五”规划》《城乡高效配送专项行动计划》，合力推动城乡配送模式创新发展

1月19日，商务部、发展改革委、国土资源部、交通运输部、国家邮政局联合发布《商贸物流发展“十三五”规划》，提出，“十三五”期间基本形成城乡协调、区域协同、国内外有效衔接的商贸物流网络；商贸物流标准化、信息化、集约化和国际化水平显著提高，商贸流通领域托盘标准化水平大幅提升，标准托盘使用率达到30%左右，先进信息技术应用取得明显成效；商贸物流成本明显下降，批发零售企业物流费用率降低到7%左右；政府管理与服务方式更加优化，法治化营商环境更趋完善；基本建立起高效集约、协同共享、融合开放、绿色环保的商贸物流体系。

为深入贯彻落实《国务院办公厅关于进一步推进物流降本增效促进实体经济发展的意见》及《商贸物流发展“十三五”规划》等文件精神，12月13日，商务部、交通运输部、公安部、国家邮政局、供销合作总社联合印发《城乡高效配送专项行动计划》，提出了5项主要任务、3项重点工程、4项保障措施，以进一步完善城乡配送网络节点，降低配送成本，提高配送效率。

《专项行动计划》突出体现了3个方面的特点：一是突出城乡协同发展的工作重点，将城乡网络有机衔接、资源集约开放、协同共享作为主要工作方向，强调农村配送网络的建立及城乡配送网络的有效衔接、解决工业品下乡与农产品进城难题，强调城乡各类配送节点资源的集约开放与协同共享，有效提升城乡配送效率、降低配送成本；二是突出多部门联合的工作机制，既要继续发挥各部门职能与资源的优势，更要加强各部门工作职能的衔接与工作协调，共同解决工作中的难题；三是突出重点示范、考核评估、复制推广的工作方法，通过调研、考察、推荐，选择与培植一批骨干企业，建立健全城乡一体化配送服务体系，提出和完善考核指标，加强对骨干企业的综合考核，建立动态选择机制。

四、标准托盘开放式循环共用运营工作正式启动，商贸物流标准化行动见成效

11月15日，首批10000个带有中国商贸物流标准化行动联盟（以下简称“联盟”）标识和GS1编码并纳入“全国开放式托盘共用系统公共平台”管理的标准托盘（1200 * 1000mm），在天津光明乳业和华润万家配送中心投入使用，标志着我国开放式托盘循环共用的运营工作正式启动。

联盟于2015年由中国仓储与配送协会、商务部研究院、中国包装总公司联合发起成立，以全面推进全国商贸物流标准化工作为宗旨，以组织推动托盘标准化及托盘循环共用体系建设为核心，通过建立企业互联、信息互通、信用互认、规则共建、资源共享、互利共赢的合作机制，系统推进商贸物流的技术、设备、信息、管理和服务的标准化创新，不断提升全国商贸物流标准化水平。2017年9月，联盟联合中国百货商业协会、中国条码技术与应用协会发布了《开放式循环木质平托盘 日字形周底托盘》《开放式托盘共用系统运营指南》两项团体标准，为开放式托盘循环共用系统发展奠定了基础。

开放式托盘循环共用系统，是为实现供应链上下游托盘的循环共用，由众多托盘供给企业（生产企业、运营企业和维修企业）、托盘运营网点和托盘运营管理平台，使用符合联盟开放式循环托盘标准规定、经过认证的托盘，为众多用户共用服务的组织系统。系统具有应用范围广、包容性强、跨区域循环的优势，可以减少托盘使用用户投入、提高作业效率、加速托盘与运营车辆周转、降低物品损耗、节省物流成本、减少木材消耗量，对于实现物流行业降本增效、节能减排和绿色发展起到重要的推进作用。

五、仓储业固定资产投资增速降至个位数，2017年成为仓储业深度转型升级的新起点

据国家统计局公布的分行业固定资产投资月度累计汇总数据，2016年仓储业固定资产投资额约6983.5亿元，同比增长5.5%，增幅较上年降低22.9个百分点，首次低于物流业（含交通运输、仓储和邮政业）固定资产投资总额增幅（9.5%）和全社会固定资产投资额增幅（9.8%）。

进入21世纪以来，仓储业固定资产投资增幅首次下降到10%以下，且首次低于全社会、物流业固定资产投资增幅。究其原因：一是在新常态大环境下，除涉及民生的行业外，其他行业固定资产投资增速都在放缓，与之相比，仓储业投资增速下降明显；二是由于仓储业投资连续十年大幅增长，仓储设施日趋饱和，业内投资转向库内功能完善末端节点建设、信息化、智慧化（云仓储、大数据、物联网）等方面，导致投资增幅趋缓；三是物流体系优化，流通环节减少，库存周转加快，在物流过程中越库作业比重增加，导致对仓储设施的总体需求下降；四是由于土地资源紧张，客观上制约了仓储设施的建设规模发展；五是仓储设施投资主体发生变化，电商、零售、快递等企业投资仓储设施未纳入仓储业投资统计范围。更为重要的是，仓储经营方式与商业模式创新成为大

趋势，传统意义上的仓储、单一功能的仓储将不复存在，应当深度转型升级、全面融入供应链、融入互联网，围绕控制与调度库存，存货融资与供应链金融，支撑全渠道流通发展。

六、物流板块并购整合，国内仓储设施版图开启重塑新篇

8月22日，中国外运股份有限公司与招商局订立收购协议，两家企业的战略重组进入全面深入实施阶段。重组后，结合双方的海运、空运、陆运、仓储及客户等资源，将有利于提供全程供应链解决方案和一站式服务，有利于提高全球性的综合物流服务能力，有利于打造“海、陆、空”供应链体系一体化的综合物流企业。此次物流板块的整合，催生了行业超级“巨无霸”。

7月14日，新加坡上市公司普洛斯公布，中国财团作价116亿美元（约790亿元）成功收购普洛斯，其中，万科集团占股21.4%。据分析，我国城镇化和B2C电商发展拉动物流地产需求，而中美人均仓储面积差异意味着巨大的行业空间，且物流地产的租金增长幅度高于住宅和普通商业地产且更稳定，因而越来越成为投资者关注的热点。此次并购后，普洛斯将更彻底地变身为中国公司。

七、物流领域军民融合发展，落地实施

10月23日，顺丰集团与空军后勤部签署战略合作协议，就空军后勤军民融合军事物流体系建设开展长期合作；同一天，京东物流也与空军后勤部达成“物流军民融合”战略合作；中铁快运股份有限公司、中国邮政速递物流股份有限公司、德邦物流、中国物流与采购联合会均参与到此次战略合作协议签约中。这标志着军、地双方在加强物流服务、提升平战转换时效和物资配送能力方面的协作正式实施。通过军民深度融合，有利于盘活军、地物流存量资产，促进创新，提高效率，实现军民两部门合作共赢的目标。

八、业内首个绿色标准《绿色仓库要求与评价》发布实施，引导仓储行业绿色化发展

由中国仓储与配送协会起草、商务部批准的行业标准《绿色仓库要求与评价》（SB/T 11164－2016）已于5月1日起正式实施，标志着我国仓储行业首个绿色标准发布实施。

标准提出了绿色仓库规划设计中库区选址和规划、节地与土地利用、节能与能源利用、节水与水资源利用、节材与材料资源利用等方面的要求。从企业角度讲，可了解自身仓储设施存在的高耗低效问题，找到解决办法，对绿色仓储设施建设提供指引，有效降低企业运营成本，积极承担社会责任；从行业角度讲，在全社会的企业中推广绿色仓库的理念和技术，推动我国仓储行业的节能降耗、绿色减排工作，减少全社会的碳排放。

九、《民法典》接纳现代担保物权制度精神，动产融资和担保品管理行业的制度和规范持续完善

10 月 1 日，《中华人民共和国民法总则》颁布实施，《中华人民共和国民法典（担保物权篇）》编纂工作正式启动，担保物权统一登记制度有望实现，进一步促进仓储融资和担保品管理的发展，持续改善中小企业融资难的困境。

在现代担保物权制度下，早已没有抵押、质押等的区别，只有一个统一“担保物权”的概念，所有形式的担保交易都遵循一套前后一致的制度安排，但是由于历史原因，《中华人民共和国物权法》还是对抵押和质押等进行了区分，从而造成了如登记系统的分割、抵押权和质押的冲突等问题。目前，各个国际组织（世界银行国际金融公司、联合国国际贸易法委员会、欧洲复兴开发银行等）都推荐统一担保物权制度。目前《中华人民共和国民法典》的编纂，已经接纳现代担保物权制度的精神，在推动担保物权制度的进一步改革，特别是建立统一的担保物权和统一担保物权的公示登记方面，将有更重大进展。

在担保存货管理行业的规范和准则方面，中国仓储与配送协会在世界银行国际金融公司和中国银行业协会的支持和帮助下，也已初步建立以《担保存货第三方管理规范》《仓单要素与格式规范》2 项国家标准为出发点，以“担保存货管理企业资质评价”提倡行业自律，以“全国担保存货管理公共信息平台”对担保存货进行动态的、持续的、长期的事中监管和事后监管，并在此基础上保证仓单的真实性、唯一性和监控的实时性，以《监管协议示范文本》和《监控协议示范文本》进一步分辨借款人、贷款人、第三方管理企业三者的责权利；以专业责任险作为最后的保障。此规范和准则的建立，填补了行业空白，为从事担保存货管理的企业提出了行为准则，提供了服务规范，对促进我国动产融资与担保品管理的可持续发展，解决中小企业融资难、融资贵，缓解企业流动资金需求、发挥各类存货的效率等方面的积极作用日益明显。

十、京东全流程无人仓投入使用，智能化技术应用推动“智慧物流”发展

继6月武汉亚一小件无人仓、华北物流中心AGV仓、7月昆山无人分拣中心投入使用后，10月9日，京东物流首个全流程无人仓正式亮相。该全流程无人仓实现了入库、存储、包装、分拣的全流程、全系统的智能化，对整个物流领域而言都具有里程碑意义。

据介绍，京东无人仓在货物入库、打包等环节配备了3种不同型号的六轴机械臂，应用在入库装箱、拣货、混合码垛、分拣等场景；在分拣区内，引进了3种不同型号的智能搬运机器人执行任务；并在多场景使用了2D视觉识别、3D视觉识别以及由视觉技术与红外测距组成的视觉技术，为这些智能机器人安装了“眼睛”，实现了机器与环境的主动交互。京东无人仓的亮相，通过将无人化带入仓储中心的全流程操作过程，带动了物流效率的提升，标志着物流智慧化发展进入新阶段。

商务部原副部长房爱卿
在2017全国仓配行业企业家年会上的讲话

非常高兴来到美丽的遂宁参加全国仓配行业企业家年会，首先对这次会议的召开表示祝贺！

刚才听了孙杰会长的介绍，我觉得这几年中国仓储与配送协会确实做了大量的工作，很多工作都具有前瞻性和战略性，起到了参谋助手、桥梁纽带的作用。这次会议的主题是：标准、智慧、高效，我觉得这也是贯彻党的十九大精神，贯彻五大发展理念，建设现代经济体系要求的一项具体举措。

刚才听了杨市长的介绍，我觉得这次会议地点选得也不错，遂宁有深厚的文化底蕴，地域优势比较明显，地处重庆与成都中间，也处在四川盆地的腹地，是一个建立分拨中心和配送中心的好地方，这次会议不仅是一次行业年会，也是一次现场会，大家参观、交流、互鉴，共同探讨更好地发展物流的思路和措施。下面我讲四点想法和大家交流！

第一，加快发展物流配送是提高国民经济运行质量和效率的重要举措

近年来，随着互联网、大数据、云计算、区块链等信息技术的发展，商流、资金流、信息流都发生了革命性的变化、颠覆性的变化，大数据随处可见，但是唯独物流，不管信息技术怎样变化，原材料都要从产地运到加工地，商品都要从加工地分拨、配送到消费地，这是实实在在、不可替代的，不管怎样降成本、提效率，合理运作是不可变化的。所以，下一步物流将呈现一个高度竞争与创新的局面，真正成为第三利润的来源。现在无论是生产企业还是流通企业，无论是线上还是线下都在搞物流，谁掌握了物流谁就掌握了竞争的主动权，而且我觉得现在物流的业务量也在大幅度增加，过去很多商品是当地生产、当地销售，现在是国际性的商品买卖，这已经成为潮流。不仅生产资料、工业品是这样，而且农产品，包括鲜活农产品也是这样。粮食、蔬菜、水果，南菜北运、西果东送，已经很多年了。南非的水果现在在国内很多地方都可以买到。

由于流通半径大幅延长，物流量大幅增加，所以我觉得物流不仅从企业看重要，从国民经济运行的情况看更重要。这几年我们国家的社会物流总费用占比在进一步地降低，但是上半年仍占GDP的14.6%，与发达国家比高出很多，与美国比高出将近一半，这里面的原因很复杂，既有客观原因也有主观原因。客观原因是产业结构和产业布局，我们国家服务业占56%，美国将近80%，德国、日本均将近70%，服务业占比高的话，物流占比必然少；工业、农业占比高的话，物流占比必然要大。还有就是产业供给的问题，美国的蔬菜是在一个地方分拨到全国各地，没有对流和迂回现象，但中国的蔬菜，你看，山东的蔬菜河北有，河北的蔬菜山东也有，对流的现象很多。主观上，我们现在物流水平仍然还有很大的潜力，我们的集约化程度、精细化程度和现代化程度都还有很大的提升空间，如果物流成本降低、效率提高、商品周转天数缩短，那么就能大幅提高国民经济的运行质量和运营效率。所以，物流不仅是一个企业的责任，一个行业的责任，还是一个国家宏观经济运行质量效率的大事。

这几年，党中央国务院高度重视物流业的发展，发布了一系列的文件、规划，出台了财政、金融、土地等一系列的政策，各部门也制定了很多文件，大大促进了物流业的发展。习近平总书记在十九大报告当中指出，在创新引领、绿色低碳、共享经济、现代供应链、人力资本服务等领域培育新的增长点、形成新动能，支持传统产业优化升级，加快发展现代农业，瞄准国际标准提高水平。这些为今后物流业发展指明了方向。

第二，优化物流配送布局是完善现代流通体系的决定性因素

不谋全局者不可能谋一隅，研究优化物流总体布局，对每个企业的发展都是非常重要的。我国物流配送布局大体上经历了三个阶段。在计划经济年代，商流是第一位的，商流决定物流与资金流，物流配送布局即商品从生产开始、经过一级、二级、三级批发商，到零售商，物流从属于商流。改革开放以后，物流配送布局进行了改革，最早放开的是流通，打破了三级批发的体系，形成了批发市场、多层级的代理与个体工商户三种新的经营业态，但是价值链冗长、成本高、效率低、管理粗放的问题仍然没有解决好。经过多年的实践，物流配送布局进入第三个阶段，物流在现代流通体系中起决定性作用，现代流通体系是以物流为基础建立的，商流、信息流、资金流都服从于物流。这个流通体系是分拨中心、配送中心、终端的物流配送节点组成的网络体系，分拨中心可能是一级的、也可能是两级的、也可能是三级的，这取决于商品的特点、生产的特点和销售的特点。

比如钢材，从宝钢直接拉到一汽，集中生产集中销售，那么它就可以直达；如果是集中生产分散销售、分散生产集中销售、分散生产分散销售，那么中间必然要通过分拨、配送、终端的物流配送节点。现代物流体系基本上是网状的，不是线状的。每一个企业在这个体系中是一个什么角色，这一点是非常重要的。现在各地的各个企业基本上都是这样，比如大连，快递综合物流园区、市级分拨中心、区级分拨中心、快递营业场所、末端综合服务平台的物流配送设置布局在很多城市很有代表性。比如京东，作为自营物流的电商平台体系，近几年致力于打造自身的物流体系，在一二线城市形成区域配送中心、城市商品配送中心、自由配送站、自提点四级物流中心；在三四线城市则借助第三方物流。物流体系的建立完善，使京东的物流成本降低了30%以上，效率非常明显。因此，多级物流体系的规划布局有效发挥了批发功能，随着企业自有物流体系的对外开放，在信息平台支撑前提下，将成为我国新型分销渠道的主导力量，对整个社会提高流通效率、降低流通成本将发挥重要的作用。

第三，共建共享物流配送资源是行业降本、提质、增效的引导力量

《人类简史》告诉我们人与人、企业与企业之间最大的差别是对未来的认知，对未来认知的程度决定个人和企业发展的程度。乔布斯对电脑和手机的未来认知是乔布斯成功的关键。相反，一些企业对未来没有认知、没有研究，那自然会被淘汰。比如，数码相机的产生，使搞胶卷的企业大幅减少；打火机的产生，使生产火柴的企业大幅减少，所以对未来趋势的认知是非常重要的。

对物流将来的趋势，我们怎么样去判断，这是非常重要的，我认为是对接、匹配、创造价值，和我们共享经济是一个概念，实际上共享物流发展得很早，比如临安物流、传化物流、货车帮等。现在我们的运输企业组织化程度非常低，全国平均一个企业有两辆物流运输车，很多企业回货率低，导致空驶率很高，所以物流成本就高了。如果将这些电子平台建立以后，把若干个供方和若干个求方放在一个平台上，让它有效地匹配，那么每一段运输的供给和需求就都有了对接，不仅如此，在整个供应链服务方面也能做大量的工作。比如信用体系的建设，以前从海南拉到北京的菜，很多走到半路就找不着了，一车货就值十万二十万，很多个体工商户因此而倾家荡产；现在这些平台建立了严格的信用制度，不管车走到哪里都能追踪到。建立一个信用体系后，可以做一些金融服务，这对提高物流的匹配度、降低空驶率、降低运输成本、提高物流的效率会起到很大的作用。比如天地汇，通过一年多的实践，部分干线车辆的使用率从40%提高到80%，月行驶里程从1.3万公里提高到3.5万公里，推动运输成本下降20%以上，非常具有发展潜力的。

从国际上看，比如家乐福，他们建立的配送中心是自己运营的，但沃尔玛从建立配送中心以后就是对社会开放的、共享的，所以我国现在很多企业的配送中心不仅给自己的企业服务，还向社会开放，成为共享经济的一部分。比如现在农村，邮政在搞物流、中国移动在搞物流、供销社在搞物流、商业在搞物流、农业在搞物流、阿里在搞物流、京东也在搞物流，各行业都在搞物流，农村的流通量有限，如果这些企业之间能够合作共赢、合理发展、共同来谋划，那么就能够减少资源的浪费，达到提质、降本、增效的目的。

物流的终端配送节点也很重要。据我了解“三通”“一达”的终端配送占整个快递成本的60%以上，因此，要解决终端问题，就要线上线下融合。便利店是解决终端物流市场化的很好的第一个节点，不管是网络的商品也好，快递的商品也好，便利店分布在各个社区，通过便利店来解决最后一公里的配送，是一个比较好的形式。比如河北国大连锁商业有限公司（简称：国大）利用便利店布局广的优势与阿里巴巴、京东等多家快递公司合作，对旗下300多家“36524便利店”开放代收发业务，目前，国大每天提货量超过6000单。第二个节点是利用社区物业服务，比如福州市丞相坊公共快递服务站是物业建设的一个示范点，这个服务站接触多家快递，服务站门口设有智能快递箱提供8小时人工24小时自助快递投递服务，目前日均快递量达300单左右，累计投递18万次。第三个节点是在校园内建设校园快递综合服务中心，比如天津市通过整合多家快递资源，以“固定员工+学生兼职人员”开展运营，对快递进出校园统一管理、统一派送。第四个节点是设置各类智能投递箱，杭州市鼓励在智能快件箱上叠加功能，使之由单一的存件功能发展为具备便民、金融、信息等综合服务功能，贵阳市智能快件箱企业利用后端平台积累的用户数据，综合用户需求搭建，并利用社区O2O电商服务平台挖掘盈利的增长点。这四种模式，对解决终端物流配送是可行的、有效的。各类社会化、多元化、智能化的末端配送的创新延伸了末端配送网络，创新了末端处理能力。一方面激活了线下实体商业，使末端的网点由原来的简单销售转化为生活服务网点，更好地满足了消费需求；另一方面缓解了消费者日益增长的快递需求与服务能力不充分的矛盾，提高了物流服务水平和效率。

总之，共享经济模式的出现，为物流降本、提质、增效提供了新的突破口，虽然还处于起步阶段，在产品与服务的标准化、安全性方面还有提升空间，但从未来看，共享经济模式将通过整合供应链、延伸产业链、提升价值链与上下游企业和客户分享业务模式创新带来的社会经济效益，成为物流业降本、提质、增效的有效途径。

第四，物流分拨配送企业创新将成为行业发展的新动能

硅谷这些成功的企业为什么会发展得这么好，最大的原因就是创新，支撑创新的一个是跨界，一个是颠覆。物流业有时候需要跳出物流看物流，要跨界来搞物流，要逆向思维来搞物流，所以物流的创新难度可能会更大。

虽然无论商流、资金流、信息流怎么颠覆，物流空间移动这一点都是不会变的，但是物流还是有创新的点可以挖掘，现在人工智能在物流领域确实还有很大的发展空间。一个是物流设施智能化的问题，近年来，大量的物流设施通过传感器介入互联网，目前我国已经有超过400万辆载货车安装北斗定位装置，还有大量托盘、集装箱、仓库、货物接入互联网，物流在线化水平大幅提高；通过自动化立体库、自动分拣机、传送带等设备，实现了存取、搬运、分拣等环节机械化、智能化；大数据的广泛应用使物流在线化产生了大量的数据，数据应用提高了物流的智能化，从而大幅度提高了生产效率。比如菜鸟推出了智能路由分单，实现了包裹跟网点的精准匹配，准确率达到了98%以上，分拣效率提高了50%以上，大大缓解了爆仓的压力。再一个是人工智能正在起步，目前在无人驾驶、无人仓储、无人配送、物流机械人等人工智能前沿领域，像菜鸟、京东、苏宁等一批顶尖企业已经开始实验。

国家邮政局数据显示，2017年“双11”期间，各邮政快递企业共处理包裹文件达3.31亿件，同比增长31.5%。京东物流智能化设备覆盖率达到百分之百，实现了入库、储存、包装、分拣全流程、全系统的智能化和无人化，11日的订单有83%实现了当日出库。人工智能要发展，标准化是前提和基础。多式联运也好，互联互通也好，必须要标准化，不标准化就做不到无缝衔接，就会大量地增加成本、降低效率、降低质量，所以标准化是非常重要的。

商务部近年来以托盘标准化为突破口，着力推动物流标准化，形成了“五路并进”五种模式：一是以托盘租赁服务企业为核心，推动托盘标准化、服务社会化的模式；二是以大型商贸连锁企业为核心，带动供应链整体标准化水平提升的模式；三是以快消品生产企业为核心，向下游逐级推动的推进模式；四是以托盘生产企业为主，加强服务、便利使用的模式；五是以第三方物流企业为主，带动设施设备标准化、一贯化的模式。现代物流的重要特点和优势就在于一体化运作、网络化经营。提高标准化水平是建立统一高效、畅通协调的物流大市场的重要基础和内在需求。

托盘标准化以后，包装也要标准化，包括仓库标准化、集装箱标准化，关键都是衔接问题，标准化是人工智能的一个基础。标准化以后，还有怎样绿色发展的问题。2016年中国快递业务量实际突破312亿件，每人年平均快递量23件；2015年中国消耗了99.22亿个包装箱、169.85亿米胶带和82.08亿个塑料袋，如果按每个包装箱0.2公斤来算，这些快递产生的包装垃圾高达400多万吨，对环境造成了严重的伤害。因此，物流绿色发展是下一步的重要工作之一，很多企业也在创新。比如菜鸟联合全国各地物流合作伙伴推动绿色包装的发展，率先研发并推广免胶带的快递纸箱和百分之百可降解的生物快递袋；苏宁也已投放5万个共享快递盒，2017年“双11”期间，在北京、南京、济南等13个城市投放共享快递盒，这些做法都对解决污染的问题产生了很大的作用。

总体看，绿色物流的发展是一个系统工程，除了绿色包装外，还有绿色运输、绿色仓储、绿色加工配送等诸多环节。十九大报告提出要推进绿色发展，加快建立绿色生产和消费的法律制度和政策导向，建立健全绿色低碳循环发展的经济体系，下一步在这些方面我们也要下功夫。总之，物流企业必须要高度重视创新。通过创新来降低成本，通过创新来提高质量，通过降本提质来提高效率。

我国已经进入中国特色社会主义新时代，物流业也进入转型升级的新阶段，希望在大家的共同努力下，能够推动物流行业从追求规模数量增长向质量效益增长转变，从成本要素驱动向创新驱动转变，从单纯降低物流成本向降本、提质、增效的协同发展模式转变，进一步满足人民日益增长的美好生活需求。

（2017 年 11 月 28 日根据录音整理）

中国中小企业协会会长李子彬在第五届仓储融资和担保品管理国际研讨会上的讲话

发展动产融资是解决中小微企业融资难的有效途径

尊敬的各位嘉宾、在座的企业家同志们，大家上午好，非常高兴出席第五届仓储融资与担保品管理国际研讨会。每年举办一次这样的研讨会十分有必要，可以通过这个平台把与存货融资相关的各方聚集起来，交流经验并探讨如何解决发展中遇到的共同问题。

动产融资是中小微企业的主要融资方式。这里说的动产，是指除了土地和房产这两类不动产之外的其他所有资产，而动产融资，是指信贷机构用动产作为担保来提供的融资。在信贷市场发达的国家约有60%～70%的企业贷款是全部或部分用动产作为担保品来发放的。2007年出台的《中华人民共和国物权法》奠定了我国担保物权制度的基础，为动产融资在我国的快速发展创造了条件。在过去十年中，有关政府部门通过出台各项政策、建立公共融资服务平台等方式，推动了动产融资市场的发展。各金融机构也在动产融资领域不断创新，实现了快速增长。

2013年年底，中国人民银行征信中心在天津创建了应收账款融资服务平台。平台的建立也得到了天津市人民政府的大力支持。到2015年11月末，通过该平台促成的应收账款融资达到了1万亿元。

2016年1月19日，我给李克强总理递交了我的报告——《加快发展动产融资，缓解中小企业融资难题》。李克强总理、马凯副总理在报告上批示，责成人民银行和工信部牵头，召开国务院八个部门参加的联席会议，各国有商业银行和股份制银行都参加了这个会议。2016年7月27日，国务院第143次常务会议研究了进一步加快应收账款抵押贷款的措施，我作了一个发言，重点讲了中国当时9000万户左右的市场主体（大型企业100多万户，中型企业600多万户，小型微型企业2000万户，个体工商户5500万户，加上农村的合作组织）如何解决好融资问题？传统的发行股票、债券和不动产抵押贷款对中小微企业都不管用，不能解决中小微企业的融资难问题。

上海和深圳股票交易所成立已经二十多年了。到现在为止，在主板市场上发行股票的企业约有3200家，发行债券的企业4000余家。相对于全国2800万家的中小微企业来说，数量微乎其微。发债、上市融资，对于小微企业来说是可望不可及的事情。不动产抵押贷款也不适合小微企业。小微企业基本没有不动产，各地政府不可能给每家小微企业都批一块土地。靠这些传统的办法解决不了中小微企业的融资问题。

2007年美国发生次贷危机，2008年波及中国，到2008年第三、四季度，中国有几百万家小微企业破产，3500万人下岗。但是坏事变成好事，中央从那时起也开始更加重视中小企业的地位、作用和贡献。中国的2000多万户中小微企业贡献了全国80%以上的就业、60%以上的GDP、50%以上的税收和75%以上的专利发明。

2009年以后，为了解决企业融资难问题，中央政府部门、各金融机构都做了很大努力，但主要是解决大中型企业的贷款问题。企业只要活着，尽管没有不动产，但是却有包括应收账款、存货、保证金、各类收费权、知识产权、设备等在内的各种动产。因此，解决中小微企业融资难问题，应该加快发展动产融资。

发达国家动产融资已经很普遍，发展中国家连印度、印度尼西亚、墨西哥、越南等都在发展动产融资。一些人担心发展动产融资是否风险较大，难道中国的商业银行的风险管理水平比这些国家差？人家都能做，我们一定也能做，而且一定能做到。

所以，我们看到在过去几年，应收账款融资的发展加快了。以中国人民银行征信中心的应收账款融资服务平台为例，现在通过平台促成的应收账款融资已经超过5.5万亿元，预计2017年会累计超过六万亿元，2019年到2020年超过十万亿元。现在这个平台上的注册用户已经超过13万家。

2006年以来，在我们国家上上下下基本形成共识，依靠传统的金融比如股票市场、债券市场以及银行的不动产抵押贷款没有办法解决两千万户的小微企业的融资难、融资贵问题，加快发展多种形式的动产融资是一条现实可行的道路。

2017年以来，国家也出台了很多重要政策，其中，值得一提的有以下几个：

第一，2017年4月25日，七部委（人民银行、工信部、财政部、商务部、国资委、银监会、外汇局）联合印发了《小微企业应收账款融资专项行动工作方案（2017－2019）》。该《方案》要求各部门要积极组织动员国有大企业、大型民营企业等核心企业加入供应链融资平台，支持小微企业供应商开展应收账款融资业务。为了加强各级政府的推动力度，《方案》还要求每年年初上报上年度的工作开展情况和本年度的工作计划。

第二，2017年8月30号李克强总理在国务院常务会议上，又再次强调了要大力推动应收账款融资、专利权融资等融资新模式。

第三，2017年9月颁布的《中华人民共和国中小企业促进法》，于2018年1月1日正式实施。该法第20条提及“国家鼓励中小企业及付款方通过应收账款融资服务平台确认债权债务关系，提高融资效率，降低融资成本”。通过立法的形式来推动应收账款融资，这在我国还是首次。

但是，我们也应该看到，国家出台的这些政策和法律大多偏重于促进应收账款融资的发展，在存货融资方面还很欠缺。跟应收账款一样，存货也是中小企业的重要资产类型之一，大力推动存货融资的发展也是缓解中小企业融资难问题的一个有效方式。

然面，在存货融资方面，目前仍然存在两大制度性问题没有得到解决。这在很大程度上阻碍了金融机构开展存货融资的积极性。

第一是存货的担保物权登记问题。工商局的动产抵押登记系统到目前为止，仍然是一个分散的、不能有效查询的传统登记系统，无法有效起到担保物权登记的公示和进行优先权排序的功能。中国人民银行征信中心的动产融资统一登记系统虽然已经开通了存货和仓单的质押登记，但是，由于宣传不够，再加上登记后对抗第三人的法律效力还无法得到明确，导致金融机构去进行登记的积极性也不高。全球目前已经有超过70个国家实现了动产担保物权的统一登记，即全国只有一个基于互联网的电子登记系统，没有地方政府机关的人工审批或干预，希望我国也能按此目标进行登记系统的改革。

第二是第三方担保品管理行业的规范化发展问题。在过去几年中，担保品管理行业在规范化发展方面还是取得了不小的进步。例如，出台了两项国家标准，推出了两个担保品管理的标准协议模版。但是，该行业的政府监管仍然缺失，再加上配套的专业责任险等保险产品没有跟上，使得金融机构无法放心地与担保品管理公司合作。担保品管理公司的服务对象全部是信贷机构，它的表现直接影响到信贷质量和金融安全，因此，十分有必要对该行业实施一定程度的监管。

同时，应该承认，尽管面临一些困难，在过去几年中，存货融资和担保品管理行业还是取得了较大的进步。

为了使行业得到更大的发展，除了在担保物权登记系统和担保品管理的行业监管这两方面要有所改革之外，目前正在编纂的《中华人民共和国民法典（担保物权篇）》要更多地吸收现代担保物权制度的精神，使法律能够起到促进经济发展和中小企业融资的作用，而不是相反。此外，除了应收账款，国家也应该出台一些鼓励存货融资发展的政策和指导意见。这些都需要我们在座各位的共同努力。

2017年7月份召开的全国金融工作会议提出了“金融服务经济实体、防范金融风险、深化金融改革”的三大任务，以改革的精神引导金融脱虚向实。加快金融对实体经济特别是加强对小微企业的金融服务，是国务院相关部门以及金融系统各单位的迫切任务，需要共同的真抓实干，取得更大成绩，为经济社会发展做出更大贡献。

中仓协关于落实商务部等10部门《关于推广标准托盘发展单元化物流的意见》的行动方案

中仓协字〔2018〕17号

相关会员单位：

2017年12月29日，商务部等10部门联合印发了《关于推广标准托盘发展单元化物流的意见》[商流通函（2017）968号]（以下简称“意见”），明确要求“发挥有关协会、联盟和研究机构作用，定期开展标准托盘应用情况调查，监测分析相关成本、效率指标，加强标准宣贯和专业培训，加大典型案例推广力度，提高物流标准化认识”。中国仓储与配送协会（以下简称“中仓协”）近年来在国家主管部门的指导下，会同相关机构与行业组织发起组建了中国商贸物流标准化行动联盟承担联盟秘书处工作，在参与研究托盘循环共用的标准体系、参与编制相关地区商贸物流标准化试点方案、组织企业培训与咨询，推动标准托盘开放式循环的规范发展等方面做了一些有益工作。中仓协作为《意见》的受文单位之一，为贯彻落实《意见》的相关要求，提升我国的单元化物流水平，促进物流行业提质增效，现提出以下行动方案。

一、积极开展对《意见》的宣讲与单元化物流培训

单元化物流是物流标准化的一种高级表现形式，对于统一包装装卸器具、缓解劳动力短缺、提高作业效率、降低供应链成本有明显作用，但是行业内对单元化物流的内涵、理论、切入点、实现路径等的认识参差不齐，为此，中仓协将自2018年起，通过在重点区域开展专项培训、在协会召开的相关会议中设置专题、在相关试点地区或相关企事业单位的活动中演讲等多种方式，在全国范围内开展宣传和培训。

会员中的托盘使用、运营、租赁、生产以及相关设施设备企业应积极参与以上宣讲与培训活动，了解地方政府的相关扶持政策，积极申报参加各地方的试点和示范工作。

二、深入研究托盘循环共用模式，发现和报送优秀企业案例

协会前些年支持路凯、集保等全国性托盘租赁公司在封闭式循环方面进行了有效的实践，企业得到了快速发展，也涌现了很多可复制、可推广的托盘循环共用及单元化物流的优秀案例；2014 年协会在国内率先提出托盘的循环共用有封闭式和开放式两种商业模式，通过研究与摸索，协会于 2017 年联合联盟各成员制定发布了团体标准《开放式托盘共用系统运营指南》（T/WD 103—2017），对开放式进行定义，提出对开放式循环共用相关供给方和需求方的运营要求等，重点推进开放式托盘共用体系的建设。

希望相关会员企业积极加入到托盘循环共用方式和单元化物流的探索和践行中来，无论是开放式还是封闭式循环模式，认真总结可推广、可复制的做法、经验与取得的突出成效，随时与中仓协联系，经协会审核作为全国典型案例进行推广，并推荐给商务部。

三、开展标准托盘认证工作

托盘是单元化物流中体积、重量、结构最适合的载具，《意见》规定以 1200mm×1000mm 的平面尺寸作为托盘的唯一标准尺寸，要求托盘的结构、质量也符合标准；并且明确提出“推动有关机构开展托盘质量认证”。2017 年中仓协联合联盟各成员发布团体标准《开放式循环木质平托盘 日字形周底托盘》（T/WD 102—2017），作为贯标手段，同时制定了《全国标准托盘开放式循环评价与认证办法》，主要针对加入循环共用的每一批次标准托盘，聘请全国性专业第三方认证机构进行认证，统一托盘规格、标识和质量，为托盘循环共用打好基础。2017 年第一批开放式标准托盘已在天津投入使用。

希望有志于推动循环共用的相关企业及时与协会联系，了解相关知识体系和运营模式，积极申请参加评价、认证，加入到标准托盘的生产和运营中来。

四、建立单元化物流标准体系，组织制修订重点标准

中仓协已于 2014 年完成商务部《托盘循环共用及其标准体系研究》，并编制了《托盘共用标准体系结构图》和《托盘共用标准体系明细表》，近几年，其中列出的部分标准陆续立项和制修订。2018 年，中仓协将重点完成《开放式循环木制平托盘 日字形周底托盘》（标准升级）《托盘共用系统仓储相关设施设备技术要求》《托盘共用系统货物码盘及交接要求》《仓储与配送服务计量规范》等四项标准的制定；在相关工作的开展

中，研究将托盘共用标准体系提升完善为单元化物流标准体系。

希望有志于以上重点标准制定或愿意为建立相关标准体系贡献智慧和力量的会员企业积极与中仓协联系，参与到相关工作中来。

五、做好物流标准化统计、创新计量标准单元

根据《意见》要求，中仓协将发挥行业组织作用，继续配合相关研究机构开展托盘标准化监测，组织调查研究，共同完成相关统计分析报告。同时，根据正在研究制定的商务部行业标准《仓储与配送服务计量规范》主要内容思路，中仓协将着手探索以托盘、周转箱作为计量单位，便于更准确、更便捷地进行行业统计和分析。

中仓协将在会员企业中率先探索将托盘和周转箱作为仓储与配送业务量的统计单位，希望中仓协的广大会员积极参与标准的统计创新，并针对此工作献计献策。

六、完善配套中仓协的相关组织机构

单元化物流是一项技术性、专业性较强的工作，为了加强对此项工作的支持力度和工作的顺畅衔接，经中仓协第五届理事会第三次会议审议决定，中仓协已于2017年3月成立包装与单元化物流分会。分会将从单元化物流的源头入手，在产品外形设计和包装规格选型阶段就推进标准化、绿色化，并与联盟其他机构共同通过标准制修订、咨询培训与模式推广等方式，充分发挥行业组织作用，积极推动物流标准化政策的落实。

希望相关企业积极分会活动，共同推动物流包装与单元化物流的发展。

相关事宜，请与中仓协包装与单元化物流分会联系。

联系人：郭雷潮 王瑞红

电　话：010－66095341　13601387570　15232755016

邮　箱：guoleichao@ cawd. org. cn

wangruihong@ cawd. org. cn

中国仓储与配送协会

2018年4月2日

中国仓储与配送协会关于落实《城乡高效配送专项行动计划》及其重点工程实施相关工作的通知

中仓协字〔2018〕19号

各相关会员企业，各团体会员，相关企业：

2017年12月以来，商务部联合相关部门先后印发了《城乡高效配送专项行动计划(2017－2020)》[商流通函（2017）917号]、《关于组织实施城乡高效配送重点工程的通知》[商流通函（2018）115号]，明确要求“发挥专业协会等行业组织作用，强化行业自律，开展统计、咨询、评估等社会化服务”“有关行业协会要发挥自身优势，主动参与重点工程实施工作，协助开展行业分析、政策研究、方案编制与企业咨询，共同推进城乡配送体系建设”。作为全国仓储配送领域的专业协会、参与研究上述《计划》与“重点工程”的行业组织，中国仓储与配送协会有责任和义务在主管部门的指导下推动《计划》与“重点工程”的相关实施工作。现就有关事项通知如下：

一、积极宣讲与解读《计划》，组织会员踊跃参加试点

城乡配送既是目前我国物流体系的薄弱领域，也是最难攻克的物流难题；既是大幅降低物流成本的“黑土地”，也是完善流通体系、增强消费者体验、促进消费升级的重要支柱。中仓协将利用各种途径与场合宣讲与解读《计划》，组织研讨“重点工程”实施的创新模式，组织引导协会会员积极参加各试点城市的城乡高效配送重点工程建设。

协会各团体会员应在当地主管部门的统一领导下，积极参与“专项行动计划”及重点工程的组织实施工作。协会会员中的仓配一体化企业、各类配送企业以及相关设施技术企业应积极申报参加各试点城市的重点工程建设，按“经营规模大、配送品类全、网点布局广、辐射功能强”的要求创新发展，争取成为全国城乡高效配送骨干企业。

二、深入调研分析行业发展情况，提出政策措施建议

主动加强与各地商务主管部门及相关企业的联系，深入调查研究各地贯彻落实《计

划》与实施重点工程的重要举措及进展情况，重点了解各地商务主管部门及企业在工作中遇到的突出问题及相关专业指导与培训等方面的需求，有针对性地提出实施城乡高效配送重点工程的政策措施与应对建议，为国家主管部门及各地商务主管部门开展工作提供参考。

请各会员单位和相关企业积极配合协会的调研工作，及时、如实反映情况和问题，提出相关工作建议（可在协会调研时提出，也可以书面形式直接向协会提出）。

三、有针对性地开展专业培训，参与相关方案编制工作

根据相关城市、相关企业的实际需求，围绕城乡高效配送重点工程实施工作，采取“一对一”或集中咨询、召开座谈会、组织专项培训等多种形式，重点协助试点城市组织物流配送调查、分析城乡配送需求、找准物流配送短板、编制试点实施方案等工作，指导骨干企业创新发展。

请各会员单位和相关企业根据自身实际需求，就工程实施、专业培训等工作主动与协会对接，积极参加协会组织的各项活动，有效完成重点工程实施的相关工作任务。

四、强化专业咨询服务，推动先进装备技术推广应用

为进一步推进仓储与配送业智慧化、绿色化发展，中国仓储与配送协会已将“设施与技术应用专业委员会”更名为“技术应用与工程服务分会”，并陆续成立“包装与单元化物流分会”和“智慧物流分会”，加快推广周转箱、托盘（笼）等物流标准载具、发展单元化物流，推广物联网感知技术，支持冷链设施设备投入，全面推进物流标准化、智慧化、绿色化，促进城乡配送高效发展。

请各会员单位和相关企业结合自身实际，加强与协会相关分会的联系，衔接专业咨询服务，在协会的组织协调下，加快先进装备技术应用，加强绿色仓库建设，进一步降低运营成本、提升城乡配送效率。

五、发挥协会自身优势，协助做好骨干企业申报和典型案例整理报送工作

根据相关试点城市的需求，协助商务主管部门加强对经营规模大、配送品类全、网点布局广、辐射功能强的龙头企业的联系与指导，提出改进技术与创新模式的具体措施，培育形成城乡高效配送骨干企业；跟踪了解城乡高效配送工作有成效、有亮点的企业，对其创新发展的好做法、好经验进行深入剖析，总结形成典型案例。

请各会员单位和相关企业，认真总结开展城乡配送的创新做法、经验与取得的突出

成效，形成典型案例，符合“骨干企业”申报条件的企业，可在协会的指导下完善相关材料，全国性公司可通过协会向商务部推荐。

六、加强仓储配送统计核算工作，协助开展城乡配送发展总结与评估

根据商务部流通业发展司的安排，自 2018 年起将各地配送企业、参与物流标准化、智慧物流试点的企业以及兼营或自营仓储配送业务的商贸企业纳入全国仓储行业统计范围，并调整完善了调查统计指标。我们将根据需要，协助相关商务部门核定新的典型企业名单，还将针对城乡高效配送试点城市与企业，参与研究制订和讲解相关“评估指标”。

请各会员单位和相关企业根据当地主管部门的安排，积极参加仓储业统计工作，加强与协会的日常联系，按城乡高效配送骨干企业的评估指标，做好自我评估工作。

相关事宜，请与中国仓储与配送协会共同配送分会联系。

联系人：姜松

电　话：13521284313

邮　箱：jiangsong@ cawd. org. cn

中国仓储与配送协会

2018 年 4 月 4 日

优 秀 企 业

2017 年中国星级仓库

五星级仓库

安博（嘉兴）仓储有限公司安博嘉兴物流中心（地产型）

安博诚置仓储（东莞）有限公司安博东莞石排物流中心（地产型）

安博金闾（苏州）仓储有限公司安博金闾物流中心（地产型）

安家（昆山）仓储有限公司安博昆山物流中心（地产型）

北京环球国广媒体科技有限公司北京仓

北京环球国广媒体科技有限公司昆山仓

成都国储物流有限公司成都国储四三七库区

大连川盛国际物流有限公司川盛国际物流大连仓储中心

大连捷通物流有限公司捷通物流大连仓储中心

大连克莱德保集团有限公司克莱德保物流园

大连普集仓储设施有限公司普洛斯集发大连保税港物流园（地产型）

大连普集仓储设施有限公司普洛斯集发大连大窑湾物流园（地产型）

大连普金仓储设施有限公司普洛斯大连汽车产业区物流园（地产型）

东莞市嘉速物流有限公司嘉速物流园

佛山市顺德区普顺物流园开发有限公司普洛斯顺德物流园（地产型）

广州普洛斯仓储设施管理有限公司普洛斯增城物流园（地产型）

广州市广百物流有限公司广百物流东部基地库区（地产型）

广州市广百物流有限公司广百物流人和基地库区（地产型）

国本（上海）国际物流有限公司国本物流浦东库区

哈尔滨农垦嘉圣物流园区有限公司嘉圣国际物流城库区（地产型）

哈尔滨普洛斯哈南仓储有限公司普洛斯哈南现代产业园（地产型）

湖南恩瑞投资开发有限公司恩瑞国际物流城库区

湖南高星物流园开发有限公司湖南高星物流园仓储中心

湖南金霞粮食产业有限公司金霞粮食物流园

湖南千金医药股份有限公司千金医药物流中心

湖南全洲现代医药物流有限公司全洲物流仓储中心

湖南天士力民生药业有限公司物流中心

江苏超达物流有限公司超达物流江苏仓储中心

江西省通信产业服务有限公司物流分公司仓库

昆山华裕供应链管理有限公司华裕供应链昆山库区

洛特（杭州）实业有限公司杭州萧山大江东库区（地产型）

南京远能电力工程有限公司国网南京供电公司周岗仓库

宁波龙星物流有限公司龙星库区

宁夏新华百货现代物流有限公司新百物流园

宁乡县阳光联运服务有限公司阳光联运长沙仓储中心

普洛斯（长春）仓储有限公司普洛斯长春经开产业园（地产型）

山东储备物资管理局三三四处库区（地产型）

山东盖世国际物流集团有限公司仓储中心（园区）（地产型）

山东日照中瑞国际物流有限公司华东国际物流城库区

山东润邦国际物流有限公司齐河库区（地产型）

上海久江科技股份有限公司久江（临港）国际物流园（地产型）

深圳市兆航物流有限公司河北保定移动项目仓库

深圳盐田港普洛斯物流园有限公司深圳盐田港普洛斯国际物流园（地产型）

沈阳普集物流发展有限公司普洛斯沈阳经开物流园（地产型）

四川省通信产业服务有限公司物流分公司温江物流基地

天津全程物流配送有限公司西青保税仓库

威海国际物流园股份有限公司威海国际物流园

武汉京东金德贸易有限公司京东物流长沙 FDC 仓

武汉京东金德贸易有限公司京东物流长沙新通路云集仓

武汉京东世纪贸易有限公司京东物流长沙大件运营中心

岳阳科德商贸有限公司临港新区仓库

长沙恒广物流有限公司弘广智能物流园

长沙普霞仓储有限公司普洛斯长沙金霞物流园（地产型）

长沙市普星仓储有限公司普洛斯长沙金洲物流园（地产型）

长沙市普永仓储有限公司普洛斯长沙浏阳物流园（地产型）

长沙苏宁物流有限公司长沙苏宁芙蓉物流中心

浙江永升医药物流有限公司永升现代医药物流中心

中床国际物流集团长春有限公司普洛斯长春汽开产业园（地产型）

中国供销集团南通供销产业发展有限公司南通供销产业园

四星级仓库

广东世必达物流有限公司世必达创意产业园

湖南弘广物流供应链管理有限公司三一物流园

湖南九州通医药有限公司长沙现代医药物流中心

湖南龙华物流有限公司龙华物流暮云工业园库区

临沂新明辉安全科技有限公司临沂工业园仓储中心

上海伊能国际物流有限公司久江（奉贤）现代物流园

唐山海湾物流有限公司海湾医药物流园配送中心

滕州三兴物流有限公司滕州三兴物流仓储中心

浙江亿流货柜仓储有限公司亿流仓储中心

三星级仓库

亳州市药都物流仓储有限公司药都物流中心仓库

大连华恩有限公司华恩大连仓储中心

德州恒诚纺织品有限公司德州恒诚库区

甘肃省通信产业服务有限公司物流营销分公司仓库

江西天顺医药有限公司天顺医药总仓

临沂申通快递有限公司临沂罗庄库区

山东炳丰物流有限公司炳丰物流园

湘潭市花园林产品交易市场有限公司湘潭林产品物流中心

兴发物流（南昌）有限公司兴发物流库区

浙江麦斯康莱医药有限公司浙江麦斯康莱物流基地库区

中核（郑州）储运贸易公司 302 库区

株洲中车物流有限公司旗滨玻璃厂库区

二星级仓库

宁波市阿六食品有限公司绿色农产品加工园区库区

浙江雨中雨水产有限公司绿色农产品加工园区库区

“中国通用仓库等级评定”简介

由中国仓储与配送协会组织制定的国家标准《通用仓库等级》（GB/T 21072－2007），于2007年9月15日批准发布，2008年3月1日正式实施。《通用仓库等级》从仓库设施设备条件、管理水平、信息化建设、从业人员素质4个方面对不同等级的仓库提出划分条件，设定了18项具体考核指标，将通用仓库划分为一星至五星5个等级，其中五星为最高级。

为贯彻实施《通用仓库等级》，中国仓储与配送协会组织成立“中国通用仓库等级评定委员会”；制定《中国通用仓库等级评定办法》等相关文件；依托地方行业协会共同开展“通用仓库等级评定”工作。

申报条件：凡在中华人民共和国境内注册、连续运营2年以上且正在运营的仓储、物流企业仓库及其库区（含具有营业资质的生产、流通企业库区），均可自愿申请通用仓库等级的评定。

联系方式：

联 系 人：李忠良

联系电话：010－63360352/13701235217

电子邮箱：lizhongliang@ cawd. org. cn

通讯地址：北京市广安门外大街168号朗琴国际B座1605A

网址链接：http：//www. cawd. org. cn/index. php/article/index/category/63. html

2017 年中国仓储服务金牌企业

亳州市药都物流仓储有限公司
东莞市嘉速物流有限公司
广州创智物流有限公司
国投盘江发电有限公司
国网冀北电力有限公司物资分公司
杭州龙田供应链管理有限公司
湖南金霞粮食产业有限公司
湖南龙华物流有限公司
湖南千金医药股份有限公司
湖南天士力民生药业有限公司
江苏安方电力科技有限公司
江苏超达物流有限公司
江苏大地物流有限责任公司
江苏莘纳吉物流有限公司
京能十堰热电有限公司
临沂申通快递有限公司
宁波海晖国际物流有限公司
宁波市阿六食品有限公司
宁夏新华百货现代物流有限公司
宁乡县阳光联运服务有限公司
山东储备物资管理局三三四处
山东盖世国际物流集团有限公司
唐山海湾物流有限公司
威海国际物流园股份有限公司
湘潭市花园林产品交易市场有限公司
岳阳科德商贸有限公司

张家港保税区长江国际港务有限公司

长沙恒广物流有限公司

长沙苏宁物流有限公司

浙江亿流货柜仓储有限公司

浙江永升医药物流有限公司

中国供销集团南通供销产业发展有限公司

中核（郑州）储运贸易公司

株洲中车物流有限公司

淄博双杰化工有限公司

“中国仓储服务质量评鉴”简介

由中国仓储与配送协会组织制定的国家标准《仓储服务质量要求》（GB/T 21071－2007），于2007年9月15日批准发布，2008年3月1日正式实施。《仓储服务质量要求》分别从仓储运作管理、运作服务、运作规范、运作环境、信息管理、运作质量等10个方面提出了定性要求和7项考核指标。

为贯彻实施《仓储服务质量要求》，中国仓储与配送协会组织成立“中国仓储服务质量评鉴委员会”；制定《中国仓储服务质量评鉴办法》等相关文件；依托地方行业协会共同开展“仓储服务质量评鉴”工作。

申报条件：凡在中华人民共和国境内注册、有仓储业务（包括通用、冷藏、危险品等仓储作业）、具备独立法人资格的企业，连续运营2年以上，不分所有制性质和隶属关系，均可自愿申报仓储服务质量评鉴。

联系方式：

联 系 人：李忠良

联系电话：010－63360352/13701235217

电子邮箱：lizhongliang@cawd.org.cn

通讯地址：北京市广安门外大街168号朗琴国际B座1605A

网址链接：http：//www.cawd.org.cn/index.php/article/index/category/71.html

2017 年中国绿色仓库

京东物流亚洲一号昆山物流园库区

重庆苏宁物流有限公司两江新区苏宁配送中心

重庆保时通出入境货运有限责任公司保时通物流园库区

江苏苏宁物流有限公司苏宁南京云仓

西安苏宁物流有限公司苏宁泾阳物流中心

中国物流资产嘉兴物流园

中国物流资产昆山物流园

中国物流资产苏州物流园

中国物流资产无锡物流园

“中国绿色仓库等级评定”简介

由中国仓储与配送协会组织制定的行业标准《绿色仓库要求与评价》（SB/T 11164－2016），于 2017 年 5 月 1 日正式实施。《绿色仓库要求与评价》分别从库区选址与规划、节地与土地利用、节能与能源利用、节水与水资源利用、节材与材料资源利用、环境 6 个方面将仓库划分为一星至三星 3 个等级，一星为最低，三星为最高。

为贯彻实施《绿色仓库要求与评价》，中国仓储与配送协会组织成立“中国绿色仓库等级评定委员会”；制定《绿色仓库等级评定办法》等相关文件；依托地方行业协会共同开展“绿色仓库等级评定”工作。

申报条件：凡在中国境内注册、正在运营的仓储、物流企业（单位）仓库及其库区（含具有营业资质的生产、流通库区），均可资源申请绿色仓库等级的评定。

联系方式：

联 系 人：郭雷潮

联系电话：010－63369952/13601387570

电子邮箱：guoleichao@ cawd. org. cn

通讯地址：北京市广安门外大街 168 号朗琴国际 B 座 1605A

网址链接：http：//www. cawd. org. cn/index. php/article/index/category/321. html

2017年担保存货管理资质企业

三级甲等

广西荣桂物流集团有限公司

华夏易通国际物流有限公司

二级甲等

湖北襄管物流有限公司

上海意远供应链管理有限公司

四川金恒金融仓储有限责任公司

广东中储海盈物流仓储有限公司

二级乙等

四川欣安金融仓储有限公司

一级乙等

张家口乾亨金融资产服务有限公司

宁夏亿博丰金融物流管理有限公司

黑龙江海安现代物流股份有限公司

内蒙古安信融金仓储股份有限公司

山东众储联金融仓储有限公司

兰州金程仓储有限公司

东营顺达供应链管理有限公司

一级丙等

襄阳盈拓仓储物流有限公司

浙江中通通信有限公司

上海新英源物流有限公司

河南兴邦仓储服务有限公司

东营市黄河三角洲国际物流港投资有限公司

“担保存货管理资质评价”简介

为完善担保存货第三方管理制度，规范担保存货第三方管理，解决我国长期存在的借款人、信贷机构、担保存货第三方管理企业三者之间责权利不明确的突出问题，在世界银行集团国际金融公司的帮助和支持下，中国仓储与配送协会、中国银行业协会共同组织制定国家标准《担保存货第三方管理规范》（GB/T 31300－2014）。

为推动标准的贯彻实施，加强行业自律，根据相关法规与主管部门的意见，中国仓储与配送协会与中国银行业协会制定《担保存货管理企业评价办法》，共同组建“全国担保存货管理企业评价委员会”开展担保存货管理企业资质评价工作，其评价结果在“全国担保存货管理公共平台”公示，并纳入中国银行业协会数据中心。

担保存货管理企业的资质，分为级别（规模）、等次（管理水平）两方面。级别标准：根据国家统计局企业分级标准与担保存货管理企业的实际情况，按注册资本、从业人数、营业收入的规模对企业资质设置为3个级别，从高到低依次为三级、二级、一级。等次标准：根据国标的规定，按企业基础条件、资本条件、仓库条件、配套设施条件、组织管理条件、信用条件与担保存货管理业绩7个方面的水平对企业资质设置为3个等次，从高到低依次为甲等、乙等、丙等。

申报条件：凡是在中国境内、具备独立法人资格，依法从事担保存货管理业务的企业，均可自愿申请担保存货管理企业资质评价。

联系方式：

联 系 人：姜松

联系电话：010－63361282/13521284313

电子邮箱：jiangsong@ cawd. org. cn

联系地址：北京市广安门外大街168号朗琴国际B座1605A

网址链接：www. cawd. org. cn/index. php/article/index/category/79. html

2017年中国仓储与配送信用评价企业

AAA级信用企业

上海商业储运有限公司

大连獐子岛中央冷藏物流有限公司

湖南和立东升实业集团有限公司

四川苏宁物流有限公司

西安苏宁物流有限公司

重庆苏宁物流有限公司

AA级信用企业

上海万家物流有限公司

厦门大商物流有限公司

营口新通合物流有限公司

嘉兴市伟盛国际货运代理有限公司

江苏长江石油化工有限公司

北京天时丰益物流有限公司

大连川盛国际物流有限公司

邯郸市可赛物流有限公司

兰州苏宁物流有限公司

内江苏宁物流有限公司

A级信用企业

上海欣捷供应链管理有限公司

上海喜华集装箱储运有限公司

营口亿成物流有限公司

营口中储物流有限公司

“中国仓储与配送企业信用评价”简介

企业信用评价既是社会信用体系建设的重要组成，也是行业组织开展行业自律、完善会员信用评价机制的重要内容。为全面落实国务院《社会信用体系建设规划纲要(2014－2020年)》，中国仓储与配送协会于2017年起全面开展仓储与配送企业信用评价工作（以下简称“信用评价工作”）。

信用评价工作遵循“政府引导、行业自律、公平公正、社会监督”的原则，从企业基础信用、信用积累、信用流失、资产结构、盈利能力、运营能力、偿债能力、发展能力共8个方面进行考评，将企业信用分为三等五级，即：AAA级信用企业，表示企业信用特优；AA级信用企业，表示企业信用优秀；A级信用企业，表示企业信用良好；B级信用企业，表示企业信用一般；C级为失信企业，表示企业信用较差。

为开展信用评价工作，协会成立“仓储与配送企业信用评价工作委员会”和“中国仓储与配送协会企业信用评价中心”，制定《仓储与配送企业信用评价管理办法》、《信用信息管理办法》、评价指标体系等内容，并引进第三方信用评价机构共同完成信用评价工作。

申报条件：凡属于中国仓储与配送协会会员、从事仓储、配送及相关物流活动的企业均可依照本办法申请信用评价。

联系方式：

（一）中国仓储与配送协会

联 系 人：李忠良

联系电话：010－63360352/13701235217

电子邮箱：lizhongliang@ cawd. org. cn

联系地址：北京市广安门外大街168号朗琴国际B座1605A

（二）中国仓储与配送协会企业信用评价中心

联 系 人：蔡远游

联系电话：021－55885656

电子邮箱：richard_ tsai@ 56bd. com

联系地址：上海市虹口区汶水东路351号1876老站创意产业园B栋206室(200434)

网址链接：http：//www. cawd. org. cn/index. php/article/index/category/306. html

2017年全国仓储企业排名

中国仓储与配送协会根据企业自愿申报和调查掌握的行业数据，以2017年底企业运营的自有和租用仓库设施的总规模为依据，对“通用仓储企业”“冷链仓储企业”“仓储地产企业”“金融仓储企业”进行分类排名，现将排名结果给予公布。

注：此次排名全部免费，协会不会委托、授权任何单位或个人以任何名义要求获评企业参加相关收费类的宣传和活动。对于任何单位或个人未经授权以我会或冒用我会人员名义开展的活动，协会将保留追究其法律责任的权利。

中国仓储与配送协会

2018年5月

2017年全国通用仓储企业排名

名次	企业名称	仓库面积（万平方米）
1	江苏苏宁物流有限公司	1,343.0
2	中国外运长航集团有限公司	700.0
3	青岛日日顺物流有限公司	600.0
4	安得智联科技股份有限公司	585.0
5	厦门象屿股份有限公司	449.0
6	百世物流科技（中国）有限公司	420.0
7	深圳越海全球供应链有限公司	301.1
8	中储发展股份有限公司	300.0
9	顺丰速运集团	280.0
10	招商局物流集团有限公司	240.0
11	中国物流股份有限公司	200.0
12	远成物流股份有限公司	199.0
13	安迅物流有限公司	195.0
14	心怡科技股份有限公司	176.4
15	嘉里大通物流有限公司	150.0
	山东盖世国际物流集团有限公司	150.0

（续）

名次	企业名称	仓库面积（万平方米）
17	上海郑明现代物流有限公司	125.0
18	中远海运物流有限公司	112.8
19	河北宝信物流有限公司	102.1
20	北京昌达物流集团有限公司	97.0
21	上海现代物流投资发展有限公司	88.0
22	陕西商储物流有限公司	84.2
23	宝供物流企业集团有限公司	82.0
	准时达国际供应链管理有限公司	82.0
25	深圳市兆航物流有限公司	70.0
26	天津大田集团有限公司	69.0
27	江苏飞力达国际物流股份有限公司	57.5
28	湖南湾田实业有限公司	56.0
29	速必达希杰物流有限公司	50.0
30	伊藤忠物流（中国）有限公司	48.0
31	济南零点物流港有限公司	46.2
32	广西荣桂物流集团有限公司	42.0
33	北京科捷物流有限公司	41.0
34	广州市广百物流有限公司	40.0
	湖北国储物流股份有限公司	40.0
36	深圳市铭可达物流有限公司	38.0
37	上海商业储运有限公司	36.0
38	深圳市凯东源现代物流股份有限公司	35.0
	浙江义乌港有限公司	35.0
40	浙江网仓科技有限公司	33.5
41	徐州北盟物流有限公司	32.0
42	广东天图物流股份有限公司	31.6
	建发物流集团有限公司	31.6
44	综合信兴物流有限公司	30.0
45	上海有常物流有限公司（唯捷城配）	29.4
46	上海联明晨通物流有限公司	29.0
47	杭州龙田供应链管理有限公司	28.0
	青岛华骏投资集团有限公司	28.0
49	贵州恩煜祥物流有限责任公司	26.6
50	广东怀远物流实业有限公司	22.3
51	振华物流集团	22.0

（续）

名次	企业名称	仓库面积（万平方米）
52	江苏超达物流有限公司	21.1
53	新杰物流集团股份有限公司	21.0
54	云南腾俊国际物流有限公司	20.1
55	沈阳储运集团有限公司	18.7
56	盛辉物流集团有限公司	17.0
57	三菱仓库（中国）上海菱华仓储服务有限公司	13.7
58	齐齐哈尔商业储运有限公司	13.0
59	杭州富港供应链有限公司	12.4
60	北京佳之兴商业有限公司	12.2

2017年全国冷链仓储企业排名

名次	企业名称	仓库容积（万立方米）
1	上海郑明现代物流有限公司	538.0
2	河南鲜易供应链有限公司	431.0
3	江苏润恒物流发展有限公司	210.0
4	太古冷链物流（上海）有限公司	158.0
5	中外运普菲斯冷链物流有限公司	138.0
6	山东中凯国际水产冷链物流园	130.0
7	苏州天环冷链物流有限公司	120.0
8	招商美冷（香港）控股有限公司	106.7
9	成都银犁冷藏物流股份有限公司	90.0
10	沈阳副食集团有限公司	85.0
11	湖南红星冷冻食品有限公司	75.0
12	河南中原四季水产物流港股份有限公司	72.0
13	漯河双汇物流投资有限公司	66.0
14	大连港毅都冷链有限公司	52.8
15	青岛鲁海丰食品集团有限公司	50.0
16	中国食品集团公司	48.5
17	贵州瀑布冷链食品投资有限公司	44.0
18	北京中冷物流股份有限公司	42.9
19	德州飞马冷链物流有限公司	38.9
20	维尔康冷藏公司	36.0

（续）

名次	企业名称	仓库面积（万平方米）
21	安徽和合冷链食品股份有限公司	33.0
	大连獐子岛中央冷藏物流有限公司	33.0
	甘肃食品瑞鑫冷链物流股份有限公司	33.0
	天津蓝玺冷链物流有限公司	33.0
	重庆凯尔国际冷链物流发展有限公司	33.0
26	海航冷链控股股份有限公司	32.0
27	江苏汇鸿冷链物流有限公司	30.0
	佛山市南海区大沥桂江冷库储存配送有限公司	30.0
29	武汉山绿冷链物流有限公司	29.0
	重庆明品福物流有限责任公司	29.0
31	佛山市粤泰冷库物业投资有限公司	26.4
32	河北双鸽食品股份有限公司	26.0
33	上海广德物流有限公司	24.0
34	广西南宁国际综合物流园有限公司	22.0
35	无锡天鹏菜篮子工程有限公司	21.0
36	蓬莱京鲁渔业有限公司	19.8
37	三明市名成冷冻物流有限公司	17.5
38	泊头东方果品有限公司	17.0
39	江苏天缘物流集团	15.0
40	内蒙古润创冷链物流有限责任公司	13.2

2017 年全国仓储地产企业排名

名次	企业名称	仓库容积（万立方米）
1	普洛斯投资（上海）有限公司	3300
2	万科物流发展有限公司	646
3	上海宇培（集团）有限公司	400
4	安博（中国）房地产咨询有限公司	360
5	宝湾物流控股有限公司	204
6	新地物流发展有限公司	130
7	第一创建仓储服务（深圳）有限公司	65
8	北京京通易购电子商务有限公司	62
9	广州富力国际空港综合物流园有限公司	50
10	复星国药（香港）物流仓储发展有限公司	40

2017年全国金融仓储企业排名

名次	企业名称	年管理担保存货对应的贷款额度（万元）
1	南储仓储管理集团有限公司	3136000
2	新润源资产管理有限公司	693825
3	四川上辰金融仓储股份有限公司	570000
4	上海意远供应链管理有限公司	552885
5	广东中储海盈物流仓储有限公司	470000
6	四川三鼎金融仓储有限公司	458097
7	华夏易通国际物流有限公司	395600
8	浙江长运安信仓储服务股份有限公司	393976
9	山东鲁兴资产管理有限公司	384750
10	湖北襄管物流有限公司	350441